_____ 님,

어제보다 더 나은 내일을

응원합니다.

초가속
파괴적 승자들

속도의 경제, 한 번 뒤처지면 끝난다!
누가 더 빨리, 가속화할 것인가?

초가속
파괴적 승자들

김광석·설지훈 지음

와이즈베리
WISEBERRY

초가속,
미래를
당겨놓다

2022년 1월 7일, 자동차 경주 역사상 상상하지도 못했던 일이 벌어졌다. 자동차 경주장에 시속 300km로 달리는 레이싱카가 있고, 관중도 있었지만, 운전자가 없었다. 미국 라스베이거스 모터스피드웨이에서 열린 '자율주행 챌린지(Aotonomous Challenge)'에서 벌어진 일이다. 심지어 가로등마저 없는 깜깜한 어둠 속에서 라이트도 켜지 않은 채 달리는 자동차의 모습은 기존의 상식을 완전히 파괴하는 명장면 중 하나였다. 한 전문가의 설명이 인상적이었다. "This technology is not vision Based(이 기술은 시야(눈) 중심이 아니다)." 그렇다. 자율주행 기술 경주였지, 운전 실력 경주가 아니었다.

기존 질서의 파괴

불과 10년 전까지만 해도 많은 사람이 전기차 시대는 오지 않을 것으로 생각했다. 약 12년 전 필자가 '국내외 전기자동차 보급동향 및 정책제언 (2010)'이라는 제목의 논문을 한 전문지'에 게재했을 때, 주변 사람들은 마치 다음 생애에나 벌어질 수 있는 먼 미래의 이야기라고 평가하기도 했다.

그러나 먼 미래의 이야기가 아니라 현재가 되었다. 자동차의 심장이 엔진에서 배터리로 바뀌고 있다. 2021년 유럽에서는 전기차 판매량이 경유차를 앞질렀다. 전기차는 17만 6000대 판매되었고, 경유차는 16만 대 판매되었다. 유럽에서 경유차 규제를 강화하는 데 반해, 세계 완성차 기업들이 전기차 출시를 가속화하면서 나타난 결과다. 국내만 보아도 전기차로 대체되는 현상이 자명하게 드러난다. 2021년 전기차는 10만 402대 판매되었는데, 이는 2020년 4만 6677대에서 2배 이상 늘어난 수치이다.

자동차 산업뿐만이 아니다. 전 산업에 걸쳐 기존 질서를 파괴하고, 새로운 표준을 도입하는 파괴자들이 등장하고 있다. 빅테크 기업들은 새로운 생태계를 조성하고 있다. 전통 기업이었지만, 스스로를 파괴하고 디지털 기업으로 부상하기도 한다. 기존 기업들이 전통에 얽매이고 있

1　에너지경제연구원에서 발간하는 '에너지포커스'라는 전문지에 2010년 10월 게재했다(제7권 제3호, 통권37호).

을 때, 파괴자들(Disrupters)은 산업의 경계를 넘나들며 차원이 다른 서비스를 제공하고 있다.

어제의 정답이 오늘의 오답이 된다. 어제 통용되었던 상식이 오늘 적용할 수 없는 비상식이 된다. 어제 과제를 해결했던 공식이 오늘 주어진 숙제를 푸는 데 도움 되지 않는다. 과거 세대에 통용되던 기준이 미래 세대에도 고스란히 수용될 수는 없다. 지난날에 경험했던 지침을 던지면, '꼰대'라는 오늘날의 일침으로 돌아오기도 한다. 표준은 고리타분한 고전이 되고, 경험은 쓸데없는 고집이 된다. 환경은 변화했고, 변화한 환경에 대응하지 않으면 안 된다. 애브노멀(abnormal), 즉 '이상한 것'이 아니라 뉴노멀(New Normal), 즉 '새로운 표준'으로 받아들여야 한다. 경제주체에게 놓인 경제구조는 완전히 달라질 것이다. 새로운 표준을 수용할 준비가 필요하다.

초가속화, '규모의 경제'가 가고
'속도의 경제'가 온다

'규모의 경제(Economy of Scale)'가 가고 '속도의 경제(Economy of Speed)'가 왔다. 생산량이 늘어날수록 단위당 생산비용이 줄어드는 규모의 경제 원리는 그동안 기업 경영의 근간이었다. 품질의 차이가 거의 없던 시절, 상품이 소비자에게 선택되기 위한 거의 유일한 조건이 가격이었기 때문이다. 저렴하게만 만들면 시장에서 성공하던 시대가 있었지만, 이제 이러한 공식은 통하지 않는다. 아이디어가 자본을 압도하고, 기술이 노동력을 능가하는 시대다. 미래산업을 누가 가져갈 것인가는 육체의 힘이 아니라 생각의 힘에 달려 있다. 급변하는 환경 속에 기회를 탐색하고 그 변화를 선도하는 기업이 모든 것을 갖게 되는 시대인 것이다.

반도체 산업은 속도의 경제가 왔음을 보여주는 대표적인 산업이다. '누가 더 빨리, 더 가속화할 것인가?'가 경쟁력을 결정한다. 이른바 '무어의 법칙(Moore's Law)'이다. 인텔 창립자 중 한 명인 고든 무어(Gordon Moore)는 반도체 집적회로의 성능이 2년마다 2배로 향상될 것이라고 보았다.

초가속의 시대다. 한 번 뒤처지면 끝난다. 디지털 경제하에 반도체 수요는 기하급수적으로 늘어나고 있고, 고부가가치 반도체 산업의 기회가 폭발적으로 증가하고 있다. 후발주자의 추격을 무색하게 만드는 방향으로 초가속화하고 있다. 세계 주요 반도체 기업들은 반도체 설비 용량을 확대하고, 고정밀·고성능 전략을 취하고 있다. 마이크로소프트는 인텔에서 벗어나 자체 칩을 만들기 위해 노력하고 있다. 삼성전자는 1주일간 충전 없이 사용 가능한 스마트폰 배터리, 인간-기계 및 기계-기계를 연결하는 사물인터넷(IoT), 에지 컴퓨팅(edge computing), 자율주행차 등 혁신을 가능케 할 반도체 기술을 고안하고 있다.

유통 산업 내 속도 경쟁은 긴장감이 돌기까지 한다. 소비자들은 빠른 배송 그 이상의 속도를 원하고 있다. 누가 초배송을 선점할 것인가? 유통사들은 앞다퉈 '예측배송(anticipatory shipping)' 시스템을 도입하고 있다. 소비자의 주문이 발생하기 이전에 수요를 예측하고 상품을 사전에 배송하는 것이다. 아마존의 예측배송 시스템은 개별 소비자가 이전에 무엇을 구매했는지, 특정 물건을 어떤 주기로 구매하는지, 현재 장바구니에 추가된 품목은 무엇인지, 웹상에서의 클릭 데이터, 위시리스트, 서비스 담당자와 했던 대화 등을 분석한다. 마켓컬리는 예측주문 시스템을 적용해 신선식품 폐기율을 1% 미만으로 낮췄다. 구글과 알리바바, 징둥 등의 기업들은 이미 자율주행차와 무인배송로봇, 그리고 드론을 이용한 라스트마일(Last mile) 배송을 테스트하고 있거나 상용화했다.

모빌리티 산업은 초가속 그 자체다. 자동차 기업과 플랫폼 기업들은 서로 기존의 루틴을 파괴하며 속도전에 불을 지피고 있다. 테슬라는 전력을 적게 쓰면서도 빠른 데이터 처리가 가능한 인공지능(AI) 반도체를 선점하기 위해 독자적인 생산 설계에 집중하고 있다. 전기차를 넘어 자율주행차 기술을 혁신하고 있다. 현대자동차는 메타버스와 로보틱스의 결합을 통해 미래 인류의 이동을 책임지는 종합 모빌리티 기업으로 탈바꿈하고 있다. 스텔란티스는 구글의 웨이모(Waymo)와 협력해 완전 무인자율주행인 레벨 5에 도전하고 있다. 우버는 카풀, 자전거 공유, 카셰어링, 대중교통 등 이동의 모든 것을 책임지는 모빌리티 플랫폼으로 인류를 끌어모으고 시장을 장악해나가고 있다.

콘텐츠 산업은 경쟁 속도를 가늠하기조차 어렵다. 넷플릭스와 디즈니는 적자를 감수하면서도 자체 콘텐츠 제작을 위한 지출을 끊임없이 확대하고 있다. 아마존은 이커머스, 라스트마일 배송 등 기존 플랫폼의 서비스와 연계한 구독상품으로 콘텐츠 산업에 진출했다. 애플은 인공지능 비서로 영화를 추천해주고, 고성능의 셋톱박스를 출시하는 등 인공지능 기술로 경쟁력을 끌어올리고 있다. 티빙을 운영하는 CJ ENM은 세계적으로 흥행한 〈라라랜드〉를 제작한 할리우드 제작사 엔데버콘텐츠를 인수해버렸다.

헬스케어 산업의 파괴자들은 상상을 압도한다. 중국의 알리헬스는 진단-처방-치료제 배송을 모두 비대면 원격으로 제공하는 헬스케어 플랫폼으로 기존의 의료 산업을 파괴하고 있다. 프랑스의 다쏘시스템은 몇 초 만에 이용자와 똑같은 모습의 가상 쌍둥이(virtual twin)를 만들어 다양한 치료법들을 시험하고, 경과를 본 후 최적의 치료법을 선택하는 서비스를 도입했다. 애플은 의료 데이터 관리 플랫폼을 개발해 보험상품을 출시했고, 아마존의 건강추적기 헤일로(Halo)는 컴퓨터 비전과 머신러닝이 적용된 앱을 활용해 이용자의 체지방률, 심장 박동수, 운동량 등을 실시간으로 계산한다. '진료'가 아니라 '예방'으로, '환자'가 아니라 '이용자'로, '의료'가 아니라 '헬스케어'로 상상 자체를 파괴하는 초가속이 일어나고 있다.

모든 산업이 파괴되고 있다. 금융업, 교육업, 건설업, 농림어업 모두 초가속의 변화가 일고 있다. 어떤 기업도 예외일 수 없다. 전통 기업도 빅테크 기업도 속도 전쟁에서 예외란 없다. 그 누구도 승리를 자신하지 못한다. 1등 기업에게 자부심은 오히려 독이 된다. 머뭇거리는 순간 소비자들은 다른 플랫폼으로 이동한다.

변화를 거부할 수 있는가?

아날로그 경제에서 디지털 경제로 변화하고 있다. 즉, 디지털 대전환

(Digital Transformation)이 가속화하고 있다. 2000년대 디지털 플랫폼이 범용화되기 시작했고, 2010년대 빅데이터와 인공지능 기술이 접목되었으며, 2020년대에는 메타버스와 NFT(Non-Funsible Token)가 광범위하게 활용될 전망이다. 비대면 서비스가 대면 서비스를 압도하는 언택트 시대다. 데이터가 석유보다 더 중요한 자원이 되는 데이터 경제다. 현실과 가상의 구분이 사라지는 가상 경제가 온다.

변화를 거부하면 어떻게 되는가? 일본은 변화에 대응하지 않았다. 한때 일본이 카메라 시장을 독식했던 적이 있다. 당연히 필름 시장도 장악했다. 일본은 디지털카메라로 패러다임이 변화할 때 삼성전자를 비롯한 IT 기업들에게 시장의 반을 내주었다. 이제 디지털카메라마저도 스마트폰에 탑재되면서 일본이 장악했던 카메라와 필름 시장은 사라지다시피 했다. 카메라와 필름에서 디지털카메라로 그리고 스마트폰으로 산업의 패러다임이 변화하는 동안 일본은 그 자리에 머물러 있었다.

기업들도 마찬가지다. 1957년 창립한 세계 최대의 장난감 기업 토이저러스가 미국 735개의 매장을 모두 폐쇄하며 파산보호를 신청했다. 모바일 게임과 디지털 기기가 장난감을 대체했고, 소비자들은 오프라인 유통채널을 찾지 않았다. 토이저러스는 별도의 온라인 쇼핑몰을 열지 않고, 아마존의 온라인 시스템에 의존했다. 세상은 디지털로 전환되고 있는데, '나'만 그대로였던 것이다.

1902년 설립한 J.C.페니(Penny)나 1907년 설립한 니먼 마커스(Nei-man Marcus)와 같은 미국의 대표적인 백화점도 2020년 5월 파산에 들어갔다. 1800년대 등장한 유통 공룡들도 예외가 아니었다. 1858년 설립한 메이시스(Macy's)와 1893년 설립한 시어스(Sears)도 과거 미국의 풍요로운 소비문화를 상징해왔던 최대 규모의 기업들이었지만 디지털 대전환이라는 흐름을 거스를 수 없었다. 시어스는 2011년부터 7년 연속 순손실을 기록하다가 2018년 10월 결국 자금난으로 파산에 들어갔다.

1886년 창립한 미국의 최초이자 최대의 서점 기업, 반스앤드노블(Barnes and Noble)도 매각되었다. 온라인 서점의 등장이라는 거대한 디지털 전환의 물결에 휩쓸려 나갔다. 전국적인 체인망을 가지고 미국의 DVD 대여 사업을 독점하다시피 한 기업 블록버스터(Blockbuster LLC)도 디지털 콘텐츠의 등장과 스트리밍 서비스로의 전환 앞에 2010년 파산했다.

디지털 전환은 거스를 수 있는 것이 아니다. 파괴자들이 등장해 기존의 생태계를 부수고, 판 자체를 바꾸어놓기 때문이다. 비즈니스 모델을 완전히 변화시키고, 차원이 다른 경쟁력으로 산업을 압도한다. 변화를 거부하고 안정을 택한 기업들은 과거에 파괴자들이었을지 모르지만, 변화된 생태계로부터 거부될 수밖에 없다.

디지털 리더십을 갖추어야 한다. 디지털 경제하에 산업의 패러다임이 어떻게 달라지는지 모니터링하고, 새로운 표준을 제시할 수 있어야 한다. 이 책은 디지털 전환이 가속화하는 지금 그 거스를 수 없는 흐름을 이해하고, 어떻게 대응해야 할지를 제시하는 데 목적을 두었다.

PART1은 파괴자들에 초점을 두었다. 첫째, 기존의 생태계를 파괴하고 새로운 판을 제시하는 '테크 자이언트(Tech Giants)'를 다루었다. 테슬라, 마이크로소프트, 메타, 바이두, 아마존이 어떻게 기존의 생태계를 파괴했는지 살펴볼 수 있다. 둘째, 스스로를 파괴한 '디지털 트랜스포머(Digital Transformers)'를 조명했다. 월마트, 스타벅스, 나이키, 피도르뱅크, 머스크와 같은 전통 기업들이 초가속 시대에 어떻게 스스로를 변화시켰는지 들여다볼 수 있다. 특히, 전통 기업들이 어떻게 디지털 전환을 시도해야 하는지에 관한 인사이트를 찾을 수 있다. 셋째, '테크 스타트업(Tech Startup)'이 어떻게 상식(생각)을 파괴했는지에 집중했다. 넷플릭스, 우버, 줌, 유니티, 스포티파이가 어떻게 경쟁적인 시장에서 차원이 다른 생각과 접근을 시도해 성공할 수 있었는지를 확인해 볼 수 있다.

PART2는 '6대 파괴적 물결(Six Destructive Waves)'을 제시한다. '파괴할 것인가? 파괴될 것인가?' 답은 하나다. 초가속 경제가 가져올 여섯 가지 피할 수 없는 물결을 이해해야 한다. 이는 파도를 타는 것에 비유할 수 있다. 파도와 맞서 싸울 수 없다면 파도에 올라타야만 한다. 디지털 전환으로 산업의 패러다임이 크게 여섯 가지 경로로 변화하고 있고, 그 변화를 비대면화(Untact), 탈경계화(Borderless), 초맞춤화(Hyper-Customization), 서비스화(Servitization), 실시간화(Real Time), 초실감화(User Experience, UX)로 정리할 수 있다. 수백여 기업들의 사례를 소개하면서 각각의 패러다임 변화가 눈앞에 나타나고 있음을 마치 여행하듯 확인할 수 있을 것이다. PART1이 대표적 '파괴자들'에 집중해 기술되었다면, PART2는 '파괴적인 변화'에 초점을 둔 것이다.

PART3는 초가속 시대의 액션 플랜을 제시한다. 디지털 전환이 가속화하는 지금 우리는 어떻게 대응해야 할지를 제안했다. 물론, PART1과

PART2를 읽는 동안 비즈니스 전략 등을 포착할 기회가 있겠지만, 착안 점들을 요약해 기술함으로써 초가속 시대에 대응전략들을 심층적으로 고민해볼 기회를 제공하고자 한다.

차례

PART
1
파괴자들, 어떻게 기존의 질서를
파괴했는가?

PART 1

파괴자들,
어떻게 기존의 질서를
파괴했는가?

테크 자이언트,
생태계를 파괴하다

테슬라, 자동차를 만드는가?
소프트웨어를 만드는가?

자동차가 스스로 성장한다? 가능한 일이 되었다. 테슬라는 OTA(Over-the-air, 무선 소프트웨어)를 통해 끊임없이 개선되고 업데이트되는 자체 운영체제를 최초로 도입했다. OTA란 자동차에 내장된 소프트웨어를 유선이 아닌 와이파이 등을 사용해 무선으로 업데이트하는 기술을 의미한다. 스마트 호출(Smart Summon) 기능을 이용해 자동차를 지정 위치에 호출하는 기능, 자동차 스스로 주차장을 찾아 주차하는 기능 등 테슬라의 소프트웨어는 계속해서 스스로 발전하는 중이다. 뒤늦게 현대자동차, 폭스바겐, GM 등도 소프트웨어 분야로 사업 모델을 다각화하기 위해 OTA 서비스를 본격화할 예정이다. 운전자의 패턴과 성향을 학습하면서 지속적으로 업데이트해야 하는 자율주행차 시대에 OTA는 필수 기술이고, 테슬라는 자율주행차 시대를 가속화하는 리더인 셈이다. 즉, 테슬라는 소프트웨어 기업이다. 제조사이길 거부한다.

테슬라는 자체 개발한 소프트웨어를 통해 자신들만의 플랫폼을 구축한다. 기존의 자동차 기업들이 기계제조에 머무를 때, 테슬라는 어떻게 하면 소비자들에게 편리한 소프트웨어를 제공할지 고민했다. 테슬라는 구글의 안드로이드, 애플의 IOS처럼 자신들만의 운영체제(OS)를 구축했다. 터치스크린 계기판은 테슬라만의 소프트웨어를 담는 하드웨어 역할을 한다. 테슬라의 전기자동차는 운영체제를 통해 언제나 무료로 인터넷에 연결되어 있다. 그 결과 차 안에서 스마트폰 없이도 유튜브를 통해 운전자의 취향에 맞는 콘텐츠를 즐길 수 있으며, 실시간 교통 정보를 바탕으로 주행 경로를 추천해주는 내비게이션을 이용할 수도 있다. 또한 테슬라의 전기자동차를 이용하는 소비자는 터치스크린을 통해 자동차의 모든 것을 원하는 대로 조종할 수 있다. 스크린을 통해 서스펜션 높낮이를 조절하거나 사이드브레이크를 채울 수 있다. 운전자는 목소리를 통해 좋아하는 노래를 틀어달라고 요청할 수 있으며, 스크린의 배경화면, 폰트 등 모든 것을 자신에게 맞출 수 있다. '나'만을 위한 인터페이스를 구축할 수 있는 것이다.

2022년 1월 18일 기준 테슬라의 시가총액은 1조 540억 달러를 기록하고 있다. 이는 도요타를 포함한 글로벌 상위 10대 자동차 기업의 시가총액을 합한 1조 11억 달러보다 많은 수치이다. 매출액 기준 전 세계 자

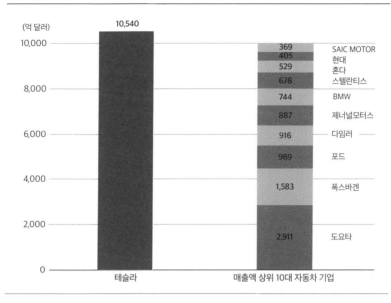

테슬라와 주요 자동차 업체 시가총액 비교

(억 달러)

10,540

369	SAIC MOTOR
405	현대
529	혼다
678	스텔란티스
744	BMW
887	제너럴모터스
916	다임러
989	포드
1,583	폭스바겐
2,911	도요타

테슬라   매출액 상위 10대 자동차 기업

자료: 한국경제산업연구원
주: 2021년 기준의 매출액 상위 10대 자동차 기업을 선별하고, 2022년 1월 18일 기준 NASDAQ Stock Market 시가총액을 추계함. 단, SAIC Motor는 상하이 증권거래소 시가총액을 동일 달러 환율 기준으로 환산함.

동차 시장의 1%도 점유하지 못하고 있는 테슬라가 100년 동안 자동차 산업을 지배해온 전통적 공룡(traditional dinosaurs) 기업들을 모두 제치고 차세대 디지털 경제 리더로 주목받고 있다.

자율주행시스템

테슬라의 전기자동차는 끊임없이 움직이는 데이터 센터다. 테슬라 전기 자동차에는 여덟 개의 서라운드 카메라가 장착되어 있다. 차량을 중심으로 최대 250미터 범위까지 360도 시야를 보여준다. 심지어 전방 레이더는 흙먼지, 안개, 폭우와 같은 열악한 환경에서도 주변 상황을 읽을 수 있다. 단순히 우리를 목적지로 데려다주던 교통수단이 주변의 환경과 끊임없이 상호작용하는 컴퓨터로 진화한 것이다.

테슬라는 경쟁사 대비 압도적인 주행데이터를 고객으로부터 축적한다. 2021년 기준 테슬라는 51억 마일(약 82억 킬로미터)의 주행데이터가 축적되었을 것으로 예상된다. 이는 경쟁사인 구글의 웨이모(Waymo)의 예상 주행데이터인 2000만 마일(3200만 킬로미터)보다 압도적으로 많은 수준이다. 전 세계 테슬라 운전자들이 다양한 도로 환경(눈, 비, 사막 등)을 실제로 경험하면서 쌓이는 일상 데이터는 물론이고, 운전 중 간혹 경험하게 되는 블랙스완[1] 같은 돌발상황에 대한 데이터가 실시간으로 쌓이고 있다. 또한 몇 개의 카메라만으로 물체의 3차원 형상을 구현하는 의사 라이다[2] 방식은 방대한 주행데이터를 더욱 정교하게 만든다.

테슬라는 이렇게 모인 데이터를 바탕으로 독보적인 자율주행 시스템

---

[1] 일반적으로 블랙스완(Black Swan)은 기존의 경험, 상식을 벗어난 예상치 못한 변수가 실제로 발생하면서 경제 및 사회에 큰 파장이 생기는 위기상황을 의미한다. 이러한 의미의 연장선상에서 운전 중 발생하는 블랙스완이란 예상치 못한 보행자 혹은 야생동물의 난입, 도로 위 이물질로 인한 갑작스러운 자동차 부품의 고장 등으로 운전자의 생명에 생기는 위기상황을 의미한다.
[2] 라이다(Lidar)는 주변 정보를 인식하는 카메라, 전파를 이용해 카메라가 인식한 정보를 정밀하게 만들어주는 레이더의 한계를 극복하기 위한 장치이다. 라이다는 레이저를 통해 주변의 물체를 더욱 정밀하게 파악할 수 있는 장치로서 자율주행 서비스의 핵심 기술이다. 다만, 기존의 라이다는 가격이 비싸고 부피가 커서 자동차 지붕 위에 큰 장비들을 얹어야만 했다. 이와 같은 기존 라이다의 한계를 극복하고 부피도 작지만 유사한 성능을 내는 방식인 의사 라이다(Pseudo-Lidar)가 2019년 얀 왕(Yan Wang) 코넬대학 교수의 논문을 통해 공개되었다. 테슬라가 이 기술을 채택하면서 더욱 많은 사람에게 알려지기 시작했다.

을 구축하고 있다. 테슬라는 완전자율주행을 위한 신경망 네트워크 칩인 하드웨어 3.0, 신경망 네트워크 훈련[3]을 위해 설계된 슈퍼컴퓨터 도조(Dojo) 등 자사가 보유한 독보적인 기술력를 활용해 전 세계 테슬라 차량의 주행데이터를 스스로 분석, 연산, 학습할 수 있는 시스템을 구성했다. 이를 통해 자율주행 서비스의 정확성을 계속해서 높여가고 있다.

테슬라는 오토파일럿(Autopilot)과 완전자율주행(Full Self Driving Capability, FSD)의 자율주행 서비스를 제공한다. 오토파일럿은 테슬라의 기초적인 자율주행 시스템이다. 지정된 최고 속도로 운행하며 앞차와의 간격을 자동으로 유지해주는 교통 인식 크루즈 컨트롤(Traffic Aware Cruise Control)과 현재 달리고 있는 차선을 유지해주는 오토스티어(Autosteer)가 오토파일럿의 핵심 기능이다. 테슬라는 오토파일럿에서 진보된 자율주행 서비스인 완전자율주행 베타 서비스도 시작했다. 완전자율주행 서비스에는 자동으로 차선을 변경해주는 자동 차선 변경(Auto Lane Change), 자동차 스스로 주차하는 오토파크(Autopark), 신호등과 정지 표지판에 따라 자동차가 스스로 판단할 수 있는 기능(Traffic Light and Stop Sign Recognition and Control) 등이 포함되어 있다.

완전자율주행 서비스가 본격화되면 엔터테인먼트 산업도 테슬라의 영역으로 편입될 수 있다. 몇 시간의 장거리 운행은 운전자에게 굉장한

---

3   신경망 네트워크(Neural Network)란 사람의 뇌를 형상화해 만든 기계학습모델의 일종이다. 인간과 같이 다양한 데이터를 스스로 학습해 패턴을 인식하고 미래의 행동을 예측할 수 있다. 따라서 미래의 예기치 못한 상황이 발생해도 인간과 유사하게 행동한다. 과거의 경험을 토대로 스스로 대처하는 방식을 만들어낼 수 있기 때문이다.

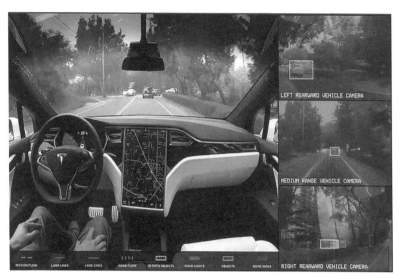

테슬라의 자율주행시스템
자료: ELECTREK

피로감을 준다. 그러나 테슬라의 완전자율주행 서비스는 운전자의 노동을 즐거운 엔터테인먼트 경험으로 바꾸어줄 수 있다. 운전 노동은 자동차가 대신해줄 것이다. 그동안 운전자는 영화, 게임 등의 엔터테인먼트를 즐기면 된다. 테슬라는 이미 테슬라 시어터(Tesla Theatre), 테슬라 아케이드(Tesla Arcade), 가라오케(Caraoke) 등의 서비스를 공개했다. 해당 서비스를 이용하면 테슬라 운전자는 도로 위에서 게임, 노래, 영화 등의 서비스를 즐기는 새로운 경험을 할 수 있게 된다. '노동'이 '놀이'로 전환되는 경험, 그리고 철저하게 소비자에게 맞추어진 콘텐츠를 제공할 수 있는 데이터 기반의 기술력이 테슬라를 디지털 경제의 리더로 만드는 원동력이 되고 있다.

파괴적인 비즈니스 확장

테슬라는 전 세계에서 끊임없이 데이터를 생산하는 '움직이는 컴퓨터'를 통해 비즈니스 모델을 끊임없이 확장하고 있다. 데이터를 바탕으로 테슬라만의 '플랫폼 비즈니스'가 탄생하는 것이다. 에너지, 운영체제, 통신, 우주 산업 등 데이터의 활용 범위는 무궁무진하다. 일론 머스크의 사업 이력을 살펴보면 테슬라의 궁극적인 방향성이 더욱 확실하게 드러난다. 일론 머스크는 2002년 항공우주장비 제조 및 우주수송 회사인 스페이스엑스(SpaceX)를 설립했다. 그리고 2004년에 테슬라의 투자자로 참여해 창업자 및 대주주의 지위를 인정받았다. 이후 2006년 태양 에너지 회사인 솔라시티(SolarCity), 2015년 인공지능 연구소인 오픈AI(Open AI)를 설립하면서 비즈니스의 범위를 지속적으로 확장했다. 그리고 마침내 2017년 테슬라는 기존의 사명이었던 '테슬라 모터스'에서 모터스를 빼고 지금의 '테슬라'라는 사명을 채택했다. 테슬라는 전기자동차뿐 아니라 관련된 모든 분야를 다룬다는 것이 주된 이유였다. 최근 스페이스엑스의 스타링크 프로젝트[4], 테슬라의 가정용 전기 배터리 저장 장치인 파워월[5] 등 테슬

---

[4]   스타링크(Starlink) 프로젝트는 지구 저궤도(300~1,000km)에 배치된 1만 대 이상의 소형 위성이 지상과 데이터를 주고받는 초고속 인터넷망 구축 사업이다. 2021년 2월 2일 파이낸셜익스프레스(Financial Express)는 스페이스엑스의 스타링크 프로젝트가 미국 일부 지역에서 베타 서비스를 마치고 인도로 진출할 전망이라고 보도했다.

[5]   테슬라는 공식적으로 파워월(Powerwall)이 태양광을 이용해 자동으로 전력을 저장하고 전력망이 중단될 때 자동으로 정전을 감지해 전력원을 공급하는 기술이라고 설명한다. 스마트폰의 테슬라 앱을 활용하면 전력 생산과 소비를 실시간으로 모니터링할 수 있다.

라의 사업범위 확장은 멈출 기미가 안 보인다. 모빌리티 사업으로 시작한 테크 자이언트 테슬라가 기존 산업의 경계를 파괴하고 새로운 생태계 기반을 만들고 있다.

테슬라의 완전자율주행 시스템이 더욱 정교해진다면 테슬라는 공유 경제에도 지대한 영향을 미칠 것으로 예상된다. 테슬라 차주가 테슬라를 이용하지 않는 시간에 자율주행을 이용해 우버처럼 영업을 할 수 있기 때문이다. 즉, 오늘날 공유경제를 대표하는 우버의 사업 모델에서 더욱 진화된 무인 승차 공유 서비스가 시작되는 것이다. 테슬라는 이미 '테슬라 네트워크'라는 이름으로 해당 사업 모델에 대한 개발을 진행 중이다. 미래의 삶을 근본적으로 변화할 힘이 있는 기업이 미래의 높은 가치를 인정받는다.

마이크로소프트, 리더를 리드하다

마이크로소프트가 디지털 경제의 생태계를 제공하는 기업으로 재도약하고 있다. 플랫폼 기업으로 다시 태어난 마이크로소프트가 다른 플랫폼 기업들에게 디지털 경제의 토대를 제공하고 있다. 다른 기업들의 디지털 전환을 가속화하고 있는 것이다. 메타버스 생태계도 예외는 아니다. 마이크로소프트는 자사의 메타버스 플랫폼인 메시(Mesh)와 팀즈(Teams)를 결합해 다른 기업들이 특별한 장비 없이 개인화된 아바타로 현실감 있는 회의를 진행할 수 있도록 돕는다. 마이크로소프트의 휴대용 홀로그래픽

마이크로소프트 메시 플랫폼 소개영상
자료 : 마이크로소프트

컴퓨터인 홀로렌즈2는 메시와 연동해 그 자체로 혼합현실(Mixed Reality, MR) 경험을 제공한다. 홀로렌즈2는 높은 가격에도 불구하고 월등한 성능으로 군사, 의료 등 고도화된 기술과 반복 훈련이 필요한 분야에서 혼합현실의 도입을 앞당기고 있다. 컴퓨터나 스마트폰에 연결할 필요 없이 이용자는 혼합현실 내에서 손동작과 음성으로 다양한 프로그램을 조작할 수 있다. 자연어 처리 인공지능 모델 GPT-3를 활용하면 가상현실(Virtual Reality, VR)에서도 대량의 텍스트를 자동으로 요약해주는 소프트웨어를 사용하고, 표나 메모를 자유롭게 그리며 작업할 수 있다. 관련 데이터와 기록은 모두 마이크로소프트의 클라우드 시스템인 애저(Azure)에 기록된다.

마이크로소프트의 메타버스 서비스는 엔터테인먼트와 커뮤니티 그 이상을 지향한다. 마이크로소프트는 '디지털 트윈'[6]을 통해 현실과 동일한 메타버스를 구현하고, 인공지능 기술과 혼합현실 서비스, 오피스365

와 같은 응용프로그램이 종합적으로 담긴 메타버스 솔루션을 각 전문 분야에서 활용할 수 있도록 만들 계획이다. 이를 위해 마이크로소프트는 테슬라의 일론 머스크가 설립한 인공지능 연구소 오픈AI에 1조 원을 투자하겠다고 밝히기도 했다. 헬스케어, 의료, 제조업 등 정확하고 빠른 데이터 처리가 요구되는 분야가 대표적인 마이크로소프트의 B2B 비즈니스 대상이다. 2022년 1월 6일 마이크로소프트는 CES 2022를 통해 두산과 협업해 만든 임직원 관리 플랫폼 Delightful Digital Workspace를 공개했다. 두산은 급격히 변화하는 경영 환경에서 임직원의 상시 성과 관리 프로세스 및 디지털 워크플레이스 솔루션을 구축하기 위해 마이크로소프트의 애저 클라우드 솔루션 자문을 받은 것으로 알려졌다.

"인텔리전트 클라우드(Intelligent Cloud)." 마이크로소프트 최고경영자(CEO) 사티아 나델라(Satya Nadella)가 내세운 슬로건이다. 마이크로소프트의 애저 클라우드 서비스는 단순히 대용량 데이터를 저장하고 공유하는 단계에서 벗어나 기술 플랫폼의 역할을 지향한다. 애저 클라우드 서비스 이용자들은 클라우드상에 자체적으로 앱을 구축하는 동시에 인공지능 기술을 활용해 고객데이터를 분석할 수 있다. 클라우드상에 IT 작업을 위한 인프라뿐만 아니라 인공지능, 사물인터넷, 사이버 보안

---

6   디지털 트윈은 제조업뿐 아니라 다양한 산업·사회 문제를 해결할 수 있는 기술로 주목받는다. 그리고 기본적으로는 다양한 물리적 시스템의 구조, 맥락, 작동을 나타내는 데이터와 정보의 조합으로, 과거와 현재의 운용 상태를 이해하고 미래를 예측할 수 있는 인터페이스라고 할 수 있다. 물리적 세계를 최적화하기 위해 사용될 수 있는 강력한 디지털 객체로서, 운용 성능과 사업 프로세스를 대폭 개선할 수 있다.

등 다양한 디지털 기술들이 융합되고 있는 것이다. 마이크로소프트와 BMW는 개방형 데이터 모델을 기반으로 스마트공장 솔루션을 공유하는 개방형 제조 플랫폼(Open Manufacturing Platform, OMP)을 운영한다. BMW는 마이크로소프트의 애저 클라우드 기술을 활용해 자율운송 시스템을 운영하고, 물류 프로세스를 단순화해 효율성을 향상하고 있다. 애저 클라우드상에 구축된 BMW의 OMP 플랫폼은 3,000대 이상의 기계를 실시간으로 관리하고, 자율운송 시스템 구축으로 이어진다. 향후에는 디지털 공급망 체인 관리, 개방형 제조 표준 등의 사례를 개방형 제조 플랫폼에 참여한 모든 기업에게 오픈소스 형태로 공급할 예정이다. 마이크로소프트는 또한 닛산과 파트너십을 채결해 애저 클라우드 서비스를 기반으로 차세대 커넥티드 드라이빙 개발을 진행 중이다. 테슬라와 달리 디지털 전환 후발주자인 전통적 자동차 제조 기업들이 마이크로소프트의 클라우드 서비스를 이용해 변화를 시작하고 있다.

자동차 제조 기업뿐 아니라 디지털 전환을 준비하는 많은 기업이 마이크로소프트의 솔루션을 원하고 있다. 2019년 12월 글로벌 2,000대 기업의 IT 담당 임원 100명을 대상으로 한 설문조사에 따르면 경쟁사의 클라우드 솔루션보다 마이크로소프트의 애저를 선호하는 것으로 나타났다.[7] 또한 세계적인 경제전문지 포천(Fortune)이 선정한 500대 기업의 90%가 애저를 이용해 디지털 경제를 대비하고 있는 것으로 알려졌다.

---

7   CNBC(2020), "Microsoft Azure has an edge over Amazon Web Services at big companies, Goldman Sachs survey says"

마이크로소프트가 차세대 리더를 리드하고 있는 것이다.

회의를 직접 만나서 해야 할까?

마이크로소프트의 소셜 가상현실 플랫폼 AltspaceVR은 가상공간에서의 협업을 위한 최적의 솔루션을 제시한다. 가상공간에서 게임, 파티, 공연, 프레젠테이션, 미팅 등 다양한 이벤트를 개최할 수 있다. 사용자들은 가상공간에 함께 모여 이벤트를 즐기며 상호 커뮤니케이션과 협업을 할 수 있다. 이제 더 이상 '장소'는 중요하지 않게 된 것이다. 가상공간에서 서로 같은 경험을 공유하며 대화할 수 있다는 것이 중요하다. 이러한 경험은 마치 현실에서 직장 동료 혹은 친구들과 실제로 만나서 커뮤니케이션하고 있다는 착각마저 들게 한다.

마이크로소프트가 성장한 배경에는
클라우드가 있다?

마이크로소프트가 클라우드에 집중하는 이유는 무엇일까? 빅데이터 시대가 도래하면서 데이터 활용의 중요성이 커지고 있다. 저장하고 처리해야 하는 데이터의 양은 과거와 비교할 수 없을 정도로 많아졌다. 그 결과 모든 기업은 디지털 전환을 요구받고 있다. 이러한 환경에서 기존의 컴퓨팅 방식은 한계를 갖는다. 온프레미스(On-premis)라고 불리는 기존의 컴퓨팅 방식은 데이터를 저장, 처리, 가공하기 위한 물리적 투자가 필

클라우드 컴퓨팅 이용에 따른 컴퓨팅 환경 변화

IT 인프라 자체 구축·운영

A금융회사

APP

서버 S/W DB

B금융회사

APP

서버 S/W DB

클라우드 서비스 활용

공용서버 공용S/W 공용DB

클라우드 인프라

A금융회사 B금융회사 C금융회사

자료: Gartner(2020)

수적이기 때문이다. 데이터 양이 급격하게 늘어나고 이를 활용하는 것이 필수인 디지털 경제하에서 기존의 컴퓨팅 방식은 상당한 고정 비용을 발생시킨다.

반면, 클라우드 서비스는 이러한 컴퓨팅 자원을 가상화해 제공한다. 사용자가 전산설비를 직접 구축할 필요 없이 무형의 컴퓨팅 자원을 필요한 만큼 제공받아 사용할 수 있는 것이다. 필요한 만큼 빌려 쓰고, 사용한 만큼 요금을 지불하면 된다. 업무 효율성은 높아지고 비용은 절감되는 것이다. 특히 초기 자본력은 부족하지만 아이디어와 기술력을 보유한 스타트업이 클라우드를 적극적으로 활용하고 있다. 초기 투자 비용을 낮출 수 있기 때문이다. 실제로, 마이크로소프트는 글로벌 스타트업 엑셀러레이터인 와이컴비네이터(Y Combinator)와 파트너십을 체결하면서 스타트업에게 애저 클라우드 멤버십을 부여하고 있다.[8]

세계 클라우드 시장 규모는 급격하게 성장할 것으로 예상된다. 2018

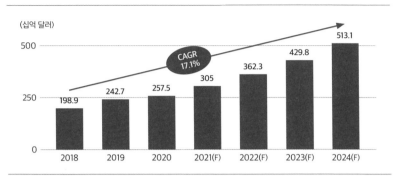

세계 클라우드 시장규모 전망

(십억 달러)

자료: Gartner(2020)

년 기준 1989억 달러의 시장을 형성한 클라우드 산업은 2024년에는 5131억 달러까지 성장할 것으로 전망된다. 이는 클라우드 시장이 2018년 이후 매년 17.1%의 높은 성장률을 기록한다는 의미이다. 특히 코로나19 확산 이후 비대면 업무가 보편화되면서 기업은 물론 개인의 클라우드 서비스 이용이 급격하게 증가하고 있다.

"폐쇄"에서 "개방"으로

"마이크로소프트는 과거에 달성한 성공에 스스로 만족한 나머지 그 이상의 성공을 창출하기 위한 노력에는 미흡했다." 나델라가 블룸버그 비

---

8   VentureBeat(2015), "Microsoft woos Y Combinator startups with $500K in Azure cloud credits"

즈니스위크(Bloomberg Businessweek)와의 인터뷰에서 언급한 내용이다. 나델라 이전의 마이크로소프트는 폐쇄적인 비즈니스 모델을 추구했다. PC 운영체제(Window)라는 생태계를 구성했음에도 불구하고 '개방'과 '협력'을 멀리했다. 오히려 '경쟁'과 '독식'을 통해 새로운 시장진입자를 배척하는 데 몰두했다. 모바일 시장의 등장을 알리며 등장한 애플, 구글과 같은 경쟁자들을 협력 대상이 아닌 적으로 간주했다. 윈도우 점유율을 유지하기 위해 애플과 구글의 모바일 생태계에서는 마이크로소프트의 오피스365 사용이 불가능했다. 마이크로소프트의 전 최고경영자 스티븐 발머(Steven Ballmer)는 "오픈소스는 지적재산권을 침해하는 암적인 존재"라고 언급하기도 했다. 그 결과, 마이크로소프트는 윈도우라는 생태계를 일찍이 구축했음에도 불구하고 과거 성공모델에 지나치게 집착해 개방과 협력을 멀리했고, 모바일 시대가 도래하면서 등장한 애플의 아이폰, 구글의 안드로이드에 밀려 '늙고 지친 공룡'으로 비유되기도 했다.

디지털 경제는 플랫폼을 중심축으로 작동한다. 플랫폼이 진화하면서 플랫폼에 대한 기업의 의존도는 꾸준히 증가하고 있다. 플랫폼에서는 비즈니스 경계가 모호해진다. 플랫폼은 성장 가능성이 무궁무진한 기업들이 뛰어노는 공간이다. 디지털 경제에 참여하는 기업과 소비자를 이 플랫폼 생태계 안으로 언제든 자유롭게 들여올 수 있어야 한다. 폐쇄적인 비즈니스 모델로는 생존이 불가능하다.

이에 나델라는 마이크로소프트를 '플랫폼 및 생산성 기업'으로 재정의했다. 다른 기업의 디지털 전환을 돕는 가운데 생산성 향상에 기여할 수 있는 기술을 제공하는 플랫폼 기업으로 성장하겠다는 의미였다. 애플의 IOS, 구글의 안드로이드용 오피스365를 제공하기 시작했고, 기업용 데이터 관리 소프트웨어 SQL 서버를 리눅스 운영체제에서도 사용할 수 있게 개편했다. 또한 세계 최대 오픈소스 코드 공유 플랫폼 깃허브(Github)를 75억 달러에 인수하고, 이를 통해 외부 오픈소스 개발자들과 마이크로소프트 간 개방된 개발 환경을 조성했다. 마이크로소프트 클라우드 솔루션의 시작이었다.

메타, 가상세계를 구축하다

사람들이 모이는 공간이 변하고 있다. 광장에서 인터넷으로, 그리고 이제는 가상세계에서 사람과 사람의 연결이 이루어진다. 2021년 10월 28일 페이스북은 사명을 '메타'로 변경하며 가상세계가 인터넷의 다음 단계임을 천명했다. 소셜 네트워크 기반의 페이스북과 인스타그램으로 인터넷 플랫폼에서 사람과 사람을 연결하는 데 가장 앞장섰던 메타가 이제는 가상세계를 앞당겨 사람들을 연결하고 있다. 메타가 구축한 가상세계의 또 다른 '나'인 아바타를 통해 집, 일터, 광장 등에서 사람들과 생활하는 것이다.

메타의 호라이즌 월드(Horizon Worlds)에서는 메타가 소유한 VR 제품 개발 업체 오큘러스의 헤드셋을 사용해 가상공간에서 아바타를 만들어 이용자들끼리 어울릴 수 있다. 오큘러스 VR 헤드셋의 시장 점유율은

호라이즌 월드
자료: 메타

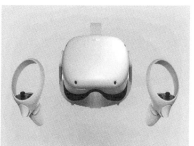

오큘러스 퀘스트2
자료: 메타

2022년 현재 70%가 넘는다. 이용자는 취향에 맞춰 외형을 설정하고, 다른 이용자와 함께 게임 등을 즐기며 대화할 수 있다. 호라이즌 월드에서는 이용자의 움직임과 입 모양 등도 모두 현실감 있게 반영된다. 가상세계에서 업무에 집중하고 싶다면 호라이즌 워크룸(Horizon Workroom), 집에서 나만의 시간을 보내며 쉬고 싶다면 호라이즌 홈(Horizon Home)을 이용하면 된다.

메타는 가상현실과 증강현실(Augmented Reality, AR) 서비스를 위한 별도의 부서인 리얼리티랩(Reality Labs)을 발족하고, 지난해(2021년)에만 약 12조 원을 AR·VR 기기와 소프트웨어 개발에 투자했다. 메타는 이미 차세대 VR 기기인 프로젝트 캠브리아를 개발 중이고, AR 스마트글라스 개발을 위해 메타버스 관련 인력들을 빠르게 흡수하고 있다. 유럽에서만 메타버스 관련 인력 1만 명을 채용할 것이라고 발표했고, 마이크로소프트 등 관련 인력들에 공격적 스카우트를 추진하며 메타버스에 '올인'하고 있다.

마크 저커버그 최고경영자는 향후 메타버스 기업으로 본질적으로 변화해갈 것이라고 거듭 강조하고 있으며, 사람들이 시공간을 초월해 만나서 창의적인 일들이 벌어질 수 있는 플랫폼이 인터넷에서 메타버스로 전환되고 있다고 말한다. 메타는 향후 호라이즌 월드를 통해 게임과 엔터테인먼트를 넘어선 사람과 사람의 연결에 집중할 수 있는 가상세계 '소셜 허브'를 만들어나갈 계획이다.

가상세계의 결제를 책임지다, 디엠

가상세계에서도 결제는 이루어질 것이다. 유통업계 전장이 오프라인과 온라인 채널을 넘어 가상세계로까지 옮겨가고 있다. 메타버스 쇼핑 플랫폼을 통해 물건을 경험하고 구매하는 과정이 전개될 것이다. 그렇다면 무엇으로 결제할까? 디지털화폐다. 현실에서 법정화폐를 이용해 결제를 한다면, 가상세계에서는 이를 대체할 수 있는 디지털화폐가 있다. 가상세계를 앞당기고 있는 메타는 향후 디지털화폐 도입에도 지속적으로 관심을 보일 것이다. 메타는 이미 디지털화폐 프로젝트 디엠(Diem)을 발표했고, 향후 디엠을 통해 금융 서비스 인프라에서 소외된 전 세계 17억 명에게 제한 없는 금융 서비스 인프라를 제공하겠다는 포부를 밝혔다.

메타의 디지털화폐 프로젝트는 구조적으로 충분히 가능한 시나리오다. 퍼블릭 블록체인 네트워크를 이용해 송금과 결제 과정을 단순화하는 가운데 월간 활성화 사용자가 약 30억 명에 달하는 페이스북 플랫폼을 활용할 수 있는 사업 모델이기 때문이다. 인터넷을 넘어 가상세계로

리브라연합
자료: Medium

리브라의 새로운 명칭 디엠
자료: ThisisMoney

까지 확장되고 있는 메타의 플랫폼 사용자들을 중심으로 송금, 결제를 포함해 매우 저렴하고 편리한 금융 서비스가 출시될 가능성이 있다. 실제로, 메타는 디엠을 활용해 왓츠앱과 인스타그램 등의 자체 플랫폼에 송금 및 결제 서비스를 탑재하겠다고 발표했다.

메타는 2019년 6월 리브라 백서를 통해 자사의 암호화폐 프로젝트인 리브라(Libra)를 28개 회원사 체제로 시작하겠다는 계획을 발표했다. 페이팔, 마스터카드, 우버 등의 영향력 있는 회사들이 리브라연합(The Libra Association)에 회원사로 참여했다. 리브라연합은 디지털화폐 리브라를 발행, 관리, 운영하는 컨소시엄이다. 메타는 리브라를 통해 전 세계에서 은행 계좌가 없는 금융 소외계층도 인터넷만 있으면 누구나 금융 서비스를 이용할 수 있도록 하겠다는 담대한 포부를 발표했다.

그러나 2019년 7월 미국 하원 금융위원회는 리브라가 미국 달러를 포함해 세계 금융 시스템에 어떤 영향을 미칠지 평가할 시간이 필요하다는 이유로 리브라 프로젝트의 중단을 요구하는 서한을 메타에 보냈다.[9] 페이팔, 마스터카드, 비자, 이베이 등 기존 리브라연합에 참여했던 일부 회원사들도 미국 의회의 규제 압박을 이겨내지 못하고 리브라연합을 탈퇴했다.

이에 메타는 리브라 프로젝트를 디엠으로 명칭을 변경하고, 초기 리브라 모델에 대한 각국의 우려와 불신을 해소하기 위한 수정백서를 발간했다. 기존에 탈퇴했던 회원사들을 대신해 싱가포르의 투자 회사 테마섹(Temasek), 암호화폐 업체들이 새로 디엠에 가입했다. 메타는 수정백서를 통해 비허가형(permissionless) 시스템 및 퍼블릭 블록체인 방식을 기반으로 설계되었던 기존의 시스템을 포기하겠다고 밝혔다.

또한 디엠을 여러 법정화폐·국채 등 다양한 자산으로 묶어 가치를 유지하는 통화 바스켓 방식 대신 디엠USD, 디엠EUR 같은 단일 법정화폐와 직접 연동되는 복수의 스테이블코인을 발행하겠다고 발표했다. 디엠 준비금 설계를 위한 높은 유동성 확보, 분산된 개인정보 처리 및 보호 등 보안문제에 대한 강력한 개선 의지를 표명하기도 했다. 디엠은 현재 디지털 지갑 개발 및 금융 데이터 관리를 따로 담당하는 노비(Novi)를 자회사로 두고 있어 향후에도 지속적으로 노비를 통해 금융 데이터를 철저히 관리해 디엠의 단점을 보완할 예정이다. 현재 메타는 노비 안에 블록체인과 암호경제학(Cryptoeconomics) 연구를 위한 별도의 조직을 신설해 디엠의 보안문제를 해결하기 위한 신원확인 기술 등을 연구하고

---

9 Leader Insights(2019), "U.S. finance law makers ask Facebook to halt Libra"

있는 것으로 알려졌다.[10]

메타는 앞으로 디엠을 발행해 수익모델을 다각화해나갈 것이다. 메타는 대부분의 매출을 광고에 의존한다. 지속해서 성장하기 위해서는 광고를 원하는 기업들과 소비자들을 메타 플랫폼에 락인(lock-in)시킬 수 있어야 한다는 의미다. 이러한 점에서 메타는 단순한 SNS 플랫폼에서 더욱 나아가야만 하고, 이를 위해 가상세계 플랫폼 호라이즌 월드와 더불어 디엠을 활용할 것이다. 호라이즌 월드와 디엠은 페이스북과 인스타그램이 단순한 SNS 플랫폼을 넘어 새로운 비즈니스 플랫폼으로 확장할 수 있는 계기가 될 것이다. 가령, 소매업자들이 인스타그램에 올린 쇼핑 게시물에 소비자는 '좋아요'를 눌러놓고 나중에 단 몇 번의 클릭으로 디엠을 소매업자에게 전송하고 바로 상품을 받아볼 수 있는 비즈니스 모델이 충분히 가능할 것이다. 온라인 결제를 위해 개인정보를 번거롭게 입력할 필요 없이 디엠으로 구매 대금을 지불할 수 있게 되는 것이다. 호라이즌 월드를 통해 제품을 직접 보고 입어볼 수 있는 경험이 가능해지면 편리함에 재미까지 더해질 것이다.

발견형 커머스

비즈니스 플랫폼으로 성장하기 위한 메타의 움직임은 이미 시작되었다. 메타는 페이스북과 인스타그램을 통해 판매자들이 무료로 상품을 게시

---

10 FacebookResearch(2020), "Inside blockchain and cryptoeconomics research at Facebook"

인스타그램 쇼핑 게시물과 쇼핑 스토리 예시
자료: Instagram

하고 판매할 수 있는 페이스북 숍스(Facebook Shops)를 운영한다. 페이스북 숍스의 가장 큰 장점은 판매자와 소비자의 실시간 커뮤니케이션이다. 소비자는 상품에 관해 궁금한 점이 있으면 페이스북 메신저와 인스타그램 DM(Direct Message)을 이용하면 된다. 다른 쇼핑 플랫폼에 비해 자유롭고 빠르게 소통할 수 있는 판매채널을 무료로 만들 수 있는 것이다.

메타는 페이스북 숍스의 또 다른 특징으로 '발견형 커머스(Discovery Commerce)'를 이야기한다. 페이스북의 머신러닝을 활용하면 판매자가 올린 상품을 선호할만한 소비자를 자동으로 찾아주는 게 가능하다. 머신러닝과 인공지능 기술이 구매 가능성이 높은 소비자들에게 집중적으로 광고를 노출해 판매자에게 최적의 판매 루트를 제공한다. 잠재적 구매자를 발견해주는 이커머스인 것이다. 또한 판매자는 하나의 관리 페이지만으로 페이스북과 인스타그램을 동시에 관리할 수 있어 데이터 관리가 용이하다.

페이스북 숍스의 또 다른 특징은 '크로스보더 솔루션'이다. 페이스북과 인스타그램은 전 세계의 이용자들을 보유하고 있다. 즉, 판매자는 페이스북의 플랫폼을 활용하면 국내를 넘어 전 세계의 소비자를 상대로 마케팅을 할 수 있다는 의미다. 메타는 이를 위해 현지화된 물류 서비스와 고객 서비스를 구축해나갈 예정이다. 소비자들 역시 별도의 송금이나 신용카드가 없어도 인스타그램에서 간편하게 상품을 구매할 수 있도록 하는 결제 기능을 이른 시일 내에 경험할 수 있을 것으로 예상된다. 메타는 현재 인스타그램과 페이스북에서 자체 결제 기능을 도입하기 위한 다양한 방법을 테스트하고 있다.[11]

바이두, 인간을 데이터로 전환하다

"모든 것의 지능화(Intelligence of Everything)." 웹 기반 서비스로 시작해 인공지능에 기반한 플랫폼 발전전략을 내세우며 빠르게 성장하고 있는

---

11   DigitalCommerce360(2019), "Facebook and Instagram test new shopping features"

바이두의 미래 전략이다. 바이두는 인공지능과 생체인식 기술(음성, 홍채, 안면, 지문, 정맥)을 활용해 인간의 모든 활동을 데이터로 전환하고 있다. 축적된 데이터는 개인을 인증하고, 지급결제까지 모든 과정을 자동화하는 데 사용된다. 실제로, 웹 기반 검색 서비스, 자율주행 서비스, 지급결제 서비스(바이두 월렛) 등 바이두가 제공하는 서비스 전 영역에서 인공지능과 생체인식 기술이 활용되고 있다. 자율주행 개방형 플랫폼 바이두 아폴로(Baidu Apollo), m-AR(mobile-Augmented Reality: 모바일-증강현실) 콘텐츠 개발 플랫폼 두시(Dusee), 대화형 인공지능 시스템인 듀어OS(DuerOS), 인공지능 음성 기술 딥보이스(Deep Voice) 등이 바이두가 만든 생체인식 인공지능 플랫폼의 대표적인 예다.

바이두는 중국 제일자동차그룹(FAW Group)과 협력해 바이두 아폴로의 완전자율주행 서비스를 적용한 로보택시를 테스트하고 있다. 운전자가 없어도 지문, 안면인식 등을 통해 개인 인증을 하고 로보택시에 탑승하면 된다. 유사시 인간 운전자가 무인 자율주행차를 원격으로 제어할 수 있는 5G 원격 운전 서비스를 이용하면 로보택시의 가장 큰 단점으로 지목되고 있는 안전문제도 해결할 수 있을 것으로 보인다. 바이두는 이미 자율주행 택시 서비스 아폴로 고(Apollo Go)를 베이징에 거주하는 누구나 이용할 수 있도록 공개했다.

바이두는 생체인식 기술을 탑재해 사용자의 잠재적 수요를 분석한 뒤 능동적으로 서비스를 제공하는 서비스형 모빌리티(Mobility as a Service, MaaS)도 구축하고 있다. 바이두의 스마트 교통 솔루션 ACE교통엔진(ACE Transportation Engine)은 바이두 아폴로의 자율주행이 적용된 대

바이두의 자율주행 로보택시
자료: Tech Wire Asia

중교통(로보택시, 로보버스, Apolong 셔틀버스 등), CVIS 지능형 교통인프라 시스템, 자율주행 보조 솔루션(Apollo Navitation Pilot, ANP), 자동 주차 대행(Automated Valet Parking, AVP) 등이 통합적으로 적용된 스마트 교통 솔루션이다. 계획대로라면 바이두의 스마트 교통 솔루션 이용자는 안면 인식기술이 적용된 바이두맵(Baidu Map)을 이용해 원하는 지역으로 자율주행차를 호출할 수 있다.

ACE교통엔진은 실시간 감지, 돌발상황 대응 등 자율주행차의 안전을 보조하는 다양한 장치도 제공한다. ACE교통엔진은 이미 베이징을 중심으로 중국 내 10여 개 도시에 적용되고 있다. 바이두는 현재 베이징 내에 14개의 자율주행 역을 운영하고 있으며 향후 100개까지 늘려 이장(Yizhuang), 하이뎬(Haidian) 지역에도 자율주행 서비스를 운용할 예정이다.[12] 바이두는 광저우시에 이미 세계 최초로 완성형 자율주행 통합교통 서비스를 구축해 이용자들에게 스마트 교통 솔루션을 제공하고 있다.

바이두의 인공지능 기술이 접목된 안면인식 ATM 서비스가 중국 대도시를 중심으로 빠르게 확산되고 있다. 은행카드나 신분증이 없어도 얼굴 스캔만으로 현금 인출이 가능하다. 바이두의 첨단 안면인식 기술은 적외선을 통해 이용자의 양쪽 눈을 검측하고, 이를 이용자 신분증과 비교해 신분을 식별해낸다. 중국농업은행, 중국초상은행 등이 바이두와 협업해 안면인식 ATM 서비스를 제공하고 있다.

바이두의 안면인식 기술은 동작, 음성, 입술 모양 등 다양한 수단을 활용하기 때문에 각 업무 환경에 맞추어 적용할 수 있어 대학교 기숙사 출입 시스템, 공항 탑승 수속, 부동산 거래, 보험 업무 등 엄격한 신분 검사가 필요한 부문에서도 적극적으로 활용된다. 바이두의 안면인식 기술 중 하나인 온라인 생체식별 기술은 딥러닝 모델에 기반을 두어 사진 속에 생기는 물체 기형 현상, 줄무늬, 명암 등을 학습하고 사진 속 얼굴이 진짜인지를 판단할 수 있다. 안면인식을 위해 특정 얼굴 동작을 따라한 사용자의 얼굴 사진은 고화질로 출력되고, 개방형 API(Open Application Programming Interface)에 연결되어 재차 엄격한 검증을 거친다. 바이두

---

12 FutureCar(2021), "China's Baidu is Building an Entire 'Mobility as a Service' Ecosystem Around Autonomous Vehicles"

바이두와 KFC의 안면인식 메뉴 추천 서비스
자료: TechCrunch

바이두와 KFC의 증강현실 게임 서비스
자료: D3form

의 안면인식 기술이 사이버 보안에도 사용되고 있는 것이다.

바이두는 패스트푸드 레스토랑인 KFC와 함께 키오스크에서 한 단계 더 발전한 주문 서비스를 선보이기도 했다. 베이징에 문을 연 KFC의 스마트레스토랑에서 고객의 얼굴을 인식해 성별, 연령, 표정 등에 따라 음식을 추천해주는 서비스를 시작한 것이다.[13] 이는 바이두의 안면인식 기술을 사용해 고객의 감정과 기분에 따라 어떤 메뉴를 선택하면 만족도가 높을지 예측하는 서비스로 20대 초반의 남성에게는 크리스피치킨 햄버거 세트를, 50대 여성에게는 죽 혹은 두유를 아침 식사로 추천한다. 두 번 이상 방문한 고객의 얼굴은 자동으로 키오스크에 기억되며 이를 바탕으로 고객에게 과거의 주문 내역, 즐겨찾는 메뉴를 화면에 보여준다. 베이징의 다른 300개 KFC 매장에서는 바이두 앱을 활용해 증강현

---

13 TechCrunch(2016), "Baidu and KFC's new smart restaurant suggests what to order based on your face"

실 게임 서비스도 즐길 수 있다. KFC 매장 테이블에 붙어 있는 스티커의 QR코드를 스캔해 증강현실 게임을 접할 수 있는 것이다. 게임에서 점수를 획득하면 KFC 메뉴 할인 쿠폰을 제공받을 수도 있다.

바이두의 대화형 인공지능 시스템인 듀어OS(DuerOS)는 생체인식 기술을 활용한 데이터 수집의 범위를 한층 넓히고 있다. 듀어OS가 탑재된 무선이어폰 샤오두팟(XiaoduPods)은 보이스 내비게이션, 보이스 검색, 통화 및 음악, 통역 기능 등을 탑재해 이용자가 원하는 다양한 서비스를 제공한다. 상하이에 있는 인터컨티넨탈 호텔에 마련된 스마트 호텔에는 듀어OS가 설치된 샤오두 스마트 디스플레이 X8(Xiaodu Smart Display X8)이 투숙객의 목소리에 반응해 가전제품의 전원을 켜는 등 다양한 기능을 수행한다.[14] 바이두는 이러한 서비스를 호텔뿐 아니라 자동차, 가정 등으로 확대해 보이스 데이터를 더욱 확보하겠다는 계획이다. 이미 듀어OS는 매달 58억 개의 보이스 질문을 처리하고 있으며 4만 명의 개발자와 4천 개의 기술이 담겨 있는 인공지능 시스템 플랫폼으로 성장했다.[15] 바이두의 듀어OS를 기반으로 의인화한 가상 비서 앱 두샤오샤오(Duxiaoxiao)는 딥러닝 기술을 바탕으로 사용자의 사용 패턴을 학습하고 끊임없이 진화한다. 사용자들은 두샤오샤오를 통해 다양한 정보와 서비스를 제공받을 수 있으며 앱과 직접 대화할 수도 있다. 두샤오

---

14   YahooFinance(2020), "Baidu Breaks Boundaries by Launching XiaoduPods Smart Earbuds and Announcing DuerOS Upgrades to Empower Smart Living"

15   prnewswire(2020), "Baidu World 2020 Showcases AI Advancements for Empowering All Facts of Life"

샤오는 일 활동 사용자 기준 2억 3000만 명, 월 활동 사용자 기준으로는 5억 명에 달하는 사용자를 호스트하며 엄청난 양의 데이터를 생산, 처리하고 있다.[16]

바이두는 향후 10년 동안 인공지능칩, 클라우드 컴퓨팅, 데이터센터에 대규모 투자를 진행할 것이라고 밝혔다.[17] 구체적으로는 500만 명의 인공지능 인력을 양성하고 현재 세계에서 가장 빠른 슈퍼컴퓨터 500개를 합친 계산 능력보다 7배 더 강력한 클라우드 서버를 구축할 계획이라고 한다. 그리고 새로운 디지털 기술을 거부감 없이 받아들이는 14억 명의 중국인이 바이두 서비스를 이용한다. 14억 명이 매일 만들어내는 데이터의 양을 상상이나 할 수 있는가? 14억 명의 중국인이 운전을 하거나 스마트폰을 사용하는 순간, 식당에서 주문을 하거나 호텔에서 스마트 가전제품을 사용할 때 발생하는 목소리 데이터가 모두 바이두의 플랫폼에 기록될 것이다. 바이두의 자율주행차를 이용하면서 이용자가 자주 이용하는 도로, 운전 습관, 도로 주변의 사람과 물체 등 모든 것들이 데이터로 저장된다. 저장된 데이터를 바탕으로 날씨 혹은 사용자의 기분에 맞춰 새로운 음악이나 아침 식사 메뉴를 추천해주는 미래가 다가오는 것이다. 바이두는 이 모든 데이터를 저장하고 처리하기 위한 투자에 나서고 있고, 그 중심에는 생체인식 기술과 인공지능 기술이 있다.

---

16 prnewswire(2020), "Baidu World 2020 Showcases AI Advancements for Empowering All Facts of Life"
17 Analyrics Insight(2020), "BAIDU ANNOUNCES PLANS FOR AI, CLOUD, DATA CENTERS INVESTMENT"

아마존, 오프라인을 장악한
온라인 공룡

아마존은 태생부터 플랫폼 기업이었다. 온라인 서점에서 글로벌 최대 전자상거래 업체로 성장한 아마존이 인공지능, 클라우드, 빅데이터, 무인 로봇 등 모든 비즈니스 영역으로 사업을 확장하며 영향력을 확대하고 있다. '아마존 이펙트(Amazon Effect)'라는 신조어가 등장할 만큼 아마존이 강력한 시장 장악력을 보여주며 모든 비즈니스의 경계를 파괴하고 있다. 코로나19 사태로 소비자들의 쇼핑 패러다임은 온·오프라인 연계(Online to Offline, O2O) 서비스로 옮겨가고 있다. 신선도가 가장 중요해 오프라인 매장을 지탱해주던 식료품도 예외는 아니다. 아마존은 준비했고, 고객에게 선택받았다. 아마존이 모든 분야에서 오프라인 시장도 장악해나가고 있다.

아마존이 온라인의 경험을 최초로 오프라인에 구현한 사례는 오프라인 서점인 아마존 북스(Amazon Books)다. 온라인 서점으로 시작한 아마존이 오프라인 서점을 열었다는 사실이 쉽게 이해되지 않는다. 사람들이 언택트(untact)를 이야기하는 시대에 아마존은 온라인에만 머무르지 않고 오히려 오프라인 영역으로 진출해 소비자와 소통하고 있다. 아마존 북스에 전시되는 책들은 아마존의 온라인 사이트에서 고객들이 남긴 평점, 추천평, 판매량 등을 기반으로 선택된다. 소비자들은 온라인에서 추천된 책을 구매하기 전에 아마존 북스를 방문해 선별된 책들을 먼저 경험해볼 수 있다. 이를 통해 수백만 가지가 넘는 도서가 판매되는 온라인 서점에서 자신의 취향에 맞는 책을 더욱 적합하게 구매할 수 있는 것이다.

아마존의 아마존고 스토어(Amazon Go Store)는 세계 최초로 계산원이 없는 무인 편의점이다. 스마트폰에 설치된 아마존고 앱을 통해 입구에서 스캔하면 입장이 가능하다. 고객이 입장하는 순간 매장 곳곳에 설치된 고해상도 카메라가 고객을 추적해 선택한 상품들을 자동으로 식별한다. 소비자는 해당 물건을 가지고 나가기만 하면 된다. 그러면 선택된 상품의 대금은 아마존고 앱에 등록된 카드를 통해 자동으로 결제된다. 오프라인 현장에서 비대면이 이루어지고 있는 것이다. 아마존은 컴퓨터 비전과 딥러닝 기술을 활용해 이러한 서비스를 선보이고 있다. 과거 소비자들이 전혀 경험할 수 없던 서비스를 디지털 기술을 적극 활용해 구현하고 있는 것이다.

아마존은 더 나아가 계산원이 없는 식료품점인 아마존고 식료품 스토어(Amazon Go Grocery Store)를 운영하고 있다.[18] 아마존고 스토어가 아침 혹은 점심 식사를 위한 간편식에 초점이 맞추어졌다면, 아마존고 식료품 스토어에는 신선식품 등 저녁 식사를 위한 재료들이 진열되어 있다. 아마존고 식료품 스토어 사례를 통해 알 수 있는 점은 편의점의 형태뿐만 아니라 대형마트 역시 아마존고의 기술을 활용해 계산원이 없는 무인 쇼핑 서비스가 확대될 가능성이 크다는 것이다. 실제로, 블룸버그

---

18 CNBC(2020), "Amazon is opening its first full-size cashierless grocery store. Here's a first look inside"

아마존고 식료품 스토어
자료: BBC

통신은 아마존이 향후 아마존고 스토어를 3,000개까지 늘릴 계획을 갖고 있다고 밝힌 바 있다.[19]

한편, 아마존고의 핵심은 소비자 데이터 확보에 있다. 아마존고 스토어에 방문한 소비자들의 물품 구매 패턴이 데이터로 저장되면, 아마존은 이를 신제품 개발, 마케팅, 디자인 등 아마존 비즈니스 전 영역에서 활용할 수 있다. 온라인과 오프라인의 경계가 무너지고 있다.

아마존은 25,000개가 넘는 상품을 아마존 프라임 회원에게만 주문 후 1시간 이내에 집 앞까지 상품을 배달하는 서비스인 아마존 프라임 나우(Amazon Prime Now)를 제공한다.[20] 책은 물론이고 유제품, 냉동식

---

19 Bloomberg(2018), "Amazon Will Consider Opening Up to 3,000 Cashierless Stores by 2021"

20 Supply Management(2016), "The secrets behind Amazon's Success"

품, 고기, 과일, 야채 등 신선식품도 모두 포함된다. 특히, 신선식품의 경우 소비자들이 이른 시일 내에 받아보기를 원해 오프라인 매장을 직접 방문하는 경향이 있다는 점에서 아마존 프라임 나우는 성공적인 모델로 손꼽힌다.

아마존은 유기농 제품을 주력으로 판매하는 오프라인 기업 홀푸드 (Whole Foods)를 134억 달러에 인수했는데, 이는 아마존 역사상 가장 큰 규모의 인수합병 사례인 동시에 온라인 기반 회사가 오프라인 기업을 인수한 최초의 사례다.[21] 아마존은 아마존 프라임 나우 서비스와 홀푸드 배송 서비스를 통합했으며, 이를 바탕으로 주요 도시에서 홀푸드의 유기농 제품을 2시간 안에 배송해주는 서비스를 개시했다. 신선식품을 구매하기 위해 오프라인 매장을 힘들게 방문할 이유가 사라진 것이다.

아마존 프라임 나우와 같은 빠른 배송 서비스가 가능한 이유는 물류창고를 자동화했기 때문이다. 아마존 로보틱스(Amazon Robotics)는 인터넷에 연결된 로봇을 물류창고에 배치해 24시간 소비자의 주문을 기반으로 물건을 정리하고 운송할 수 있는 시스템을 만들었다. 그 결과, 빠른 배송 서비스를 제공하는 동시에 물류창고 운용비용을 대폭 줄일 수 있게 되었다. 도로 위에 갇혀 있는 무료한 퇴근길이 스마트폰과 아마존 앱만 있다면 취향에 맞는 다양한 상품을 주문하고 집에서 수령할 수 있는 즐거운 순간이 된 것이다.

아마존이 현재 개발하고 있는 것으로 알려진 스마트 냉장고는 내용

---

21   The New York Times(2017), "Amazon to Buy Whole Foods for $13.4 Billion"

파괴자들, 어떻게 기존의 질서를 파괴했는가?　　**051**

물을 자동으로 스캔해 어떤 제품이 품절되거나 유통기한이 만료되었는지 판단하고 자체적으로 새 제품을 주문할 수 있다. 재고와 사용자의 쇼핑 습관을 추적해 관심을 가질 만한 제품을 예측하고 자동으로 주문하기도 한다. 컴퓨터 비전 기술을 사용하기 때문에 가능한 서비스다. 향후 아마존의 스마트 냉장고와 아마존 프라임 나우 서비스가 연계된다면 보다 편리한 신선식품 구매가 가능해져 오프라인 매장 대체가 더욱 빠르게 진행될 것으로 예상된다.

아이템 기반의 협업 필터링

아마존은 소비자들이 쇼핑하는 과정에서 불필요한 시간과 에너지를 소모하게 만들지 않는다. 아마존은 아이템 기반의 협업 필터링(item-item Collaborative filtering)을 서비스 초기 단계부터 적극적으로 활용했다.[22]

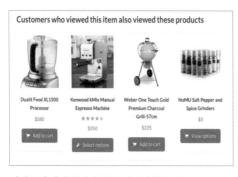

아마존의 아이템 기반 협업 필터링과 추천 시스템
자료: Sell & Sell

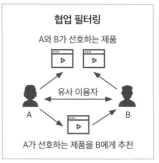

아마존의 아이템 기반 협업 필터링과 추천 시스템
자료: Towards Data Science

아마존 온라인 사이트에서 판매되고 있는 물건의 후기와 평가를 기반으로 소비자 개개인의 소비 패턴과 취향이 반영된 제품들을 추천해주는 시스템을 구축한 것이다. 가령, 아마존의 온라인 웹사이트와 앱 화면은 개개인의 소비 패턴과 취향에 따라 모두 다르게 구성되어 있다. 아마존은 머신러닝 기법을 활용해 소비자에 대한 광범위한 데이터베이스를 구축했고 이를 기반으로 아이템 기반 협업 필터링 시스템을 구축했다. 아마존은 머신러닝 기법을 고객이 상품을 주문하기 전에 배송 계획을 사전에 예측할 수 있는 시스템에도 적용했다. 아마존 내에서 주간 이루어지는 추천 예측은 총 500억 회에 달한다.

라스트마일 배송

아마존은 2014년 12월 아마존 프라임 나우를 선보였다.[23] 아마존 프라임은 유료 구독 서비스의 일환이다. 일반 아마존 고객은 누릴 수 없는 차별화된 서비스를 아마존 프라임 회원에게만 제공한다. 고객들은 99달러의 연회비를 지불하고 빠른 배송 서비스, 전자책, 음원 스트리밍 등의 다양한 혜택을 한 번에 누릴 수 있다. 아마존 프라임 이용자들은 특히 배송 서비스에 대한 높은 만족도를 보여준다. 아마존이 라스트마일 배송

22   Amazon Science(2019), "The history of Amazon's recommendation algorithm Collaborative filtering and beyond"

23   The Wall Street Journal(2014), "Amazon Unveils One-Hour Delivery Service"

으로 이커머스 시장을 사로잡은 것이다.

무인택배 보관함 서비스인 아마존 락커(Amazon Locker)는 비밀번호를 통해 고객이 편리한 시간에 직접 상품을 찾을 수 있게 한다. 교환이나 반품을 위해 힘들게 매장을 찾을 필요도 없다. 가까운 편의점에 설치된 아마존 락커에 물건을 넣으면 교환과 반품이 손쉽게 이루어진다. 아마존 락커 사용을 위해 편의점을 방문하면서 음료와 스낵 등 다른 물품도 함께 구매할 수 있으니 일석이조다.

주문한 상품을 집 안까지 배송해주는 아마존 키(Amazon Key)도 아마존의 라스트마일 배송 서비스의 일환이다. 배달원이 상품을 들고 집에 방문하면 설치된 스마트 도어락을 열 수 있는 임시 비밀번호가 전달된다. 고객은 클라우드 캠으로 녹화된 물건 배송의 전 과정을 확인할 수 있고, 아마존 직원의 방문 사실도 실시간으로 전달받을 수 있다. 미국에서 택배 서비스를 이용한 고객들의 3분의 1 이상이 분실이나 도난의 경험이 있다는 점을 생각해보면, 아마존 키는 이러한 문제를 획기적으로 해결한 서비스다. 아마존 키 서비스를 이용자의 자동차와 연결하면 아마존 인카딜리버리(Amazon In-Car Delivery) 서비스도 이용할 수 있다. 배달원이 이용자의 차량 앞에서 스마트폰으로 택배 물건을 스캐닝한 후 차량의 트렁크에 물건을 배송해준다. 인카딜리버리 서비스는 LTE가 지원되는 커넥티드카와 연동되기 때문에 별도의 장비가 없어도 고객이 자동차 문 개폐 상태를 곧바로 알 수 있다.

아마존의 자율주행로봇을 이용한 배송 서비스인 아마존 스카우트(Amazon Scout)와 드론을 이용한 배송 서비스인 아마존 프라임 에어

(Amazon Prime Air)도 머지않은 시일 내에 상용화될 것으로 보인다. 아마존은 핀란드에 스카우트 배송로봇 개발센터를 설립하며 연구에 박차를 가하고 있다. 아마존 스카우트는 보행자 등의 장애물을 스스로 피하고 인도에서 사람과 비슷한 속도로 이동할 수 있다. 배송지 인근의 물류창고까지 아마존의 자율주행 트럭을 이용해 물건이 배송되면, 스카우트가 해당 상품을 배송지로 운송하는 시스템이 앞으로 구축될 것으로 보인다. 또한 아마존은 이미 미국 연방항공청으로부터 드론 배송에 대한 운항 허가를 받았고, 향후 출시를 앞두고 연방항공청과 논의를 진행 중인 것으로 알려졌다. 아마존 직원이 회사 물류창고에서 포장된 상품을 드론에 실으면 드론이 배송지로 운항해 낙하산으로 상품을 떨어뜨리는 방식이 가장 유력하게 고려되고 있다. 배송 과정에 사람의 개입은 전혀 없다. 드론에는 장애물을 감지하는 센서가 달려 있고, 시속 약 88km로 비행할 수 있다.

디지털 트랜스포머,
스스로를 파괴하다

월마트, 온라인을 장악한 오프라인 공룡

"디지털 퍼스트(Digital First)." 오클라호마주에 있는 월마트의 한 지점에서 트럭 짐꾼으로 시작해 월마트의 최고경영자 자리까지 올라간 더그 맥밀런(Doug McMillon)이 내세운 월마트의 미래 전략이다. 디지털 퍼스트 전략의 중심에는 역설적으로 오프라인 매장이 있다. 월마트가 미국 전역에 보유하고 있는 약 4,700개의 오프라인 매장은 월마트 온·오프라인 연계 서비스의 시작점이다.

단순한 오프라인 매장이 아니다. 모든 오프라인 매장은 온라인으로 주문된 상품을 유통하는 거점 물류센터다. 주문은 온라인으로, 픽업은 오프라인 매장에서 한다. 주차장 픽업(Curbside Pickup) 서비스다. 차에서 내릴 필요는 없다. 월마트 앱을 이용해 식료품을 구매하고 사전에 선택한 점포와 시간대에 맞춰 오프라인 매장에 마련된 픽업 전용 주차 공간을 방문하면 직원이 트렁크까지 주문한 물건들을 전달해준다. 픽업 서비스를 위한 차에는 자율주행 기술이 적용되어 있어 운전에 힘들게 에너지를 사용할 필요도 없다. 미국 인구의 90%는 월마트에서 불과 10마일(16km) 이내에 살고 있으니 오프라인 매장 픽업 서비스가 온라인 주문보다 빠르고 신선하다.

월마트 앱에는 '내 상품(My Items)' 탭이 있다. '내 상품' 탭에는 화장품, 유제품 등 카테고리별로 고객의 선호가 반영되어 상품이 자동 분류되어 표시된다. 온라인 주문과 오프라인 매장 픽업 기록이 모두 데이터로 저장되기 때문에 가능한 서비스다. 스마트폰 안에 나만의 월마트 매장이 담기는 것이다. 오프라인 매장에서 상품을 수령하거나 집으로 배달받는 과정은 더욱 쉽고 빨라진다.

월마트의 온라인 분야는 쇼핑 그 이상을 지향할 것이다. 건강, 금융 서비스, 자동차 관리 등에 이르는 다양한 사업이 월마트 앱에 담기고 있다. 고객의 삶 전반을 아우르는 '슈퍼 앱'이다. 월마트는 선불식 직불카드인 월마트 머니 카드(Walmart Money Card)와 간편결제 시스템 월마트 페이(Walmart Pay)는 물론이고 월마트 직원과 고객들을 위한 전용 금융 상품도 제공한다. 지역 월마트 매장에서는 온라인 백신 스케줄러를 만들어 고객이 백신 접종 일정을 잡을 수 있게 하고, 월마트 약국 계정을 이용하면 디지털 백신 카드를 만들어준다. 월마트 매장을 방문하면 무료 건강검진도 받을 수 있다. 온라인으로 자동차 엔진 오일, 타이어를 주문하고, 월마트 오프라인 매장을 방문하면 월마트 직원이 교체해준다.

그 결과, 2021년 4분기 월마트 이커머스 부문의 매출액은 무려 69%나 상승했다. 월마트는 이미 2020년 3분기 기준 이베이를 제치고 미국 이커머스 소매업 시장 점유율 2위를 달성했다.[24] 이커머스 시장에서 오프라인 태생의 월마트가 디지털 네이티브(Digital Native) 이베이를 추월한 것은 월마트가 어떻게 미래를 준비하고 있는지 상징적으로 보여준다. 오프라인 기업 월마트가 온라인 시장을 장악하고 있다.[25]

인홈 딜리버리 서비스

오프라인 매장 방문이 어려운 고객들은 온라인에서 주문한 제품을 직원이 비대면 형태로 직접 냉장고에 넣어주는 인홈 딜리버리(InHome Delivery) 서비스를 이용하면 된다. 월마트 온라인 홈페이지를 통해 주문만

주차장 픽업
자료: Walmart

인홈 딜리버리
자료: Walmart

---

24 Indigo Digital(2020), "5 Reasons Walmart's eCommerce Strategy is Winning"

25 Yahoo Finance(2021), "Walmart Q4 revenue soars, boosted by strength in web sales during COVID-19; stock drops"

하면 고객 자택 인근에 있는 월마트 오프라인 매장에서 직원이 해당 상품을 픽업한 뒤 냉장고까지 직접 배달해준다. 고객들은 월마트 앱을 활용해 모든 배달 과정을 실시간으로 시청할 수 있다. 배달원 유니폼 상의에 부착된 소형 카메라가 배달의 모든 과정을 실시간으로 보여준다. 시간이 없다면 저장된 비디오를 나중에 확인하면 된다.

비대면 라스트마일 배송

식료품을 실은 월마트의 배송 트럭이 도로 위를 달린다. 운전자는 없다. 월마트는 미국 자율주행 스타트업 가틱(gatik)의 자율주행 센서와 소프트웨어를 활용한 완전자율주행 트럭을 아칸소주에 도입해 무인배송 서비스를 제공한다. 월마트는 가틱 외에도 뉴로(nuro), 크루즈(cruise) 등 다양한 자율주행차 업체들과 공동으로 기술을 개발해 미국 전역으로 비대면 라스트마일 배송 서비스를 확대할 계획이다.

하늘에서도 월마트의 비대면 라스트마일 배송이 이루어질 예정이다. 월마트는 드론업(Droneup), 집라인(Zipline) 등 드론 전문 기업들과 제휴를 맺고 배송 물건의 무게와 크기, 사생활 침해 문제 등 드론 배송 서비스에서 발생할 수 있는 다양한 문제점을 테스트하며 미국에서 드론 배송 서비스를 상용화할 준비를 하고 있는 것으로 알려졌다.[26] 월마트는

---

26 INSIDER(2020), "Early Walmart drone program pilots will deliver groceries and COVID-19 tests to customers. Here's everything you need to know about the retailer's delivery trials"

월마트 자율주행 트럭
자료: Walmart

월마트 드론 배송 서비스
자료: Walmart

이미 일본 요코스카(横須賀)의 섬인 사루시마(猿島)에서 일본 최초의 드론 배송 서비스를 제공하고 있다.[27]

스마트 슈퍼센터

매장은 있지만, 직원은 없다. 월마트 스마트 슈퍼센터(Smart Supercenter)에 입장하는 순간 매장에 설치된 센서가 고객을 인식한다. 매장의 재고는 로보틱스 기술을 기반으로 만들어진 스캐닝 로봇이 진열대를 수시로 확인하며 관리한다. 제품의 위치를 알아보기 위해 직원을 찾을 필요는 없다. 월마트 앱을 이용하면 제품의 위치를 손쉽게 파악할 수 있다. 매장 천장에 설치된 수천만 개의 센서는 고객의 동선과 매장 상황을 실시간

---

27 Rakuten(2019), "Rakuten and Seiyu to Provide Japan's First Domestic Drone Commercial Delivery Service to Island Visitors This Summer"

월마트 스마트 슈퍼센터와 로봇
자료: Tulsa World

월마트 스캔 앤드 고
자료: Walmart

으로 파악해 최적화된 쇼핑 서비스를 고객에게 제공한다. 결제를 위해 오랜 시간 줄을 설 필요도 없다. 월마트의 스캔 앤드 고(Scan & Go) 서비스를 이용하면 상품의 바코드를 직접 스캔하고 바로 결제할 수 있다. 결제는 월마트페이를 통해 이루어진다. 불편하게 현금과 신용카드를 들고 다닐 필요가 없는 것이다. 월마트는 카트에 물건을 담기만 하면 자동으로 결제되는 스마트 쇼핑카트 특허를 출원했으며, 이는 향후 모든 스마트 슈퍼센터에 도입될 예정이다.

적극적인 인수합병을 통한
디지털 전환 가속화

지금은 앞서 설명한 다양한 서비스를 통해 온라인 시장을 장악하고 있지만, 월마트의 디지털 퍼스트 전략이 처음부터 순탄하게 진행된 것은 아니다. 더그 맥밀런이 하버드 비즈니스 리뷰(Harvard Business Review)

와 진행했던 인터뷰를 살펴보면 디지털 전환의 과정에서 월마트가 겪은 어려움을 알 수 있다.[28] "월마트의 이커머스 시장 진출이 늦은 이유가 무엇이라 생각하는가?"라는 질문에 맥밀런은 다음과 같이 답했다. "우리는 디지털 분야의 중요성을 인식하고 고용과 투자를 늘렸지만 혁신가의 딜레마(Innovator's dilemma)에 빠져 디지털 전환을 절실히 원하지 않았다." 이어 맥밀런은 "월마트는 과거의 관성에 이끌려 여전히 오프라인 매장에 의존하는 경향이 있었다."라고 덧붙였다. 이미 온라인 소매업 분야에는 아마존이라는 온라인 플랫폼 절대강자가 있었기에 월마트가 더욱 망설인 것은 아니었을까?

월마트 디지털 퍼스트 전략의 출발점은 디지털 기술의 도입과 디지털에 친숙한 문화를 정착시키는 것이었다. 이를 위해 월마트는 공격적으로 디지털 네이티브 기업들을 인수했다. 오프라인 비즈니스와 문서에 기반한 업무처리에 익숙한 월마트의 문화를 조속히 바꾸기 위해서는 디지털 기술의 내재화가 선행되어야 한다고 생각했기 때문이다. 특히 미국의 전자상거래 플랫폼 회사인 제트닷컴(Jet.com)의 인수가 월마트 디지털 전환 전개의 변곡점으로 평가된다. 월마트는 제트닷컴을 인수함으로써 단기간에 핵심 디지털 기술 및 관련 인력을 확보해 월마트 문화에 효과적으로 디지털 DNA를 이식했다.

월마트는 소셜 미디어 분석 기업인 코스믹스(Kosmix), 온라인 신발

28　Harvard Business Review(2017), "We Need People to Lean into the Future: A conversation with Walmart CEO Doug McMillon by Adi Ignatius"

월마트의 디지털 기술 관련 인수합병

일시	기업명	내용
2011.4.	코스믹스	소셜 미디어 분석 기업 인수
2016.9.	제트닷컴	미국 전자상거래 회사 인수
2016.12.	슈바이	신발 온라인 플랫폼 소매업체 인수
2017.2.	무스조	온라인 아웃도어 소매업체 인수
2017.6.	본보스	전자상거래 기반 남성 의류 판매 기업 인수
2017.9.	파슬	디지털 기술 기반 라스트마일 배송 서비스 스타트업 인수
2018.5.	플립카트	인도의 최대 전자상거래 기업 인수
2019.4.	폴리모프 랩스	미국 실리콘밸리의 클라우드 기반 광고 플랫폼 기업 인수

소매 업체 슈바이(Shoebuy), 온라인 의류 업체인 무스조(Moosejaw)와 본보스(Bonbos) 그리고 택배 서비스 회사 파슬(Parcel), 인도의 전자상거래 플랫폼 기업인 플립카트(Flipkart)를 인수하면서 꾸준히 디지털 기술을 내재화했다.[29] 월마트는 광고 플랫폼 기업인 폴리모프 랩스(Polymorph Labs)까지 인수하면서 무서운 속도로 디지털 영역의 범위를 확장하고 있다.[30]

적극적인 인수합병을 통해 디지털 내재화에 성공한 월마트는 향후

---

29 Investopedia(2020), "5 Companies Owned by Walmart"
30 TechCrunch(2019), "Walmart acquires adtech startup Polymorph Labs to scale up its ad business"

스마트 슈퍼센터를 중심으로 온·오프라인을 연계하는 옴니채널을 고도화하고, 이를 바탕으로 소비자 관련 데이터를 축적할 것이다. 스마트 슈퍼센터는 고객의 데이터를 실시간으로 저장하는 물류센터이자 데이터센터로 진화할 것이다. 소비자의 구매 패턴, 제품 선호도 등이 온·오프라인 채널을 통해 끊임없이 데이터로 축적되면, 이를 분석해 철저한 고객 맞춤 상품과 서비스를 개발할 것이다. 월마트는 이미 향후 꾸준히 스마트 슈퍼센터를 확대하겠다고 발표했고, 쇼핑 그 이상의 가치를 고객에게 제공하는 라이프 패키지 디지털 플랫폼 기업으로 성장하겠다는 포부를 밝혔다.

스타벅스, 금융사와 경쟁한다?

스타벅스는 은행을 압도한다. 카페에 머무르는 것이 아니라, 핀테크 기업으로 탈바꿈하고 있다. 스타벅스 고객들은 현금이나 신용카드가 아니라 스타벅스 앱에 등록한 선불카드로 결제한다. 실제, 스타벅스의 선불카드 예치금은 지방은행들을 압도한다. 2021년 10월 기준 스타벅스 선불카드에 예치된 금액이 미국에서만 약 24억 달러(약 2조 8400억 원), 전 세계적으로는 30억 달러(약 3조 6000억 원)에 달하는 것으로 추정된다. 반면 미국 내에 있는 3,900개의 은행들은 10억 달러 미만의 고객 예치금을 보유하고 있는 것으로 조사되었다.[31] 미국에서 예치된 금액을 기준으로 스타벅스는 미국 내에서 385번째로 큰 은행이다. 2021년 6월 말 기

스타벅스와 국내 전자금융 업체들이 보유한 간편결제 선불충전금 잔액 규모

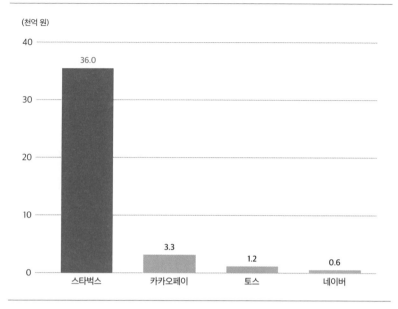

(천억 원)

자료: 스타벅스, 금융감독원
주: 국내 전자금융업체들의 자료는 2021년 6월 말 기준, 스타벅스는 2021년 10말 전 세계 보유액을 기준으로 함.

준 국내 67개 전자금융 업체들이 보유한 간편결제 선불충전금 잔액 규모가 약 2조 원에 이르는 것으로 추정되는데, 이는 스타벅스 한 기업이 전 세계적으로 보유하고 있는 예치금 규모보다 적은 수준이다. 주요 업체인 카카오페이가 3351억 원, 토스 운용사 비바리퍼블리카가 1214억 원, 그리고 네이버파이낸셜은 689억 원에 불과하다.

2018년 기준 미국에서 스타벅스 앱을 통해 모바일 결제를 이용하는

---

31 The Motley Fool(2020), "Does Starbucks Want to Be Your Bank?"

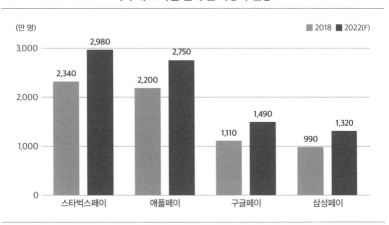

미국 내 모바일 결제 앱 사용자 현황

(만 명)

■ 2018 ■ 2022(F)

	스타벅스페이	애플페이	구글페이	삼성페이
2018	2,340	2,200	1,110	990
2022(F)	2,980	2,750	1,490	1,320

자료: 이마케터

주: 2018년 기준 미국 내 모바일 결제 앱 사용자 기준

사용자는 2340만 명에 달한다. 이는 애플페이(2200만 명), 구글페이(1110만 명), 삼성페이(990만 명)를 뛰어넘는 수치이다. 다른 모바일 결제 앱은 어디서나 사용할 수 있지만, 스타벅스페이는 스타벅스 매장에서만 사용할 수 있다. 그럼에도 불구하고 더 많은 사용자를 보유했다는 점이 스타벅스가 얼마나 큰 플랫폼을 구축했는지 알 수 있는 대목이다. 국내 대표 은행인 KB금융지주, 하나금융지주 등의 경영자들이 커피회사 스타벅스를 경쟁 상대 혹은 배워야 할 기업으로 이야기하는 것이 어색하지 않은 이유다. 스타벅스를 더 이상 단순한 커피회사가 아니라 규제받지 않는 금융 회사 혹은 IT 회사로 정의해야 할지도 모르겠다.

스타벅스는 금융업에 관한 관심을 숨기지 않는다. 스타벅스는 비트코인 거래 플랫폼의 설립 파트너로도 참여하고 있다. 뉴욕 증권거래소를 보유하고 있는 인터컨티넨탈 익스체인지(ICE), 판테라 캐피탈, 마이크로소프트 등의 기업들과 협업해 백트(Bakkt)라는 비트코인 거래 플랫폼을 설립했다. 스타벅스는 이를 통해 디지털 자산 결제 서비스에 진출할 계획이다. 스타벅스 일부 매장에서는 비트코인을 사용해 음료를 주문할 수도 있다.[32] 스타벅스는 아르헨티나의 갈라시아 은행(Banco Galicia)에서 '커피 뱅크'를 운영한다. 기존에는 문화라는 관점에서 스타벅스 매장과 서점이 함께 들어서 커피와 책을 즐길 수 있는 모델을 추구했다면, 이제는 금융업으로 모델을 확장한 것이다. 소비자는 커피 뱅크를 방문해 스타벅스의 커피를 즐기는 동시에 은행 업무를 볼 수 있게 되었다. 문화와 금융이 합쳐져 스타벅스에서만 즐길 수 있는 경험으로 진화한 것이다.

스타벅스는 마이크로소프트와 협력해 블록체인 기술에도 관심을 기울이고 있다.[33] 블록체인 기술을 활용하면 현재 스타벅스 선불카드에 예치되어 있는 세계 각국의 화폐를 통합해 국경 없이 쓸 수 있는 디지털 화폐를 구상할 수 있을 것이다. 또한 스타벅스는 블록체인 기술을 기반으로 커피의 모든 유통 과정을 기록하는 빈 투 컵(Bean to cup) 프로젝트를 통해 공정 무역을 보장하고 커피 생산국가의 삶을 향상하려는 노력을 계속하고 있다. 스타벅스의 ESG(Environment, Social, Governance) 행보다.

---

32 Forbes(2019), "Customers Can Spend Bitcoin At Starbucks, Nordstrom And Whole Foods, Whether They Like It Or Not"

33 coindesk(2019), "Starbucks to Track Coffee Using Microsoft's Blockchain Service"

소비자들은 스마트폰 카메라를 이용해 원두의 생산지, 로스팅 시기, 시음 후기 등을 손쉽게 확인할 수 있다. 스타벅스가 이처럼 금융업에 진출할 수 있는 이유는 스타벅스의 플랫폼에 많은 고객이 자발적으로 유입되고 있기 때문이다. 그리고 그 핵심에는 스타벅스가 디지털 플랫폼을 바탕으로 구축해놓은 '스타벅스만의 경험(Starbucks Experience)'이 있다.

디지털 플라이휠

플라이휠은 엔진의 회전속도를 일정하게 유지하기 위해 사용되는 바퀴를 의미한다. 스타벅스의 디지털 플라이휠(Digital Flywheel) 전략은 고객들이 커피를 주문하는 모든 과정을 디지털 기술과 데이터를 기반으로 처리해 편리하면서도 철저히 고객에게 맞춘 서비스를 제공하는 것이다. 고객이 스타벅스의 커피를 주문(Ordering)하고 결제(Payment)하는 순간은 물론이고 추후 보상(Reward)과 초맞춤화(Personalization) 서비스를 적절히 제공해 고객의 충성도와 만족도를 높이고 있다. 스타벅스는 디지털 플라이휠 전략을 통해 고객의 데이터를 수집하고, 이를 바탕으로 개인화된 맞춤형 서비스를 제공하는 것이다. 수집된 데이터는 다시 고객의 주문, 결제, 보상에 광범위하게 활용된다.

사이렌 오더(Siren Order)는 디지털 플라이휠의 시작점이다. 사이렌 오더는 스타벅스 코리아에서 개발해 미국을 비롯한 전 세계 스타벅스 매장으로 확대된 것으로 '현금 없는 매장'이라는 목표를 가진 모바일 기반의 주문시스템이다. 사이렌 오더 서비스가 시작되면서 고객들은 매장에 방문해 주문과 결제를 위해 줄을 설 필요가 없어졌다. 스타벅스 앱을 통해 음료를 미리 주문하고 결제하면 매장에 가서 바로 음료를 받을 수 있기 때문이다. 고객은 또한 스타벅스 앱을 통해 자신이 있는 장소에서 가장 가까운 스타벅스 매장과 과거 주문 내역을 손쉽게 확인할 수 있다. 언제 어떤 매장을 방문하든 항상 같은 스타벅스만의 커피와 문화를 경험할 수 있는 것이다. 결제 역시 주문과 동시에 스타벅스 앱에서 이루어진다. 최초 1회 신용카드 등의 결제 수단을 등록하면 스타벅스 카드에 금액이 자동으로 충전되는 시스템이다. 사이렌 오더는 소비자들의 커피 구매 패턴을 편리하게 만든 동시에 스타벅스 매장의 효율적인 운영을 가능하게 만들었다. 사이렌 오더가 도입되면서 스타벅스 직원들은 결제와 주문에 신경을 덜 쓰는 대신에 고객 응대와 음료 제조에 더욱 집중할 수 있게 되었다.

스타벅스는 사이렌 오더에서 나아가 다양한 결제 방식을 스타벅스 앱과 연동하고 있다. 스타벅스는 아마존의 음성 인식 비서인 알렉사(Alexa)를 활용해 음성이나 채팅으로 음료를 주문할 수 있는 마이 스타벅스 바리스타(My Starbucks Barista) 서비스를 운영하고 있다.[34] 스타벅스는 중국의 최대 채팅 앱인 위챗(WeChat)과 제휴해 고객들이 위챗에서도 스타벅스 음료를 주문·결제할 수 있게 했다. 고객들은 스타벅스 앱을 통해 제공되는 보상과 초맞춤화 서비스를 위챗 플랫폼을 통해서도 제공받을 수 있게 되었다.

---

34   Starbucks(2017), "Starbucks Debuts Voice Ordering"

스타벅스는 한국에서도 다양한 업체들과 협력하고 있다. 빅스비, 마이 디티 패스, 티맵과 연동된 주문·결제 서비스를 제공하며 스타벅스 디지털 플라이휠 전략의 범위를 확대하고 있다. 빅스비는 삼성전자가 개발한 인공지능 음성인식 플랫폼으로 고객들은 빅스비를 활용해 스타벅스 음료를 주문할 수 있다. 스타벅스의 드라이브스루 서비스인 마이 디티 패스는 고객이 차량 정보를 사전에 등록하면 별도의 결제 과정 없이 차량이 매장에 진입하는 순간 자동으로 결제가 이루어지는 서비스다. 해당 서비스를 이용하는 고객들은 스타벅스의 드라이브스루 매장을 방문해 음료만 픽업해가는 편리한 서비스를 경험할 수 있게 되었다.

또한 스타벅스는 SKT의 내비게이션 앱인 티맵과 파트너십을 체결하고 고객이 지도상에서 가장 가까운 스타벅스 매장을 검색하고 음성으로 주문까지 할 수 있는 서비스를 선보였다. 스타벅스 모바일 앱으로 스타벅스만의 문화를 경험할 수 있는 플랫폼을 구축해온 스타벅스가 인공지능 채팅 봇 등의 새로운 기술을 도입해 고객과의 접점을 더욱 확대하고 있다.

스타벅스는 고객들을 스타벅스의 디지털 플라이휠 플랫폼에 락인하기 위한 다양한 보상 및 이벤트 상품을 제공하고 있다. 가령, 음료 한 잔을 구매하면 가상 쿠폰인 별 한 개를 제공하고 12개의 별이 모이면 무료 음료 쿠폰을 증정한다. 스타벅스는 음료 구매 이력에 따라 고객의 등급을 1년 단위로 웰컴, 그린, 골드로 분류한다. 그리고 회원등급에 따라 상이한 보상을 제공해 소비자가 스타벅스 음료를 계속해서 소비하도록 만들고 있다. 또한 스타벅스 카드 자동 충전 서비스를 이용하는 고객에게도 무료 음료 쿠폰을 제공하는 등 고객들이 스타벅스가 구축한 플랫폼에서 이탈할 수 없는 다양한 인센티브를 제공한다. 이러한 서비스들은 마이 스타벅스 리워드(My Starbucks Reweards) 프로그램을 통해 제공된다.

스타벅스의 2020년 여름 e-프리퀀시 굿즈
자료: 스타벅스코리아

스타벅스의 e-프리퀀시(frequency) 열풍은 스타벅스만의 경험에 얼마나 많은 고객이 열광하는지 알 수 있는 대표적인 예다. 스타벅스는 여름과 겨울에 한 번씩 e-프리퀀시 이벤트를 시작하고 프로모션 음료 3잔을 포함 17잔의 음료를 구매하면 스타벅스의 로고가 새겨진 다이어리, 돗자리, 쿨러 등 다양한 스타벅스만의 굿즈를 제공한다. 고객들은 자

스타벅스와 BTS의 컬래버레이션 MD
자료: 스타벅스코리아

신이 적립한 e-프리퀀시 쿠폰을 다른 사람에게 선물도 할 수 있어서 스타벅스의 이러한 이벤트는 빠르게 플랫폼을 확장하는 역할을 하고 있다. 실제로, 굿즈의 수량이 한정되어 있어서 이벤트가 시작될 때마다 스타벅스 매장에는 항상 고객으로 북적인다. 스타벅스 굿즈는 온라인상에

서 정가보다 높은 가격에 거래되기도 한다. 스타벅스는 이벤트를 통해 제공하는 굿즈뿐만 아니라 다양한 스타벅스만의 상품을 만들어 팔고 있다. 전 세계에서 스타벅스 본사 외에 스타벅스코리아에만 MD(기획상품) 디자인 전담 직원이 있을 정도다. 스타벅스코리아는 MD 매출액이 전체 매출액의 10%가량을 차지하며 매년 약 300억 원씩 매출액이 성장하고 있다고 밝혔다. 과연 스타벅스는 커피를 파는가?

데이터 기반 비즈니스

스타벅스의 디지털 플라이휠 전략은 적중했고 고객들을 스타벅스 앱 플랫폼에 모이게 만들었다. 고객들이 스타벅스가 구축한 결제 시스템을 사용한다는 것은 스타벅스가 엄청난 양의 고객 데이터를 수집하고 분석할 수 있다는 것을 의미한다. 고객 구매 패턴과 거래 데이터, 이벤트 데이터, 날씨 등 스타벅스 플랫폼에서만 매주 9000만 건의 데이터가 생성된다. 스타벅스는 데이터를 활용해 고객마다 서로 다른 실시간 메뉴를 추천해준다. 고객들의 선호도를 바탕으로 다음 신제품을 개발하기도 한다. 가령, 봄에는 고객들이 어떤 음료를 많이 찾는지 분석하고 이에 맞는 메뉴를 꾸준히 개발해 출시한다.

스타벅스는 매장 입지를 선정하는 데에도 데이터 분석 기술을 접목하고 있다. 스타벅스 내부 입지분석 플랫폼인 아틀라스(Atlas)를 활용해 신규 매장 입지를 선정하고 마케팅 시 참고지표로 활용한다. 인구구성, 소득수준, 상업지구와의 거리, 교통량, 비즈니스 분포도 등 다양한 빅데이터를 활용해 매장의 실적을 관리하고 매장 주변 지역 특성에 맞춘 메뉴 및 프로모션을 기획하고 있다. 스타벅스는 매장에 설치된 최첨단 커피머신인 클로버(Clover)를 마이크로소프트의 클라우드 기반 사물인터넷 솔루션인 애저 스피어(Auzre Sphere)와 연결해 모든 매장을 연결하고 있다. 기존 커피머신을 교체하지 않아도 기존 시스템을 클라우드와 연결하고 이를 통해 모든 음료의 정확한 레시피를 실시간으로 전달하고 업데이트한다. 스타벅스는 향후 클라우드 기술을 활용해 식자재의 유통기한을 실시간으로 추적하고 냉장고의 온도, 매장의 도어락 장치들을 통합 관리할 수 있는 스마트 장치도 적극적으로 연구해 적용할 예정이다.

나이키, 신발을 팔지 않는 신발 기업

"나이키는 신발을 팔지 않습니다." 스티브 잡스가 1997년 기획한 '다르게 생각하라(Think Different)' 연설 무대에서 한 이야기다. 나이키는 신발이라는 제품을 넘어 서비스를 판매한다. 제품과 서비스를 완전히 통합해 더 나은 가치를 창출한다. 서비스화(Servitization)다. 나이키의 서비스화는 가상세계로까지 확장되고 있다. 나이키는 2021년 10월 27일 기준 가상세계에서 사용할 크립토킥스(Cryptokicks) 자체 NFT 가상 통화, '저스트 두 잇(Just do it)' 슬로건, 나이키의 부메랑 로고, 에어조던 로고 등 7개 브랜드의 상표권을 출원했다. 크립토킥스 브랜드의 운동화는 특

허로 등록된 NFT 기술을 활
용해 소유권을 추적하고, 정
품 여부를 확인할 수 있다.
소유권은 모바일 앱을 통해
관리되고, 다른 사람에게 양
도할 수 있다. 크립토킥스 브
랜드 신발은 리셀 시장에서

나이키 크립토킥스
자료: Wix.com

한 켤레에 1억 원대에도 팔린다. 슈테크(신발+재테크)에 열광하는 MZ세
대를 중심으로 상당한 관심이 쏠리고 있다. 신발의 소유권 거래 이력과
진위 여부 파악을 위한 서비스가 자연스럽게 중요해진다.

나이키는 메타버스 커뮤니티 형성에도 많은 노력을 기울인다. 메타
버스 세계관을 위한 가상 운동화 및 의류 판매를 위해 상표권 출원을 제
출하고, 가상 운동화 제작을 위한 별도의 디자이너를 채용할 정도다.
2021년 11월 18일 나이키는 메타버스 게임 플랫폼 로블록스(Roblox)와
협업해 가상 놀이공간 나이키랜드를 선보였다. 로블록스 회원들은 나이
키랜드를 무료로 방문해 자신의 아바타에 나이키 제품을 착용하고 게임
을 즐길 수 있다. 나이키 신발을 착용하고 나이키랜드 안에 마련된 운동
장, 체육관 등에서 멀리뛰기나 달리기와 같은 운동을 할 수도 있다.

나이키 라이브 매장

나이키 라이브(Nike Live) 매장은 온라인으로 주문한 제품을 픽업할 수

있고, 다양한 고객 맞춤형 서비스를 제공한다. 나이키 라이브 매장에서는 운동화를 직접 신어볼 필요 없이 디지털 락커가 마련된 스피드숍에서 간단히 픽업만 하면 된다. 나이키 라이브 매장은 지역 내 나이키 플러스(Nike+) 멤버십 고객들의 정보를 기반으로 고객의 취향에 맞는 제품도 추천해준다. 현재 나이키 플러스 멤버십의 회원 수는 2억 명에 달하는 것으로 알려졌다.[35] 2억 명에 달하는 빅데이터를 기반으로 추천된 제품은 자연스럽게 고객의 만족도를 높인다. 나이키 앱을 활용해 추천받은 제품의 바코드를 스캔하면 제품의 사이즈, 컬러 등을 포함한 전반적인 정보도 얻을 수 있다. 라이브 매장 안에 마련된 나이키 엑스퍼트 스튜디오(Nike Expert Studio)를 예약하면 나이키 제품 전문가들의 1대1 스타일링 상담과 제품 추천을 받을 수 있다. 원한다면 신발에 사용되는 패턴, 신발에 사용되는 가죽 등 자신이 원하는 신발을 현장에서 제작할 수도 있다.

나이키 리액트 랜드

나이키는 전 세계 주요 도시에서 나이키 리액트 랜드(Nike React Land) 캠페인을 진행한다. 캠페인 참여자들은 나이키 신발을 직접 신어보고 러닝머신 위를 뛰어보며 이 신발이 정말 나에게 잘 맞는 신발인지 테스

---

35   Fortune(2019), "How the President of Nike Direct Plans to Boost Tech to Grow Sales at Flagship Stores"

나이키 라이브 매장
자료: The Wall Street Journal

나이키 리액트 랜드
자료: The FWA

트해볼 수 있다. 물론 지루한 운동이 아니다. 즐거운 가상현실 게임이다. 참여자들의 외모를 인식해 만든 게임 캐릭터가 생성되고, 참여자의 움직임이 가상현실에 그대로 반영된다. 미국의 자유의 여신상과 중국의 만리장성을 달리며 뛰어넘을 수도 있다. 더 먼 거리를 오래 달리면 높은 점수를 받고, 3분 후에는 소셜 미디어에서 체험 경험을 공유할 수 있도록 10초짜리 짧은 동영상을 받는다. 즐겁게 나이키의 제품을 직간접적으로 체험해볼 수 있는 것이다.

나이키 핏

나이키 핏(Nike fit) 서비스는 컴퓨터 비전, 머신러닝, 인공지능을 통해 발 사이즈를 스캔한다. 스마트폰으로 프로그램을 활성화해 카메라로 발을 촬영하면 컴퓨터 비전과 인공지능을 활용해 가장 적합한 신발 사이즈를 추천해준다. 나이키의 추천 알고리즘은 소비자 개인의 구매 패턴을 분

나이키 핏
자료: DIGIDAY

석해 선호도를 알아내고 이를 바탕으로 다른 상품을 추천해주기도 한다. 고객들은 나이키 신발을 직접 신어보지 않아도 나에게 가장 잘 어울리는 제품을 경험해볼 수 있다.

스마트 헬스케어

나이키 플러스 퓨얼밴드(FuelBand), 퓨얼 앱 등을 사용하면 실시간으로 건강을 관리할 수 있다. IT 기술을 접목한 플러스 퓨얼밴드는 블루투스 기능을 이용해 퓨얼밴드 앱과 연동되어 사용자의 활동량을 실시간으로 측정하고 운동량이 부족하면 자동으로 운동시간이 되었음을 알려준다. 저장된 데이터는 나이키 플러스 회원들을 위한 러닝 앱 나이키 런 클럽(Nike Run Club), 전문 트레이너들이 제공하는 다양한 운동 영상을 접할

나이키 플러스 퓨얼밴드
자료: NIKE NEWS

나이키 런 클럽
자료: The Verge

수 있는 나이키 트레이닝 클럽(Nike Training Club) 등을 기반으로 형성된 운동 커뮤니티 멤버들과 실시간으로 공유된다. 엄청난 양의 바이오 빅데이터가 수집되는 것이다.

　수집된 바이오 빅데이터의 활용성을 높이기 위해 중요한 점이 하드웨어다. 나이키는 스포츠테크 제품을 생산하는 기업들과 함께 협업해 실시간으로 이용자의 건강 상태를 체크할 수 있는 웨어러블 기기를 활용할 계획이다. 가령, 나이키의 운동화, 운동복 등에 실시간으로 이용자의 건강 상태를 체크할 수 있는 센서들을 부착하는 시도들이 있었다. 센서들은 고객의 바이오 빅데이터를 실시간으로 측정해 가까운 병원으로 전송할 수 있는 기반이 될 것이다. 이를 바탕으로 원격 의료 서비스가 시작되고, 실시간으로 건강 관리를 받을 수 있는 서비스가 마련될 가능성이 있다. 나이키는 2006년 이미 굉장히 혁신적인 시도를 한 적이 있다. 나이키 운동화에 아이팟 센서를 부착해 실시간으로 사용자 발걸음을 측정하는 서비스를 선보였다. 측정된 발걸음은 아이팟으로 전달된다. 아이팟은 이를 바탕으로 체중, 신장에 따라 달린 거리와 소모된 칼로리 등을 계산하고 개인 컴퓨터로 전송하는 기능을 한다. 이와 같은 시도들이 향후에도 계속될 것이다.

소비자 직접 판매 강화

나이키는 온라인 판매와 소비자 직접 판매(Direct to Consumer, D2C) 강화를 통해 전 세계 소비자들의 데이터를 수집하고 이를 바탕으로 신제품을 개발할 계획이다. 고객 데이터 확보를 위해 별도의 유통 기업을 거치지 않고 고객에게 상품을 직접 판매하는 방식인 것이다. 나이키는 직접 판매 강화를 위해 아마존에서 자사 제품 판매 중단을 선언하기도 했다. 나이키는 2022년까지 이커머스 비중을 30%로 확대할 계획이다.[36] 최근 유럽, 중동, 아프리카 시장에서 비대면 쇼핑의 비중이 증가하면서 나이키 온라인 매출은 세 자릿수 성장률을 기록하고 있다.

온라인 채널을 통한 직접 판매를 강화하는 가운데 오프라인 매장은 대폭 축소될 것이다. 나이키는 현재 운용하고 있는 3만 개의 온·오프라인 유통사를 2022년까지 40개 정도 규모로 줄여나갈 계획이다.[37] 단, 40개의 파트너사들을 중심으로 나이키 제품만을 위한 공간을 마련하고 나이키 제품에 대한 전문적인 경험을 보유한 전문가를 배치해 나이키와 소

---

36 TotalRetail(2017), "Nike to Drastically Cut Number of Retail Partners"

37 TotalRetail(2017), "Nike to Drastically Cut Number of Retail Partners"

비자의 직접 소통을 강화할 예정이다. 나이키 라이브 매장 등 체험형 매장을 마련해 오프라인 매장에서는 고객의 경험에 집중하고, 판매는 온라인 채널을 통해 이루어지도록 집중하겠다는 것이다. 블룸버그 보고서에 따르면 나이키 매장 경험이 있는 회원이 그렇지 않은 회원보다 온라인 스토어에서 30% 더 많은 쇼핑을 하는 것으로 나타났다.

스마트팩토리

나이키는 실시간으로 변하는 소비자의 니즈와 트렌드를 빠르게 맞추기 위해 디자인된 상품이 빠른 기간 내에 소비자에게 전달될 수 있도록 하는 새로운 생산시스템인 익스프레스 레인(Express Lane)을 도입했다. 소비자와의 거리를 단축하는 나이키의 새로운 경영전략, 컨슈머 다이렉트 오펜스(Consumer Direct Offeence)다. 소비자 직접 판매와 데이터를 활용한 빠른 공급계획 수립, 현지 공장의 권한 확대를 통한 제품 출시일 단축, 데이터를 바탕으로 소비자의 트렌드를 빠르게 읽는 패스트패션(fast fashion) 강화가 익스프레스 레인의 핵심이다. 익스프레스 레인이 도입된 나이키의 스마트팩토리는 인공지능을 기반으로 유통 수요를 예측하고 재고를 관리한다. 생산된 제품이 소비자에게까지 유통되는 엔드 투 엔드(End-to-End) 공급망에 디지털 기술을 적극적으로 활용해 효율적인 재고 관리가 가능해진 것이다.

피도르뱅크, 은행의 개념을 흔들다

은행이지만 지점이 없다. 피도르뱅크는 온라인 커뮤니티를 중심으로 소비자와의 쌍방향적인 의사소통을 지향한다. 은행 서비스가 이루어지는 전 과정을 간소화하는 동시에 개방형 디지털 플랫폼을 기반으로 소비자를 참여시킨 것이다. 대규모 오프라인 지점망을 보유한 기존 은행과 비교하면 차이는 현저하다. 지금은 카카오뱅크, 케이뱅크와 같은 지점이 없는 인터넷 전문은행이 낯설지 않다. 그러나 피도르뱅크가 설립된 2009년 당시만 하더라도 은행에 지점이 없다는 것은 상당히 파격적인 시도였다. 심지어 설립 당시 피도르뱅크의 전체 직원은 스무 명 남짓이었다. 피도르뱅크가 은행의 개념을 흔들고 있다.

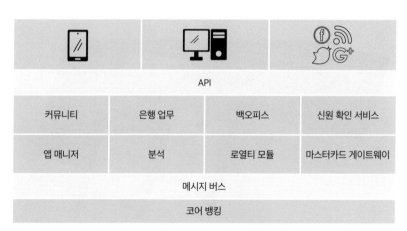

피도르뱅크의 개방형 디지털 플랫폼을 활용한 종합 금융 솔루션
자료: FIDOR BANK

개방형 API 피도르 OS

피도르뱅크는 자사의 개방형 API 구조인 피도르 OS(Fidor OS)를 외부
업체에 제공한다. 기존 은행들이 자체적인 금융 서비스 제공에 집중한
것과 달리, 피도르뱅크는 주요 시스템과 고객 서비스를 제외하고는 대
부분의 서비스를 외부 업체에 맡긴다. 즉, 피도르뱅크는 보유하고 있는
고객 금융 데이터를 피도르 OS를 통해 제3자 서비스 제공자(Third-Party
Service Provider, TPP)에 공개하고 있는 것이다. 그 결과 외부 업체는 물
론 경쟁 은행사들도 피도르 OS를 통해 피도르뱅크의 내부 시스템과 데
이터를 사용해 다양한 금융 서비스를 개발할 수 있다. 현재 피도르뱅크
는 수십 곳의 다른 기업들과 파트너십을 체결하고 해당 기업들이 만든
다양한 서비스를 피도르 OS를 통해 제공하고 있다. 금융 데이터 분석과
예측모델, 결제 솔루션, P2P(Peer to Peer) 대출 등의 금융 서비스가 대표

피도르 OS
자료: FIDOR BANK

적이다. 폐쇄적인 시스템 내에서 자사가 만든 금융 상품을 주로 판매하는 기존 은행권과는 전혀 다른 모습이다.

피도르뱅크 고객들은 피도르 OS를 활용해 예금, 송금 대출 등의 전통적 은행 업무는 물론이고 크라우드펀딩, 귀금속 거래, P2P 대출, 가상화폐 등의 금융 서비스를 원스톱으로 이용할 수 있다. 피도르 스마트체크 계좌(Fidor Smart Checking Account)를 이용해 모든 금융 서비스를 하나의 계좌에서 해결할 수 있다. 피도르 스마트체크 계좌를 이용한 금융 서비스 상품의 상당 부분이 피도르페이, 애플페이, 마스터카드 온라인 결제와 같은 비대면 채널을 통해 공급되고 있어 고객의 효용은 더욱 극대화되고 있다.[38] 그 결과 피도르뱅크의 고객은 낮은 비용으로 더욱 다양한 금융 서비스를 하나의 플랫폼 안에서 경험할 수 있게 되었다. 이용자는 금융 거래 및 투자와 관련된 정보를 하나의 계정으로 관리할 수 있게 되었으며, 이는 이용자와 금융 회사 간 정보의 비대칭성 문제가 완화되는 효과를 낳고 있다.

모든 고객이 프로슈머

피도르뱅크의 고객들은 단순히 금융 서비스를 소비하는 주체가 아니다. 금융 서비스를 만들어내는 생산자이기도 하다. 즉, 피도르뱅크는 플랫폼을 제공하고 소비자들은 프로슈머(prosumer)의 역할을 한다. 피도

---

38 Fidor Bank 공식 홈페이지

르뱅크는 페이스북, 트위터, 유튜브와 같은 온라인 커뮤니티를 적극 활용해 고객의 참여를 극대화하고 있다. 가령, 신규 고객이 페이스북을 통해 계좌를 신청할 수 있게 만들고, 페이스북 계정의 '좋아요' 클릭 수가 1,000회 늘어날 때마다 고객의 예금 금리를 0.1%p씩 올려주는 서비스로 화제를 모았다. 피도르뱅크의 고객들은 피도르뱅크 홈페이지를 통해 신상품에 대한 아이디어를 내기도 하고 기존 상품에 대한 평가도 할 수 있다. 또한 고객들은 피도르가 형성한 커뮤니티에서 서로 금융에 관한 질문을 하고 조언을 얻을 수 있다.[39] 피도르뱅크는 고객들의 참여를 유도하기 위해 해당 서비스에 적극적으로 참여하는 고객들에게 금전적인 보상을 주기도 한다.

협력을 통해 자체 디지털 플랫폼 구축

피도르뱅크는 투자회사 VTB INVEST와 협업해 ETF(Exchange Trade Fund) 상품을 출시하기도 하고, Onvista와 협업해 채권 관련 상품을 출시하기도 했다. 전 세계에서 가파르게 성장하고 있는 로보어드바이저(Robo Advisor) 서비스 역시 독일의 로보어드바이저 회사 Ginmon과 협력해 고객들에게 제공한다. 피도르뱅크는 소비자와 함께하는 은행, 즉 '커뮤니티 은행(Community Bank)'이라는 설립 초기의 경영철학도 꾸준히 강화하고 있다. 가령, 피도르뱅크는 고객들이 VTB INVEST를 통해

---

39   Business Chief(2020), "ADIB and Fidor to offer first community-based digital bank"

피도르뱅크의 협력 기업

협력 기업	구 분	주요 내용
Bitcoin.de	가상화폐 거래	피도르뱅크 계좌를 이용해 실시간으로 비트코인 매매 가능
Brokertain	트레이딩	주식 입문자에게 게임 형태 소규모 트레이딩 기회 제공
Smava	P2P 대출	개인 간 대출 중개 및 피도르 고객 간 대출 서비스
Goldmoney	귀금속 거래	금, 은 등의 귀금속 거래 서비스
FinTecSystems 및 Smava	자동신용평가 시스템	피도르뱅크 고객들의 신용등급을 소득·지출에 따라 자동으로 평가해주는 시스템
Fundsters 등	기타	크라우드펀딩, 간편송금, 연금투자 관리 등

자료: 피도르뱅크·해외 언론사 종합

ETF 상품을 처음 구매하면 고객들에게 1,500유로 상당의 보너스를 지급하거나 Ginmon의 로보어드바이저 상품을 별도의 비용 없이 체험해볼 수 있는 기회도 제공하고 있다. 고객들은 복잡한 절차 없이 피도르뱅크가 제공하는 코드만 입력하면 이러한 혜택을 누릴 수 있다.

피도르뱅크는 Bitcoin.de와 협력해 전통적 금융권으로는 최초로 가상화폐를 거래할 수 있는 플랫폼을 구축했다.[40] 또한 피도르뱅크는 Goldmoney와 제휴를 맺고 귀금속 거래 서비스를 고객들에게 제공하고 있다.[41] 피도르뱅크 고객은 Goldmoney의 별도 계정을 만들 필요 없

---

[40]   Coindesk(2015), "Bitcoin.de's long-standing partnership with Fidor Bank has finally borne fruit, with the company claiming it is the world's first bitcoin trading platform with a direct connection to the classic banking system"

[41]   Finextra(2011), "Germany's Fidor Bank to offer retail access to precious metals via

이 피도르뱅크의 간편결제 시스템인 피도르페이를 이용해 귀금속 거래를 할 수 있다. 그 결과, 피도르뱅크를 통해 계좌를 만들면 고객들은 실시간으로 비트코인을 거래할 수 있으며, 금·은 등의 귀금속 역시 거래할 수 있었다.

한편, 피도르뱅크는 고객 간 대출 서비스를 제공하는 P2P 대출 서비스도 제공한다. 해당 서비스는 Smava와의 파트너십을 통해서 제공된다.[42] 피도르뱅크는 Smava 및 FinTechSystems와 제휴를 통해 고객들의 신용등급을 자동으로 평가해주는 시스템을 만들었으며, 이는 고객이 여신 서비스를 받는 과정을 간소화했다는 평가를 받고 있다.[43] 이외에도 크라우드펀딩, 간편송금(피도르페이), 연금투자 관리 등 다양한 서비스 역시 피도르뱅크가 직접 만들어 제공하는 것이 아니라 다른 핀테크 기업들과 긴밀히 협력해 고객들에게 제공하고 있다.

머스크, 해운업체가
왜 블록체인에 투자하는가?

"글로벌 물류 인터그레이터(the global integrator of container logistics)."

GoldMoney"

42   Smava(2011), "Smava.de and Fidor Bank AG Cooperation"
43   Altfi(2017), "FinTecSystems partners with Smava for fully automated loan system"

글로벌 1위 해운선사 머스크라인(Maersk Line)이 스스로를 지칭하는 단어다. 해운업계 공룡기업인 머스크가 현실에 안주하지 않고 3PL(Third-Party-logistics, 3자물류)[44]을 넘어 4PL(Fourth-Party-logistics, 4자물류)[45] 서비스를 제공하는 통합 디지털 물류 플랫폼 기업으로 진화하는 노력을 시작한 것이다. 이미 해운업계를 리드하고 있음에도 미래의 변화를 빠르게 인식하고 누구보다 빠르게 대응하고 있다. 이를 통해 머스크가 원하는 것은 물류업계의 디지털 패권이다. 머스크는 덴마크 코펜하겐 소재의 사물인터넷 통신 스타트업 Onomondo와 협업해 통합 물류 시스템을 구축할 계획이다. 머스크는 Onomondo의 사물인터넷 기술을 이용해 머스크가 보유한 약 700만 개의 컨테이너, 700여 개의 선박, 그리고 70개의 컨테이너 등 터미널에서 운용하는 자산을 디지털 플랫폼을 활용해 종합적으로 관리하기 위한 시스템을 구축하고 있다.[46] 이렇게 구축된 시스템은 모두 블록체인 형태로 기록되고 공유된다.

---

44   3PL은 기업이 물류활동 전반을 제3자인 물류 업체에게 위탁하는 것을 의미한다. 구체적으로 제품의 육상운송 및 항공운송, 그리고 물류보관 등의 특정 서비스를 위탁 기업 대신에 처리, 관리하는 일이 포함된다.

45   4PL은 3PL에서 더욱 나아가 공급사슬상의 모든 물류업무에 대한 종합 솔루션을 제공하는 서비스를 의미한다. 단순히 기업의 운송을 대신해주는 것이 아니라 IT서비스를 바탕으로 종합적인 공급사슬 솔루션과 컨설팅을 제공해주는 서비스를 의미한다. 특히, 블록체인 등의 기술을 활용해 원스톱 물류 시스템을 구축해 운송정보 파이프라인을 구축하는 등 비용 경쟁력 강화를 위한 4PL 서비스가 최근에 급격히 부상하고 있다.

46   JOC(2019), "Maersk invests in telecom startup to link assets"

블록체인 플랫폼 트레이드렌즈와 페이퍼리스

머스크가 해운업계의 페이퍼리스(paperless) 프로세스를 주도하고 있다. 머스크는 IBM과 블록체인 조인트벤처(Joint Venture, JV)[47]를 설립하고 미국 휴스턴항, 네덜란드 관세청, 네덜란드 로테르담 항만 시스템 등 다수의 기관에서 블록체인 기술을 테스트하고 있다. 그리고 테스트 결과를 바탕으로 트레이드렌즈를 공개했다. 트레이드렌즈는 분산형 데이터 저장 과정인 블록체인을 활용해 만든 블록체인 플랫폼이다. 트레이드렌즈를 통해 해운계약, 화물추적, 운임분석 등 복잡한 서류 절차를 거쳐 이루어졌던 오프라인 작업들이 온라인을 통해 효율적으로 처리될 것으로 기대된다.

글로벌 컨테이너 운송선사인 스위스의 MSC와 프랑스의 CMA-CGM도 트레이드렌즈에 합류했다.[48] 두 선사가 트레이드렌즈에 합류하면서 글로벌 컨테이너 화물의 절반 이상이 머스크의 블록체인 네트워크 플랫폼으로 이동하게 되었다. 해상운송 분야에서 머스크와 경쟁을 펼치고 있는 MSC 등의 글로벌 선사들이 트레이드렌즈에 참여하는 이유는 무엇일까? 자신들이 오랜 기간 축적해온 고객 관련 데이터들을 머스크의

---

47 조인트벤처는 2인 이상의 투자자 또는 기업이 공동으로 특정 기업체를 설립하는 국제경영방식을 의미한다. 투자에 참여한 주체들은 향후 공동으로 회사의 지분을 보유하고 운영할 수 있는 권리를 인정받는다.

48 Offshore Energy(2019), "CMA CGM, MSC to Become Members of TradeLens Blockchain Platform"

무역 전자플랫폼에 공유하는 것은 너무 위험한 일이 아닐까? 그렇지 않다. 앞서 설명한 것처럼 블록체인 기술을 활용하면 데이터의 임의 조작 및 복제가 불가능하다. 머스크가 원한다고 해서 경쟁사들의 데이터들을 악의적으로 조작하거나 활용할 수 없는 것이다. 즉, 머스크는 블록체인 기술을 활용해 치킨게임을 하면서 서로 출혈경쟁을 하던 경쟁자마저 자신들의 생태계 안으로 불러들이고 있는 것이다. 더 많은 경쟁자의 참여는 머스크가 구축한 디지털 생태계의 '투명성', '무결성', 그리고 '공유'의 가치를 높여준다.

블록체인 기술이 성공적으로 적용된다면 물류 거래 내역을 실시간으로 공유하고 확인할 수 있을 것으로 기대된다. 컨테이너의 실시간 운송 정보, 선박의 접안 일정, 선박 입출항 신고 등 기존에는 복잡하고 비효율적인 서류 작업을 거쳐 이루어졌던 작업들이 대폭 간소화될 전망이다. 가령, 운송 주문이 들어오는 순간 선주, 항만, 세관 등 모든 관련자는 전반적인 과정에 대한 정보를 실시간으로 받아 볼 수 있게 된다. 그 결과, 오프라인을 통해 별도의 세관신고서를 작성하는 등 복잡한 행정 절차가 필요 없어질 것이다. 블록체인 기술이 적용된 디지털 플랫폼을 활용해 공급사슬의 모든 업무를 효율적으로 처리할 수 있게 되는 것이다.

디지털 표준화 협의체 DCSA

머스크는 컨테이너 해운 디지털 표준화 협의체 DCSA(Digital Container Shipping Association) 운영을 주도하고 있다. DCSA는 머스크, Hapag-Lloyd, ONE, MSC 등 4개 기업을 설립 멤버로 하여 2019년 4월 12일 네덜란드의 암스테르담에 설립되었다. DCSA의 주된 목적은 디지털화를 위한 표준화 작업에 있다. 해운업의 경우 디지털화의 필요성이 가장 큰 분야이지만 오히려 뒤떨어지고 있으며, 그 주된 원인은 각 기업의 기술표준화가 이루어지지 않았기 때문이다.

가령, 해운업계에서 블록체인 기술 확산이 쉽게 이루어지지 않는 이유로 기술표준화 부재가 주된 원인으로 지적되고 있다. 머스크는 DCSA를 통해 경쟁사들의 디지털 표준과 규칙을 만들어내는 일을 주도적으로 이끌면서 해운업계의 디지털 패권을 만들고 있다. 표준화 작업은 곧 규칙을 만들어내는 일이고 규칙은 생태계를 만드는 첫 시작점이다. 머스크가 주도해 만들고 있는 규칙과 생태계에 적응하지 못한 기업은 도태될 수 있다는 위기의식이 머스크의 디지털 패권으로 이어진다. 그리고 머스크의 생태계가 힘을 가질 수 있는 이유는 머스크가 기존 해운업계에서 가지고 있던 시장 지배력이다. 현재진행형인 리더가 누구도 시도하지 않은 미래의 규칙을 만들어내고 있다.

원격 컨테이너 관리

물류 업계에도 친환경이 중요한 이슈로 떠오르고 있다. 전 세계에서 생산되는 농산물 및 식품 중 상당 부분은 운송 및 공급망 처리 과정에서 손실된다.[49] 머스크는 이러한 흐름에 맞춰 원격 컨테이너 관리(Remote Container Management, RCM) 기술과 냉장 컨테이너(Reefer Container)에

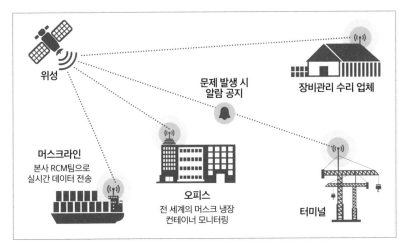

머스크의 원격 컨테이너 관리 사용 구조
자료: 머스크 공식홈페이지

대한 투자를 아끼지 않고 있다. 머스크는 RCM 기술을 적극 활용해 실시간으로 컨테이너의 위치, 온도, 습도 등의 정보를 파악하고 있다.[50] 머스크가 보유한 냉장 컨테이너는 약 38만 대로 상당한 양이지만, 모두 데이터화되어 관리된다. 머스크의 냉장 컨테이너 이용자들도 머스크의 RCM 플랫폼인 캡틴 피터(Captain Peter)를 통해 실시간으로 관련 정보를 받아볼 수 있다. 머스크는 클라우드를 기반으로 종합적인 데이터 관리를 진행하고 있으며 이렇게 종합된 데이터를 캡틴 피터를 통해 소비자들에게 실시간으로 전달한다.

---

49 FAO(2015), "Global Initiative on Food Loss And Waste Reduction"

50 Maersk(2019), "Maersk launches new visibility tool Captain Peter?"

머스크는 블록체인 기술을 활용해 식품 이력관리도 진행한다. 머스크는 농산물의 생산, 유통, 관리를 총괄하는 스위스 기업 Syngenta와의 협력을 통해 신선식품 공급 솔루션을 위한 머스크만의 노하우를 축적하고 있다. 또한 머스크는 독일 내 신선식품 디지털 플랫폼 기업 플리트와 블록체인 식품 이력관리 기업 Ripe, io에 출자하면서 종합적인 공급 솔루션을 위한 디지털 역량을 확대하고 있다. 이를 통해 신선식품 물류의 효율성과 안정성이 대폭 개선될 것으로 보인다.

디지털 포워딩 서비스

머스크는 자체 디지털 포워딩[51] 기업 트윌(Twill)을 운영하고 있다. 트윌은 머스크 그룹에서 물류 기능을 담당하는 담코(Damco) 소속이다. 그리고 머스크는 물류 기능을 담당하는 담코를 해상운송을 담당하는 머스크라인(Maersk Line)과 통합해 물류기능을 강화하고 있다. 담코를 통합함으로써 해상운송된 물류를 이용자가 원하는 목적지까지 곧바로 전달해주는 원스톱 물류 솔루션을 구축하기 시작했다. 머스크는 내륙 운송 서비스, 통관 대행 서비스, 해상운송, 물류 창고센터 및 유통을 비롯해 이용자의 제품을 운송하는 전체 여정을 디지털 포워딩 서비스로 효율적으

---

51 포워딩이란 운송을 위탁한 고객(화주)을 대리해 화물의 통관, 입출고, 집화, 환적을 거쳐 화주가 요구하는 목적지까지 안전하고 신속하게 운송하는 서비스를 말한다. 즉, 선박을 갖고 있는 선박회사나 항공사를 무역회사와 연결하고 운송에 필요한 서류를 준비하고 작성하며, 통관과 운송업무 등을 대행해주는 서비스가 포워딩 서비스다.

로 관리하기 위한 글로벌 엔트 투 엔드 솔루션을 만들고 있는 것이다. 트월은 온라인을 통해 화물의 관리 및 모니터링 서비스를 제공한다. 실시간 운임견적 서비스(Instant Online Quotation) 등을 이용해 선적신청을 받으면 경로와 운임을 추천해주는 서비스도 제공한다. 머스크가 복잡한 포워딩 과정을 디지털 기술을 활용해 간소화하고 있는 것이다. 머스크는 독일의 디지털 포워딩 기업 프레이트허브(FreightHub)에도 3000만 달러를 투자한 것으로 알려졌다.[52]

머스크는 공격적인 투자를 통해 디지털 포워딩 서비스의 저변을 확대하고 있다. 머스크는 디지털 무역 금융 서비스를 구축하기 위해 이탈리아의 핀테크 기업 모디파이(Modifi)에 투자했다. 모디파이는 2018년 11월에 설립되어 디지털 무역과 관련된 금융 서비스를 제공하는 스타트업이다. 모디파이에 대한 투자는 무역과 관련된 금융 작업 대부분이 서류를 통해 이루어지던 방식을 전자화하기 위한 절차라고 머스크는 밝혔다.[53] 페이퍼리스 시스템 구축의 일환으로 머스크는 서류 전자화 서비스 기업인 인코독스에도 출자한 것으로 밝혀졌다. 인코독스는 중소기업용 서류 전자화 서비스를 제공하는 기업이다. 머스크는 이스라엘 더독(theDOCK)과 해운 빅데이터 연구협약 채결, 해상보험플랫폼 서비스 인슈어웨이브를 개시하는 등 공급 사슬망과 관련된 모든 분야에 적극적으로 진출하는 모습을 보이고 있다.

---

52 TheLoadStar(2019), "Maersk joins FreightHub investors as it secures $30m in fresh funds"
53 GlobalTradeReview(2019), "Maersk invests in fintech platform for digital trade finance"

머스크의 통합 물류 시스템 관련 투자 및 인수합병 사례

일시	기업명	내용
2018.10.	로드스마트	미국 디지털 포워딩 스타트업에 1900만 달러 투자
2019.2.	밴더그리프트	북미 통관 업체 인수
2019.8.	블랙벅	트럭 운송 중개 및 전자결제 시스템을 제공하는 인도의 디지털 포워딩 스타트업에 투자
2019.11.	지그재그	영국의 반품물류 스타트업 기업에 투자
2019.12.	박닌 베트남·싱가포르 산업단지	베트남 북부 지역인 박닌에 신규 물류센터 개설
2020.2.	퍼포먼스팀	미국의 전자상거래 물류 전문 기업 인수
2020.7.	KGH Customs Services	스웨덴의 세관 서비스 전문 기업 인수

머스크는 또한 적극적인 인수합병을 통해 디지털 포워딩 서비스에 통합 물류 시스템을 담고 있다. 2018년 10월에는 미국 디지털 포워딩 스타트업 업체인 로드스마트(Loadsmart)에 1900만 달러를 투자했다. 2019년 2월에는 북미 통관 업체인 밴더그리프트(Vandergrift)를 인수했다. 또한 같은 해 8월 트럭 운송 중개 및 전자결제 시스템을 제공하는 인도의 디지털 포워딩 스타트업 블랙벅(Blackbuck)에 투자했다. 뒤이어 2020년 2월에는 미국의 물류회사 퍼포먼스팀(Performance Team)을 6600억 원에 인수하며 북미 지역 창고 면적을 대폭 확대했다. 이는 북미 지역 전자상거래 시장의 높은 성장성을 감안한 대비책이라는 평가가 나온다. 2020년 7월에는 세관 서비스를 제공하는 스웨덴의 KGH Customs Services를 인수했다. 해당 인수에 대해 머스크의 해상물류 최고 경영자인 뱅상 클레르(Vincent Clerc)는 통합 물류 기업으로 성장하기 위한 또 다른 작업의 일환이라고 인터뷰에서 밝혔다.[54] 이외에도 북미, 아시아, 유럽 등에 기반을 둔 글로벌 물류 기업 및 디지털 플랫폼 스타트업에 투자하거나 인수를 적극적으로 추진하면서 통합 물류 사업의 확장성을 극대화하는 모습을 보이고 있다.

---

54   REUTERS(2020), "Maersk expands in-land logistics with customs broker acquistion"

3

테크 스타트업,
상식을 파괴하다

넷플릭스, 플랫폼을 넘어 콘텐츠 기업으로

넷플릭스는 수많은 데이터를 세부적으로 분석해 고객의 취향에 맞는 최고의 미디어 콘텐츠를 제공한다. 하나의 넷플릭스가 아닌 고객의 수만큼 서로 다른 넷플릭스 버전이 존재하는 것이다. 고객들은 넷플릭스를 통해 미디어 콘텐츠를 '구매'하는 것이 아니라 '구독'하는 행위를 '경험'하며 자신도 알지 못했던 취향을 알아간다. 넷플릭스의 시네매치(Cinematch) 알고리즘은 미디어 콘텐츠에 대한 평점을 소비자군별로 분류한다. 과거에는 동일한 배우나 감독, 영화의 장르 등을 동일군으로 분류해 영화를 추천해주는 것이 일반적이었다. 그러나 넷플릭스는 고객들이 넷플릭스에서 시청한 콘텐츠에 평점을 주면 높은 평점을 준 고객들을 하나로 묶고, 해당 그룹에 속한 고객이 높은 평점을 준 콘텐츠를 동일한 그룹 내 다른 고객에게 추천하는 방식을 사용한다. 고객들은 콘텐츠에 대한 다른 사람들의 평가를 찾아볼 필요가 없다. 이용자가 그동안 시청한 콘텐츠 기록을 바탕으로 동일한 그룹 내에 다른 이용자가 높은 평점을 준 콘텐츠들이 자동으로 추천되고 있기 때문이다.

넷플릭스는 보유한 콘텐츠를 장르, 분위기, 완결도 등에 따라 세분화해 이러한 추천 서비스의 정확도를 더욱 높이고 있다. 이를 위해 사용되는 대표적인 두 가지 알고리즘은 '가장 가까운 이웃(k-nearest neighbors algorithm)'과 '매트릭스 팩토라이제이션(matrix factorization)'이다.[55] 넷플릭스는 가장 가까운 이웃 알고리즘을 활용해 가장 유사한 것들을 묶어 고객이 즐겨 보는 유형의 영화와 가장 유사한 영화를 예측하고 추천하고 있다. 매트릭스 팩토라이제이션 알고리즘은 넷플릭스가 특정 고객이 시청한 콘텐츠에 대한 세부 특징(장르, 분위기, 완결도 등)을 분해해서 저장하고, 각 특징에 대해 가중치를 부여해 추천하는 방식이다. 이 두 가지 알고리즘은 고객이 넷플릭스를 통해 철저히 자신의 취향에 맞추어진 콘텐츠를 경험할 수 있도록 하는 핵심적인 디지털 기술이다. 넷플릭스는 이 두 알고리즘을 활용해 아직 넷플릭스를 구독하지 않은 소비자의 나이, 직업 등에 따라 관심을 가질 만한 이미지를 노출시켜 새로운 고객이 넷플릭스에 접속하도록 유인하는 마케팅 방법도 사용하고 있다.

---

55 Capital One Tech(2019), "K-Nearest Neighbors (KNN) Algorithm for Machine Learning"

넷플릭스의 알고리즘은 자체 제작하는 오리지널 콘텐츠에도 적용된다. 넷플릭스는 고객들의 연령, 직업, 지역 등 모든 데이터를 활용해 콘텐츠의 시청 대상, 콘텐츠를 끝까지 시청하는 비율 등을 토대로 콘텐츠 제작에 관한 의사 결정을 한다. 또한 콘텐츠 제작을 위한 장소, 편집, 론칭 시기 등을 모두 데이터 분석을 토대로 최적화하고 있다.

아마존, 애플, 디즈니 등의 거대 기업들이 자사의 플랫폼을 기반으로 OTT(Over The Top) 시장에 진출하기 시작하며 넷플릭스와 치열한 경쟁을 벌이고 있는 만큼 향후 넷플릭스는 오리지널 콘텐츠 제작에 더욱 집중할 것으로 보인다. OTT 시장이 무한경쟁 시대에 접어들면서 넷플릭스는 연간 콘텐츠 제작 예산에만 약 200억 달러를 사용하고 있는데, 이는 아마존의 두 배가 넘는 수준이다. 이를 통해 넷플릭스는 자체적인 지적재산권 축적에 집중할 것으로 보인다.

최근 전 세계적으로 인기를 얻고 있는 한국 콘텐츠 산업이 넷플릭스에서 생산되고 소비되는 방식을 보면 넷플릭스의 지적재산권 축적 방식을 알 수 있다. 〈오징어게임〉과 〈킹덤〉이 대표적인 예다. 넷플릭스는 진출한 각 국가에서 제작사와 감독 등 콘텐츠를 제작하는 당사자에게 최대한의 자율성을 보장한다. 해당 국가에서 여러 이유로 제작이 거부된 콘텐츠에 대한 자율적인 제작을 보장하고, 대신 콘텐츠의 저작권은 넷플릭스가 소유한다. 〈킹덤〉은 국내 방송국에 5년간 제작을 제안했으나 거부당한 작품이었고, 〈오징어게임〉도 거의 10년 동안이나 투자자를 찾지 못했다고 한다. 앞으로도 넷플릭스는 각 국가의 현지 전문가를 적극적으로 영입하고, 제작에 어려움을 겪는 콘텐츠들을 자체적으로 발굴해

지적재산권을 지속적으로 축적할 예정이다. 블룸버그는 이러한 넷플릭스의 지적재산권 축적 전략을 '한국식 전략'이라고 소개한다.

넷플릭스가 지적재산권 축적에 집중하는 이유는 사업의 확장성을 위해서다. 밸류체인을 다각화해 OTT 시장의 경쟁 심화로 인한 이익 감소에 대응하고자 하는 것이다. OTT 시장에 진출한 다른 경쟁사가 영화, 도서 등에 대한 지적재산권을 다량 보유했다는 이점을 활용해 넷플릭스와 경쟁하고 있는 상황에서 넷플릭스는 사업 확장을 위해 콘텐츠 내재화를 필수적인 과정으로 보고 있다. 실제로, 미국 최대의 콘텐츠 제작사인 월트디즈니컴퍼니가 만든 온라인 동영상 서비스인 디즈니플러스는 현재 넷플릭스에 대한 콘텐츠 공급을 중단하고 자사의 플랫폼을 강화하고 있다.

넷플릭스는 비디오 게임 시장 진출을 공식적으로 밝혔는데, 주로 넷플릭스 오리지널 콘텐츠의 지적재산권을 이용한 모바일 게임에 집중할 것으로 보인다. 넷플릭스는 모바일 게임에 초점을 맞춰 기존 넷플릭스 구독자에게 무료로 게임 서비스를 제공하겠다는 계획이다. 넷플릭스는 오리지널 드라마 〈기묘한 이야기〉의 지적재산권을 이용한 두 개의 안드로이드용 모바일 게임인 〈기묘한 이야기: 1984〉와 〈기묘한 이야기3〉를 이미 선보였고, 향후 더욱 다채로운 게임 서비스를 다양한 국가에서 선보일 준비를 하고 있다.

넷플릭스의 자체 콘텐츠 관련 상품을 판매하는 넷플릭스숍(Netflix shop)은 미국에서 먼저 개점을 했으며, 앞으로 다른 국가에도 진출할 예정이다. 넷플릭스숍에서는 자체 제작 콘텐츠를 기반으로 제작한 옷, 모자, 의류, 액세서리는 물론 쿠션, 협탁 등 생활용품까지 판매한다. 〈뤼팽〉, 〈위처〉 등 인기 시리즈와 관련된 제품 등이 대표적이다. 애플의 팟캐스트 부문 임원 출신인 나이제리 이턴(N'Jeri Eaton)을 스카우트하는 등 팟캐스트 사업도 넷플릭스의 비즈니스 확장 전략에 포함될 것으로 보인다. 넷플릭스의 오리지널 콘텐츠를 활용한 웹툰 사업도 계획 중인 것으로 알려졌다.

자율주행차 기술의 발전은 넷플릭스에게 또 다른 기회를 제공할 것이다. 완전자율주행 시대가 도래하면 자동차가 단순한 이동수단이 아니라 새로운 문화생활 공간으로 변모할 것이기 때문이다. 운전자들이 자동차를 제어해야 하는 기존의 제약에서 벗어나면서 자동차 안에서 즐겁게 소비할 수 있는 미디어 콘텐츠에 대한 수요가 증가할 것이다. 인포테인먼트(infotainment) 사업이 급부상하는 것이다. 인포테인먼트는 정보(information)와 오락을 뜻하는 엔터테인먼트(entertainment)의 합성어로 운전자에게 다양한 정보와 오락 기능을 제공하는 시스템을 의미한다. 인포테인먼트는 갑자기 등장한 것이 아니다. 과거에는 아날로그 오디오, 라디오, 디지털 오디오 등의 형태로, 그리고 현재는 내비게이션 등의 형태로 운전자에게 제공되고 있다. 그러나 향후 5G 네트워크 기술이 광범위하게 적용되고 대용량의 정보 전송이 이른 시일 내에 가능해지면 온라인 스트리밍, 가상현실 등의 콘텐츠도 자동차 안에서 즐길 수 있게 될 전망이다. 넷플릭스는 볼보와 제휴를 맺고 인포테인먼트 기술 개발을 위해 협력하고 있다.[56] 테슬라는 자사 전기차의 인포테인먼트 소프트웨어 10.0 버전부터 넷플릭스 플랫폼을 기본적으로 탑재하기 시작했다. 이처럼 자율주행차와 인포테인먼트 시장이 급성장하면서 넷플릭스는 완성차 업체들과 협력을 강화해 새로운 고객들과의 접점을 더욱 높이며 데이터에 기반한 맞춤화된 콘텐츠 제공에 집중할 것으로 보인다.

개방형 OTT 플랫폼 선두주자

넷플릭스의 시작은 온라인 DVD 대여점이었다. 고객들이 매월 일정액의 회비를 지불하면 무제한으로 DVD를 대여받을 수 있는 서비스를 제공한 것이다. 오프라인 매장에 DVD를 진열해야만 했던 블록버스터가 매장당 최대 3,500개 정도의 재고만 보유할 수 있었던 것과 달리 넷플릭스는 온라인을 기반으로 했기 때문에 최대 10만 개에 달하는 DVD를 소비자에게 제공할 수 있었다. 더 나아가 넷플릭스는 DVD 대여에서 온라인 스트리밍으로 서비스를 전환했고 OTT 사업자들을 넷플릭스의 플랫폼으로 끌어들였다. OTT는 인터넷을 통해 각종 영상 콘텐츠를 제공하는 서비스를 의미한다. 스마트폰과 인터넷의 빠른 보급이 이루어지고 디지털 콘텐츠를 소비하는 것이 일상이 되면서 선제적으로 준비한 넷플릭스는 큰 성공을 이루었다. 넷플릭스의 유료 구독자 수는 2021년 4분기 기준 약 2억 2200만 명에 달하고 있고 전 세계 넷플릭스 유료 구독자

56　The Guardian(2016), "Volvo and Netflix's self-driving car will let you watch movies on your commute"

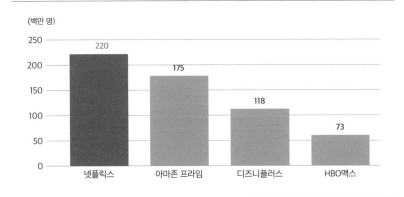

넷플릭스와 경쟁사의 구독자 추이

(백만 명)

자료: Business of Apps(2021)

들의 하루 시청 시간은 1억 4000만 시간에 달한다.

넷플릭스는 시장을 선점하기 위해 개방형 플랫폼을 구축하는 데 집중했다. 콘텐츠 산업의 특성상 소비자가 원하는 다양한 콘텐츠를 확보하는 것이 중요했기 때문이다. 넷플릭스의 창업자인 리드 헤이스팅스(Reed Hastings)는 뉴욕타임스가 주최하는 딜북 컨퍼런스(DealBook Conference)에서 "장기적으로 효율성보다 유연함이 더욱 중요하다."라고 말했다.[57] 소비자들이 원하는 어떠한 콘텐츠도 넷플릭스에서 볼 수 있도록 최대한 많은 콘텐츠를 플랫폼에 담겠다는 의도로 해석된다. 이를 위해 넷플릭스는 최대한 많은 미디어 콘텐츠 배급 회사들과 파트너십을

---

57   Dell Technologies(2018), "Three Takeaways from Fortune 500 Leaders Who've Continued to Innovate"

체결했다. 미국 영화업계 메이저 3사인 파라마운트 픽처스(Paramount Pictures), 라이온즈 게이트(Lions Gate), MGM이 그들의 작품을 온디맨드(on-demand) 형식으로 제공하기 위해 만든 합작법인인 에픽스(Epix)가 대표적인 예다. 넷플릭스는 에픽스 외에도 현존하는 가장 오래된 영화사인 프랑스의 고몽(Gaumont Film Company), 미국의 다국적 미디어 기업 컴캐스트(Comcast), 유럽의 방송 미디어 기업인 RTL 그룹(RTL GROUP) 등 수 많은 미디어 기업들과 협력하고 있다.

넷플릭스의 개방형 플랫폼과 알고리즘을 활용한 콘텐츠 추천이 미디어 산업의 지형을 완전히 바꾸고 있다. 미국 내 소비자들이 케이블 TV 서비스를 취소하는 현상이 이를 대변한다. 소비자의 니즈와는 상관없이 공급자 중심으로 영상이 송출되던 과거의 미디어 방식에서 소비자들이 이탈하고 있다. 소비자는 언제 어디서든 본인이 원하는 콘텐츠를 소비하기를 원한다. 미디어 산업에서도 온디맨드 서비스는 선택이 아니라 필수가 된 것이다. 미국의 디지털 시장 조사 기관인 이마케터(eMarketer)는 2019년 기준 미국에서 케이블 TV 서비스를 이용하는 가구는 총 8650만 명으로 집계되었지만, 해당 수치가 2023년 기준 7270만 명까지 급격히 줄어들 것으로 전망했다.[58]

---

58   eMarketer(2020), "Cable Operators' Shift to Profit Mode Accelerates Cord-Cutting"

우버, 모빌리티로 ESG를?

스마트폰을 기반으로 한 승차 공유 서비스의 시작을 알렸던 우버(Uber)가 모빌리티 패러다임을 다시 한번 변화시키고 있다. 개인 소유의 자동차가 없어도 스마트폰만 있다면 이용자의 수요에 따라 즉각적으로 모든 종류의 교통수단과 이동 계획, 예약, 결제 서비스가 제공되는 서비스형 모빌리티(MaaS)에서 나아가 화물 운송, 음식 배달, 식료품 배달 서비스 등이 우버 플랫폼에 더해지고 있다. 음식 배달 서비스를 제공하는 우버이츠(Uber Eats)는 코로나19 기간 엄청난 성장을 이루었고, 이를 바탕으로 식료품과 비식료품 배달 서비스를 확대할 계획이다. 미국의 슈퍼마켓 2위 체인인 앨버트선즈와 파트너십 계약을 체결하고 향후 생필품, 아기로션, 물티슈, 상비약은 물론 애완동물 사료까지 배달해주는 서비스를 선보일 것으로 예상된다. 주류 역시 배달된다. 우버의 목표는 1시간 이내에 모든 것을 배달하는 것이다. 생필품 등을 구매하기 위해 오프라인 매장으로 이동할 필요가 없는 것이다. 우버 화물(Uber Freight)은 화물 운송 관리 소프트웨어를 통해 미국 전역의 화물차 운전자와 화주를 연결해주는 신규 플랫폼이다. 화물차 운전자들은 우버 화물이 구축한 디지털 플랫폼을 활용해 실시간으로 화물 운송 일정을 관리할 수 있다. 개인 간 물품을 배송해주는 우버 커넥트(Uber Connect)는 우버 운전자들이 개인들의 주문을 받아 물건을 배송해주는 서비스다. 누군가에게 선물을 전달하기 위해 직접 대면할 필요가 없어진 것이다. 우버가 이동의 모든 것을 디지털화하고 있다.

카풀, 자전거 공유, 카셰어링, 대중교통 등 거의 모든 이동 옵션이 우버의 플랫폼에 담기고 있다. 우버의 카풀 서비스인 우버 익스프레스 풀(Uber Express Pool)은 승객이 익스프레스 풀을 요청하면 우버의 인공지능 알고리즘이 1~2분 동안 주변에 있는 수백 명의 운전기사와 승객을 매칭해 준다. 우버의 인공지능 알고리즘은 모든 매칭 과정에서 데이터를 활용해 승객들의 운전 경로와 출발지, 도착지 등의 정보를 해석하고 이에 맞추어 최적화된 형태로 카풀 서비스를 제공한다.

우버는 자전거 및 스쿠터 공유 서비스 업체인 점프(Jump), 라임(Lime)과의 제휴를 통해 우버 앱 내에서 점프 자전거와 스쿠터, 라임 스쿠터 서비스를 이용할 수 있게 만들었다.[59] 점프와 라임은 정해진 반납 장소 없이 어디에서나 자전거와 스쿠터를 대여하고 반납할 수 있는 방식을 통해 전기 자전거 및 스쿠터를 공유해주는 업체다. 우버의 이러한 행보는 우버 플랫폼 안에 퍼스트마일(First Mile) 및 라스트마일(Last Mile) 이동 수단을 추가하기 위함이다. 퍼스트마일은 출발지에서 목적지까지 이동할 때 출발지를 나와 목적지 근처 정류장까지 이동하는 거리를 의미하며, 라스트마일은 정류장부터 목적지까지 남은 짧은 거리를 의미한다. 일반적으로 퍼스트마일과 라스트마일 이동을 위해서는 도보, 자전거, 스쿠터 등이 활용된다. 퍼스트마일과 라스트마일 이동 수단을 플랫폼 안에 통합한 우버는 렌트 서비스도 추가했다. P2P 카셰어링 플랫폼 업체 겟어라운드(Getaround)와 협업해 우버 앱 내에서 차량을 렌트할 수

---

59   Uber(2018), "https://www.uber.com/en-GB/newsroom/mode_switch/"

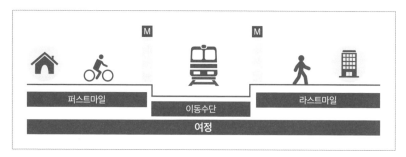

퍼스트마일과 라스트마일
자료: Transportist

있는 우버 렌트(Uber rent) 서비스를 시작한 것이다.[60] 그리고 마침내 우버는 목적지까지 갈 수 있는 다양한 교통수단을 통합적으로 제시하는 모드 스위치(Mode Switch) 기능을 추가해 승차 공유, 카풀, 스쿠터/자전거, 차량 렌트 등을 이용자의 니즈에 맞춰 실시간으로 검색하고 이용할 수 있는 시스템을 만들었다.

대중교통 역시 우버의 플랫폼과 연계되기 시작했다. 우버는 대중교통 모바일 발권 서비스를 개발하고 판매하는 런던의 마사비(Masabi)와 제휴해 우버 플랫폼 내에서 철도, 버스 등의 대중교통 티켓을 발권하고 관리할 수 있는 우버 트랜싯 티케팅(Uber Transit Ticketing) 서비스를 공개했다.[61] 이후 우버와 마사비는 대중교통의 범위를 여객선까지 확장하며 우버 MaaS 플랫폼의 활용 범위를 확대했다.[62]

---

60   engadget(2018), "Uber now offers car rentals inside its app"

61   Masabi(2018), "Masabi and Uber Announce First-of-its-Kind Ride-Sharing and Public Transit Ticketing Partnership"

62   Masabi(2021), "Fire Island Ferries, Uber and Masabi Launch Uber Transit Ticketing for Ferry

우버 모드 스위치
자료: Uber

우버 트랜싯 티케팅 서비스는 미국에서도 운영되고 있다. 미국 콜로라도주 덴버의 거주자들이 우버 앱을 통해 대중교통을 이용할 수 있게 되었다. 우버는 덴버의 대중교통 서비스를 운영하는 지역 기관인 RTD(Regional Transportation District) 및 이동 데이터 제공 사업자인 무빗(Moovit)과 제휴를 발표하고 사용자들에게 대중교통의 실시간 출발 시간과 도착 시간 정보를 제공하고 있다. 우버의 이러한 플랫폼 전략은 이집트, 인도까지 확장 중이다. 우버는 이집트 카이로에서 14인승 버스의 좌석을 예약해 사용할 수 있는 우버 버스(Uber Bus)를 출시했고,[63] 인도의 뭄바이에서 고객의 수요에 따라 보트를 이용할 수 있는 우버 보트(Uber Boat)를 출시했다.[64]

우버의 통합 MaaS 플랫폼에 담길 차세대 운송 수단은 자율주행차와 도심형 항공 모빌리티(UAM)다. 초기 우버는 자율주행차와 UAM을 이용한 에어택시를 직접 개발했지만, 현재는 모두 다른 업체에 넘긴

Riders"

63   menabytes(2018), "Uber launches a minibus service 'Uber Bus' in Cairo"

64   Uber(2019), "Uber launches Uber Boat in Mumbai"

상황이다. 자율주행 부문은 스타트업 경쟁사인 오로라에, UAM 부문은 조비 에비에이션에 매각했다. 대신 우버는 오로라에 4억 달러 이상을 투자하고 오로라 지분의 26%를 확보해 이사회에서 의결권을 행사한다. 우버는 조비 에비에이션에도 지속적으로 투자하고 있다. 개발은 외부 기업에 맡기고, 대신 의결권을 행사해 자율주행차와 에어택시를 우버 플랫폼에서 제공하기 위함이다. 우버는 태생적으로 플랫폼 기업이다. 우버가 직접 돈 들여 차세대 운송 수단 기술을 개발할 필요가 없는 것이다. 즉, 모든 사람의 이동을 위한 운영 체제가 되는 것이 우버의 비전이다.

MaaS 플랫폼을 통한 ESG 경영 실현

우버가 대중교통을 포함한 다양한 이동 수단을 우버의 플랫폼 안에 담음으로써 얻을 수 있는 가장 큰 힘은 데이터다. 즉, 고객들이 도시를 이동할 때 선호하는 운송 수단의 종류, 시간, 인원, 경로 등 고객과 관련된 모든 데이터가 우버의 플랫폼 안에 수집되는 것이다. 이러한 데이터는 도시의 교통 시스템을 보다 효율적이고 쾌적하게 만들어 시민들이 자가용을 소유할 필요성을 느끼지 못하게 만들 것이다. 이는 곧 우버의 플랫폼으로 더 많은 시민을 유입하게 만드는 계기가 될 것이다.

우버의 대중교통 정책 책임자인 앤드루 잘츠버그(Andrew Salzberg)는 비즈니스 인사이더(Business Insider)와의 인터뷰에서 "우버는 시민들의 개인 운송 수단 사용을 줄여 도시의 교통환경을 개선할 수 있는 다양한

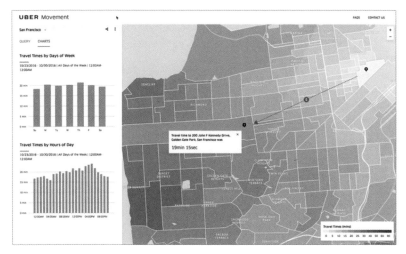

우버 무브먼트 웹사이트
자료: Uber

대안을 마련하기를 희망한다."라고 말했다.[65] 이를 위해 우버는 우버 플랫폼에서 축적된 막대한 데이터를 많은 공공기관과의 협력을 위해 사용하고 있으며, 이를 통해 도시의 교통체계를 개선하고 있다. 우버는 워싱턴 등의 도시와 협력해 도시의 다양한 교통 데이터를 무료로 제공하고 있으며 우버 무브먼트(Uber Movement)라는 웹사이트를 통해 우버 플랫폼에 축적된 익명의 데이터를 제공하고 있다.[66] 우버 무브먼트는 우버의 데이터를 활용해 전 세계 12개 도시 내 차량통행속도, 교통혼잡지도 데

---

65   Business Insider(2018), "Uber's app is about to offer public-transit tickets — here's how to use the service"

66   Uber(2018), "Moving Forward Together with Cities"

이터베이스 등을 실시간으로 제공해주는 서비스다.[67]

효율적인 MaaS 플랫폼 구축을 통한 개인 교통수단의 완전한 대안을 제공하겠다는 우버의 최종 목표는 ESG 경영과 교통 시스템의 개선을 통해 더 나은 세상을 만드는 것이다. ESG 경영은 2022년에도 최대의 화두로 자리잡을 것이다. ESG란 환경(Environment), 사회(Social), 지배구조(Governance)의 약어로, 지속가능한 성장을 위해 기업이 환경을 보호하고, 사회적 가치를 중요하게 여기며, 투명하고 윤리적인 지배구조 개선을 실천해야 한다는 의미를 담고 있다. 우버는 매년 ESG 리포트를 발행하고 있는데, 이를 살펴보면 우버가 그리는 미래의 모습을 파악할 수 있다.

우버는 ESG 리포트를 통해 지속가능한 도시의 성장을 위해 2040년까지 전 세계 모든 우버 차량을 전기차로 대체하겠다고 밝혔다. 구체적으로는 미국과 캐나다, 유럽은 2030년까지, 기타 우버 플랫폼이 활용되고 있는 전 세계 국가에서는 2040년까지 현재 운행되고 있는 내연기관차를 모두 전기차로 교체하겠다고 밝혔다. 이를 위해 우버는 다양한 노력을 진행하고 있다. 가령, 우버 운전자들이 내연기관차를 전기차로 교체하는 비용을 지원하기 위해 8억 달러의 지원금을 마련했으며, 2021년 5월 4일에는 영국의 전기차 전문 스타트업 어라이벌(Arrival)과 공동성명을 발표하고 2023년부터 우버 운전자를 위한 전기차를 직접 생산하겠다고 발표했다. 우버는 전기차 생산이 차질 없이 진행되면 향후 전기버스와 전기택배 차량도 생산할 예정이다.

---

67   Uber(2017), "Introducing Uber Movement"

우버의 이러한 노력은 실질적으로 비효율적인 현재의 도로 교통 시스템을 개선해 향후 환경오염 문제를 효율적으로 해결할 수 있을 것으로 예상된다. OECD의 국제 교통 포럼(International Transportation Forum) 등 많은 국제 연구기관들에 따르면, 승차 공유 시스템을 전기차 및 자율주행 서비스와 연계한다면 현재 도로 위 차량 통행의 90% 이상을 감소시킬 수 있으며, 도로 교통이 기후변화에 미치는 나쁜 영향의 약 80% 정도를 줄일 수 있다.[68]

우버는 친환경적인 도로 교통 환경을 만들기 위해 노력하는 동시에 지속가능한 경영을 위한 자체적인 혁신에도 나서고 있다. 우버는 미국 내 우버의 데이터센터와 회사 관련 시설들을 2025년부터 모두 신재생에너지를 이용해서만 운용할 예정이며, 2030년에는 전 세계로 범위를 확장할 예정이다. 우버의 이러한 움직임은 우버 커뮤니티에 속한 운전자와 사용자들이 우버를 사용하는 경험 자체가 더 나은 세상을 만드는 일에 기여하는 일이라는 인식을 심어주어 전반적인 우버 플랫폼의 경험에 대한 만족도를 높이는 계기가 될 것으로 보인다.

우버는 사회적 기업으로서의 노력도 다양한 방식으로 추진 중이다. 먼저, 우버는 코로나19라는 예기치 못한 상황에서 우버 커뮤니티 구성원들의 안전을 위해 우버 운전자에게 마스크와 소독제를 무상으로 제공했다. 또한 우버는 코로나19로 경영에 어려움을 겪고 있는 식당들을 위한 기금을 조성하거나, 전 세계에서 다양한 기관들과 협력해 코로나19

---

68   Uber(2020), "Uber 2020 ESG Report"

와 관련된 의료진, 노약자, 어린이를 위해 약 1000만 건의 무료 운행을 제공했다. 2020년 6월 말 기준 54개의 국가에서 약 200개의 기관이 코로나19로 인한 지역 공동체의 위기를 해결하기 위한 우버의 프로젝트에 함께 참여하고 있다.

우버는 기업경영 과정에 다양한 배경을 지닌 사람들이 차별받지 않고 참여할 수 있는 시스템도 구축하고 있다. 가령, 우버는 카탈리스트(Catalyst), 유엔 여성기구(UN Women) 등의 기관으로부터 인사 채용 과정을 포함한 전반적인 경영 과정에 대한 조언을 받고 여성이라는 이유로 기업의 중요 결정 사항에서 배제되는 불합리한 절차를 해소하기 위해 노력하고 있다. 또한 우버는 LGBT(Lesbian, Gay, Bisexual, Transgender), 유색인종, 이민자 등 기업 내에서 차별대우에 노출될 수 있는 구성원들의 커뮤니티를 적극 지원하는 동시에 그들이 공정한 경쟁을 통해 최고의 성과를 도출할 수 있도록 노력하고 있다. 우버가 전 세계에서 운영하는 ERGs(Employee Resource Groups)가 대표적인 예다. ERGs는 일종의 직원 커뮤니티로 공통의 관심사 또는 배경을 가진 직원들이 함께 다양한 의견을 공유하고 보다 포괄적이고 개방적인 기업경영을 위한 교육 등의 지원을 제공하는 프로그램이다. 그 결과, 우버는 업무 환경에서 LGBT의 평등을 평가하는 'Human Rights Campaign 2020 Corporate Equality Index'에서 만점을 받았다.[69]

---

69   Human Rights Campaign Foundation(2020), "Corporate Equality Index 2020"

줌, 어디까지 연결할 것인가?

줌은 사용자의 모든 일상생활을 줌에서 이루어지게 하고 있다. 재택근무를 위한 수요뿐 아니라 일상의 전반적인 활동까지도 말이다. 온라인 예배, 각종 동호회, 결혼식 등에 줌이 동원된다. 국제기구나 각국 정부 간 교류를 위한 국제회의에서도 줌은 가장 흔하게 사용되는 화상회의 플랫폼이다. 줌은 미래의 작업 환경이 가상과 실제 대면을 통해 동시다발적으로 이루어지는 하이브리드 형식으로 전환될 것이라 예상한다. 대규모 무역 박람회, 정상회담, 내부회의, 온라인 강의 등 모든 이벤트가 가상공간에서도 차질 없이 이루어질 수 있어야 한다는 것이다. 줌은 이를 위해 줌 이벤트(Zoom Events)를 출시했고, 향후에는 가상 박람회, 가상 이벤트 제작, 가상현실에서의 기업 정상회담까지 구현하는 것을 목표로 하고 있다. 줌 이벤트에서는 원활한 가상 이벤트 진행을 위한 출석 상태 확인, 티케팅, 설문조사 서비스 등 올인원 플랫폼이 제공된다. 줌 이벤트는 초대장(링크)을 보내야만 화상회의 방에 들어갈 수 있는 기존 방식과 달리, 불특정 다수가 행사명을 검색해서 입장할 수 있도록 했다. 줌 이벤트에서 수용 가능한 인원은 1만 명이 넘는다. 줌은 메타와 협력해 메타버스 기반 회의실도 구현할 예정이다. 메타버스 기반 회의실에서 줌을 통한 회의에 접근할 수 있고, 가상 화이트보드를 사용하는 등 실제 회의 환경을 그대로 구현하기 위한 다양한 기능이 추가될 예정이다. 과연 줌은 어디까지 비대면화하고 연결할 것인가?

자산 관리, 투자 은행에 이르기까지 재무 서비스 역시 줌을 통해 엄청

줌에서 진행되는 온라인 모임
자료: Reuters

난 변화를 겪고 있다. HSBC는 영국에서 줌 모기지(Zoom mortgage)를 이용해 고객이 은행을 직접 방문하지 않더라도 비디오 화상회의를 통해 모기지 대출을 받을 수 있는 서비스를 제공한다. 필요한 서류는 온라인으로 제출하면 된다. 골드만삭스도 대면 미팅 없이 온전히 줌을 통해 소프트뱅크에 29억 달러 규모의 유상증자 서비스를 제공했다. 은행 직원이 전 세계를 돌아다닐 필요 없이 집에서 편안하게 고객을 마주해 예금, 대출, 투자 상담 등을 진행할 수 있게 된 것이다. 향후 줌은 재무 서비스를 포함해 고객과의 접점이 중요한 분야에서 이메일, SNS 등 다양한 디지털 채널을 통해 고객에게 원격으로 상담 등의 서비스를 제공할 수 있는 클라우드 기반의 콜센터를 구축할 예정이다.

온라인 화상회의 서비스로 시작한 줌이 본격적인 플랫폼 전략을 가동하고 있다. 줌 유료 사용자들은 온줌(Onzoom) 서비스를 이용해 줌 플랫폼에서 다양한 온라인 수업을 실시간으로 개최하고 최대 1,000명의 수강생을 모집할 수 있게 되었다. 온줌은 오프라인에서 이루어지던 다양한 이벤트를 온라인으로 전환하는 '온라인 경험'을 강조한다. 요가, 음악, 미술, 요리 등 오프라인 공간에서 원데이 클래스 형태로 이루어지던 수업을 온라인에서 실시간으로 개최해 수익을 창출할 수 있게 된 것이다. 온라인 경험은 단순히 온라인을 통해 상품과 서비스가 소비되던 비대면을 넘어 적극적인 커뮤니케이션이 이루어진다는 점에서 온택트 시대의 모습과 밀접한 연관이 있다. 모든 결제는 페이팔, 신용카드 등 비대면 수단으로 이루어진다.

줌은 화상회의 플랫폼에 다른 인기 앱들을 통합하면서 플랫폼의 영역을 확대하고 있다. 줌의 잽스(Zapps)를 활용하면 화상회의 도중 다양한 앱을 보기 위해 화면을 전환할 필요가 없다. 현재 잽스에는 드롭박스(Dropbox), 슬랙(Slack), 허브스팟(HubSpot), 아사나(Asana) 등 35개 이상의 파트너들이 참여하고 있다. 비즈니스 영역과 관련된 파트너들뿐 아니라 전 세계 유명 대학의 강의를 제공하고 있는 코세라(Coursera), 어린이들을 위한 게임 기반 학습 플랫폼 카훗(Kahoot) 역시 잽스를 지원한다. 사용자는 잽스 플랫폼에서 드롭박스를 활용해 문서를 실시간으로 공유할 수 있으며 아사나를 이용해 팀 프로젝트의 진행 상황을 곧바로 업데이트할 수 있다.

또한 줌은 오픈 API를 활용해 줌 기반 플랫폼에 다양한 스타트업이 참여할 수 있도록 유도하고 있다. 줌은 정기적으로 줌 기반 앱 개발 대회를 열고, 600여 개가 넘는 스타트업들이 해당 대회에 참여해 줌 기반 플

실시간 온라인 클래스가 올라오는 온줌
자료: BBC NEWS

줌에서 잽스를 사용하는 모습
자료: Venture Beat

랫폼을 활용한 다양한 아이디어를 선보이는 행사를 연다. 참여한 기업들 중 도켓(Docket)은 노트 필기 등의 기능을 통해 줌 미팅을 효율적으로 해주는 아이디어를 선보였고 200만 달러의 투자금을 지원받았다. 줌이 가지고 있는 거대한 사용자 기반을 고려하면 향후 스타트업들의 참여는 더욱 가속화될 전망이며, 이를 통해 줌이 차세대 대형 플랫폼으로 성장할 가능성이 있다. 카카오톡이 단순한 메신저 앱으로 시작해 금융의 영역까지 사업을 확대했다는 점을 생각하면 불가능한 일도 아닐 것이다. 카카오톡의 월 이용자 수가 약 5000만 명이고 줌의 일일 사용자가 3억 명이라는 점을 생각해보면 플랫폼으로서 줌의 확장성이 명확히 드러난다.

사용자 친화적 서비스

줌은 경쟁사들의 비대면 커뮤니케이션 플랫폼보다 사용자 친화적(Us-

줌의 가상 배경과 필터를 활용한 사례
자료: Zoom

er-friendly)인 서비스를 제공한다. 가령, 줌은 이모티콘과 손들기 기능 등을 활용해 화상회의의 분위기를 편하게 만드는 동시에 효율적으로 만들었다. 동시다발적으로 마이크를 사용하기 곤란한 상황에서 회의 참가자들은 손들기 기능을 활용해 발언 의사를 표현할 수 있었고 이모티콘을 활용해 간단하게 의사를 표현할 수도 있었다.

팀즈와 웹엑스가 배경화면을 흐리게(blur) 처리하는 수준에 머무른 반면, 줌은 가상 배경(Virtual Background)을 활용해 사용자들이 사생활을 보호할 수 있도록 했다. 코로나19로 재택근무가 증가하면서 개인의 공간이 그대로 화상회의에 노출되는 일이 빈번했다. 이러한 상황에서 고객들은 줌의 가상 배경을 이용해 개인의 사생활을 보호하면서도 평상시처럼 업무를 처리할 수 있었다. 또한 줌은 다양한 필터, 반응, 조명 등 재미 요소들을 추가해 사용자들이 재택근무를 하는 와중에도 더욱 연결되어 있다고 느낄 수 있게 만들었다. 사용자들은 해적 안대, 유니콘 뿔, 강아지 귀 등 재미있는 필터를 활용해 편안한 분위기에서 회의를 진행하면서 효율성을 높일 수 있었다. 줌이 제공하는 배경 소음 억제 기능은 집에서 아이들이 노는 소리, 강아지가 짖는 소리 등의 배경 소음을 최소화해 재택근무를 하면서 발생할 수 있는 문제점도 개선했다. 그 결과, 줌은 일반적으로 경쟁사인 시스코의 웹엑스 보다 좋은 화질과 음성을 제공한다고 평가받고 있다.[70]

유니티,
메타버스 생태계를 구축하다

유니티(Unity)가 현실의 장벽을 허물고 있다. 현실에서 일어나는 많은 일을 디지털 공간으로, 디지털 공간에서 얻은 것들은 다시 현실에 도입한다. 가상과 현실이 서로 시너지를 일으키는 것이다. 유니티를 사용하면 가상의 공간에서 누구나 프로젝트에 참여하고 협력할 수 있다. 인간과 디지털 사물이 상호작용할 수 있는 유니티 메타버스 플랫폼에서는 참여자들이 멀리 떨어져 있어도 실시간으로 대화할 수 있다. 실시간 렌더링은 메타버스 안에 3D 콘텐츠를 구축하고자 하는 기업들의 제작 기간과 비용을 최소화해준다. 2022년 1월 6일 유니티는 현대자동차와 '미래 메타버스 플랫폼 구축 및 로드맵 마련을 위한 전략적 파트너십'을 체결하고 실시간 3D 메타버스 플랫폼에 현실의 스마트팩토리를 그대로

70　DGI(2020), "Zoom vs. Webex: 7 Features to Compare & Consider"

구현한 메타팩토리(Meta-Factory)를 구축하기로 했다. 현실의 모습을 그대로 디지털 세상에 옮겨내는 디지털 트윈을 적용해 공장에 필요한 최적의 운영 여건을 공장을 직접 방문하지 않고도 가상으로 테스트할 수 있을 것으로 기대된다. 유니티는 더 나아가 스마트 제조, 인공지능 훈련 및 연구, 자율주행 시뮬레이션에 대한 실시간 3D 가상 플랫폼을 제공해 현대자동차의 스마트 모빌리티 솔루션 전환을 뒷받침할 예정이다. 유니티가 현대자동차의 메타버스 생태계를 구축하고 있는 것이다.

유니티 시뮬레이션(Unity Simulation)은 가상공간에서 인공지능을 시뮬레이션하고 테스트할 수 있도록 도와준다. 유니티의 클라우드 시스템을 통해 다양한 상황을 가정하면 인공지능을 여러 상황에 노출하고 학습시킬 수 있다. 주목할 점은 미래의 킬러 콘텐츠로 자리 잡은 자율주행 기술 역시 인공지능을 기반으로 하기 때문에 유니티 시뮬레이션을 통해 테스트할 수 있다는 점이다. 현재 폭스바겐과 아우디, 그리고 BMW가 유니티 시뮬레이션을 활용해 빅데이터 기반 자율주행 기술을 가상공간에서 테스트하고 있다.

유니티의 최신 엔진에는 고해상도 그래픽을 구현할 수 있는 렌더 파이프라인과 빛의 작용을 시뮬레이션해 실제와 같은 효과를 얻을 수 있는 레이 트레이싱 등의 기능들이 포함되어 있어 가상공간 자율주행 기술 테스트의 정확도를 높인다. 현실에서도 자율주행 기술의 테스트를 진행할 수 있지만, 시간과 비용이 너무 많이 들고 위험도가 높다. 반면, 가상공간에서는 모든 상황을 가정하고 테스트해볼 수 있다. 시공간의 제약은 사라지고, 어떠한 위험도 동반되지 않는다. 더욱이 인공지능이 미래 산업의 중심으로 부상한다는 점을 고려하면, 유니티 시뮬레이션이 활용되지 못할 분야는 없다. 유니티 시스템 그래프(System Graph)를 사용하면 로드 그래프 방식으로 시스템을 제어하고 테스트할 수 있어 유니티 메타버스 플랫폼에 익숙하지 않은 기업들도 간단하게 유니티 시뮬레이션 프로그램을 활용해볼 수 있다.

로봇 청소기, 보행 로봇, 로봇 배송 등을 개발하는 수많은 기업이 유니티 로보틱스 패키지를 통해 인공지능 기술과 로봇 공학을 테스트하고 있다. 자율주행 기술은 물론 움직이는 모든 것들이 유니티 가상공간에서 가상 데이터를 활용해 개발되고 있는 것이다. 유니티 로보틱스 패키지는 로봇 운영체제(ROS)와 유니티 플랫폼이 실시간으로 소통할 수 있는 환경을 만들어 스스로 움직이는 로봇을 가상공간에서 테스트할 수 있게 한다.

유니티는 영상 인식에도 활용될 수 있다. 유니티 퍼셉션(Unity Perception)은 촬영된 이미지나 동영상을 컴퓨터 비전 기술을 활용해 무엇인지 구별해낸다. 이는 머신러닝이 기반이 되어야 하므로 많은 학습이 필요하다. 이를 위해서는 유니티의 머신러닝 에이전트를 사용하면 된다. 유니티 머신러닝 에이전트의 기본 개념은 반복을 통한 강화학습이다. 특정한 상황을 만들어놓고 기계에게 행동할 것을 명령한다. 알고리즘이 정해진 대로 행동하면 보상을, 반대의 경우에는 벌점을 반복해 부여하면 알고리즘이 스스로 학습할 수 있다. 일일이 코딩을 통해 이루어졌던 과정들이 가상공간에서 인공지능이 스스로 학습하는 과정으로 전환된 것이다. 유니티는 알고리즘 샘플과 커리큘럼을 제공해 경험이 없는 개

Video Analytics towards Vision Zero 프로젝트
자료: 유니티

발자들도 인공지능을 활용할 수 있게 만들고 있다.

유니티는 미국 워싱턴주에 있는 벨뷰시에서 교통사고 사상자 수를 줄이는 Video Analytics towards Vision Zero 프로젝트를 진행한다. 해당 프로젝트를 위해 유니티 퍼셉션이 활용되고 있다. 이 사업의 주된 목표는 도시의 수많은 도로에 배치된 카메라로 촬영된 동영상을 통해 보행자, 자동차, 자전거 등을 식별하고 위험한 상황을 사전에 감지하는 것이다. 이러한 데이터는 향후 횡단보도 재설계, 신호 시간 조정 등 안전 조치를 위한 토대로 사용되고, 그 결과 교통사고로 인한 사망자나 중상 자를 줄일 수 있다. 안개, 태양의 위치, 비와 눈 등 기상 이변이 있는 날도 유니티 퍼셉션의 컴퓨터 비전과 인공지능 기술을 활용하면 정확한 분석 이 가능하다.

유니티는 더욱 다양한 기능을 메타버스 플랫폼에 추가하기 위해 3D

데이터 최적화 소프트웨어 개발사인 메타버스테크놀로지, 식물 모델링 소프트웨어 개발사인 IDV, 스트리밍 소프트웨어 개발사 파섹 등을 인수하고 있다. 적극적인 인수합병을 통해 유니티는 3D 모델링, 실사 텍스처 렌더링, 원격 소프트웨어 등 관련 핵심 유망 기술 확보하고 있고, 유니티 플랫폼 활용의 범위는 건축, 영화, 자동차, 제조업 등으로 빠르게 확대되고 있다.

유니티의 3D 렌더링 엔진은 특히 건축 분야에서 활발하게 활용되고 있다. AR/VR 기능을 사용한 건축 도면 3D 랜더링 소프트웨어 유니티 리플렉트(Unity Reflect)는 현실과 동일한 조건의 가상공간을 제공하고 관련된 빅데이터를 실시간으로 플랫폼 업데이트에 반영한다. 현실의 마찰이나 중력과 같은 물리법칙이 가상공간에서도 동일하게 적용될 정도다. 그 결과, 건축 회사들은 유니티 리플렉트와 AR/VR 기술을 사용해 엔지니어링 과정과 건설 설계를 사전에 경험해볼 수 있다. 뉴욕 맨하튼에 위치한 건축 회사인 숍아키텍츠(SHoP Architects)는 뉴욕 브루클린에 고층 빌딩을 건설하기 전 유니티 리플렉트를 활용했다.[71] 세계 최대의 건설 회사 중 하나인 덴마크의 스칸스카(Skanska) 역시 유니티 리플렉트와 VR 장비를 활용하고 있다. 스칸스카는 유니티 플랫폼을 통해 근로자들이 건설 현장을 사전에 경험하게 함으로써 건설 현장의 안전과 업무 효율성을 높이고 있다.

---

71 The Architect's Newspaper(2019), "Unity creates new open source tool just for architects with Reflect"

유니티 리플렉트를 활용한 건축 설계
자료: AECMEGAZINE(2019)

스칸스카의 가상 건설 현장 구축
자료: 유니티

혼다의 판매 컨피규레이터
자료: 유니티

폭스바겐의 가상 제조 훈련 과정
자료: 유니티

혼다, 폭스바겐, 삼성중공업 등의 글로벌 제조업체들은 3D 이커머스 쇼룸을 만들게 도와주는 소프트웨어인 유니티 포마(Unity Forma)와 유니티 컴퓨터 비전(Unity Computer Vision)을 사용해 제조공정을 가상으로 시험하기도 하며 완성된 제품을 고객들이 가상세계에서 간접적으로 경험할 수 있도록 만들고 있다. 혼다는 제품의 구체적 사양 등을 체험해 볼 수 있는 시뮬레이션 도구인 판매 컨피규레이터(Sales Configurator)를 구축하기 위해 유니티 플랫폼을 이용했다. 고객들은 온라인상에 구현된 가상공간에서 혼다 자동차의 내·외관 색상, 타이어 디자인 등을 사전에 선택해 취향에 맞게 구성할 수 있으며 해당 자동차가 도로 위를 운전하는 모습도 간접적으로 경험할 수 있다. 폭스바겐 역시 유니티의 플랫폼을 활용해 전기 등이 사용되어 위험이 수반되는 제조 과정을 가상공간에서 훈련할 수 있는 시스템을 구축했다. 삼성중공업은 유니티코리아와 협업해 기존의 2D 선체 도면을 3D 모델링과 시뮬레이션으로 대체해 태블릿PC 등을 이용해 간편하게 확인할 수 있도록 만드는 동시에 선체 가상 조립 개발을 내재화하고 있다. 유니티가 제조공정의 모든 것을 메타버스라는 가상공간 안에 디지털화된 형태로 전환하고 있는 것이다.

유니티의 AR/VR 앱 개발 도구인 유니티 마스(Unity Mars)를 활용하면 실제 환경과 센서 데이터를 결합한 디지털 콘텐츠를 제작할 수 있다. 상시 작동하는 쿼리 시스템을 활용하면 사용자 주변 환경의 맥락을 유니티 마스에 어떠한 제약 없이 복제할 수 있다. 코드를 작성하는 대신, 콘텐츠를 뷰어로 직접 드래그하면 실제 데이터와 오브젝트가 동일하게 유니티 마스 앱에서 구현된다. 적합한 프록시와 조건은 자동적으로 생

유니티 마스 적용 사례
자료: 유니티

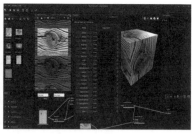

유니티 아트엔진 적용 사례
자료: 유니티

성된다. 유니티의 학습 플랫폼인 유니티 런(Unity Learn)에서 제공되는 무료 온라인 교육과 스타터 템플릿을 활용하면 유니티 마스를 더욱 효과적으로 사용할 수 있다. 극사실주의 3D 디자인 도구인 유니티 아트엔진(Unity ArtEngine)은 인공지능 알고리즘을 사용해 3D 아트 콘텐츠를 제작하는 툴이다. 유니티 아트엔진은 실제 리소스를 스캔한 데이터를 바탕으로 3D 모델링을 진행할 수 있어 신속한 커스텀 디자인이 가능하다.

스포티파이, '나'도 모르는 것을 알고 있다

'이 음악 너무 좋은데?' 우연히 방문한 장소에서 흘러나오는 음악에 매료된 경험은 누구나 있을 것이다. 기호에 맞는 음악을 새롭게 발견하는 경험은 언제나 즐겁다. 음악을 통해 나의 또 다른 정체성(identity)을 찾는 기분이다. 물론 흔한 경험은 아니다. 세계에는 너무나 많은 음악이 있으니 말이다.

스포티파이(Spotify)는 음악을 통해 새로운 정체성을 발견하는 경험을 24시간 제공한다. 무료 이용자를 포함한 3억 5000만 명이 넘는 청취자가 매일 만들어내는 5000억 건의 유저 데이터와 7000만 곡 이상의 노래, 40억 개 이상의 플레이리스트가 스포티파이의 고도화된 알고리즘과 결합해 음악 스트리밍 서비스 역사상 전례 없는 음악 발견의 '경험'을 제공한다. 스포티파이의 음악 전문 큐레이터들은 알고리즘과 이미 존재하는 곡을 기반으로 만들어진 플레이리스트에 새롭게 나오는 음원을 끊임없이 매칭시킨다. 스포티파이의 Made For You 기능은 이용자의 기분과 관심에 따라 음악과

스포티파이의 한국 광고 문구
자료 : 스포티파이

팟캐스트를 추천해준다. 이용자는 새로운 음악을 경험하기 위해 힘들게 시간과 에너지를 소모할 필요가 없는 것이다. 스포티파이가 '나'의 음악 정체성을 더 잘 알고 있으니 믿고 맡기면 된다. 나의 취향이 반영된 플레이리스트는 SNS를 통해 공유할 수도 있다. 유명 인사들의 재생 목록도 들여다볼 수 있다.

스포티파이가 초맞춤화(Hyper-Customization) 전략을 앞세워 한국 시장에 진출하면서, 국내의 음원 스트리밍 서비스 기업들도 뒤늦게 데이터 기반 사용자 맞춤 추천 콘텐츠 생성과 제공에 모든 힘을 쏟고 있다. 네이버는 기존 음원 서비스 네이버 뮤직을 음악추천 서비스 바이브 (Vive)와 결합하였으며, SKT도 인공지능 기반의 음악추천 기능을 강조하며 자사의 음원 서비스 플로(FLO)를 홍보하고 있다. 바이브와 플로 모두 사용자가 자주 듣는 곡의 구조, 소리의 패턴 등을 파악해 사용자 맞춤 음악추천 서비스를 제공한다. 카카오와 멜론은 음악을 듣는 장소, 분위기에 적합한 음악을 추천해주는 한편, 운동의 강도와 속도에 맞게 들을

수 있는 음악도 추천한다. 그러나 이미 축적된 데이터 양의 차이를 극복하기란 좀처럼 쉽지 않다. 스포티파이는 이미 서비스 이용 시간대, 음악 청취 순서, 음원 발매일 등 세세한 요소들을 반영하는 수준에까지 이르렀다.

스포티파이의 막대한 데이터와 알고리즘이 청취자에게는 음악을 즐기고 영감을 얻을 계기를 제공했다면, 전 세계 아티스트에게는 창작활동을 영위할 수 있는 새로운 기회를 부여하고 있다. 스포티파이의 아티스트 전용 플랫폼인 스포티파이 포 아티스트(Spotify for Artists)는 실시간으로 전 세계 국가, 도시, 성별, 나이 등 세분화된 데이터를 아티스트에게 제공해준다. 이를 통해 무명의 아티스트도 실시간으로 자신의 음원이 어떻게 소비되는지 확인할 수 있다. 어떤 취향을 가진 고객이 자신의 노래를 즐겨 듣는지 빠르게 알 수 있는 것이다. 인스타그램 스토리와 유사한 기능을 하는 스포티파이 클립(Spotify Clips)을 사용하면 짧은 영상으로 신곡을 홍보할 수 있을 뿐 아니라, 팬과 연결되는 커뮤니티를 형성할 수도 있다. 글로벌 음원 산업의 수평화(democratization)다. 청취자들은 끊임없이 자신의 취향에 맞는 독창적인 음악을 발견할 수 있으니 일석이조다. 그 결과 무료 이용이 가능함에도 불구하고 스포티파이의 유료 구독자 수는 꾸준히 증가해 2021년 3분기 기준 1억 7200만 명에 달한다.

스포티파이의 초맞춤화 전략은 적극적인 연구개발을 통해 이루어진다. 오디오 음원 업계의 연구개발센터라는 평을 들을 정도다. 스포티파이가 2021년 오디오 부문 연구개발 비용으로 사용한 금액은 2020년에 이어 1조 원을 훌쩍 넘어설 것으로 추정된다. 2021년 3분기에만 연

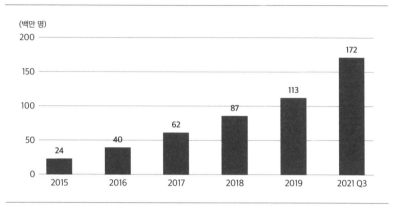

스포티파이 유료 구독자 수 추이

(백만 명)

자료: Statista

구개발 비용으로 약 9100억 원을 쏟아부었다. 스포티파이의 연구 분야에는 오디오 지능(Audio intelligence), 인간과 컴퓨터 간의 상호작용(Human-Computer interaction), 유저 모델링(User Modelling) 등 음악 산업과 연계되는 다양한 기술이 포함된다. 스포티파이는 정보 검색 및 자연어 처리 분야의 국제 학술대회인 WSDM(Web Search and Data Mining) 등 전 세계의 각종 권위 있는 학회에 연구 결과를 발표하기도 한다.

인공지능 스피커의 발전으로 언제 어디서든 청취하고 편하게 소통할 수 있는 오디오 콘텐츠의 중요성이 높아지면서 스포티파이는 음악 스트리밍에서 오디오 스트리밍 플랫폼으로 사업 영역을 확대할 계획이다. 글로벌투자은행 UBS에 따르면 세계 팟캐스트 시장은 2019년 기준 9.9억 달러에서 2024년 기준 26.6억 달러까지 성장할 전망이다. 2019년 256억 원에 불과했던 국내 오디오 콘텐츠 시장 역시 2024년에는 1115

세계 팟캐스트 시장 전망

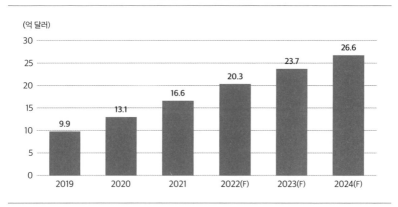

(억 달러)

연도	값
2019	9.9
2020	13.1
2021	16.6
2022(F)	20.3
2023(F)	23.7
2024(F)	26.6

자료: UBS

국내 오디오 콘텐츠 시장 전망

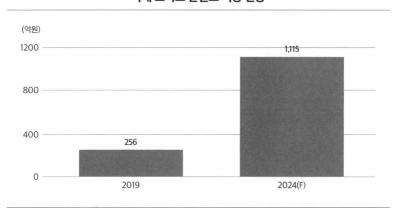

(억원)

연도	값
2019	256
2024(F)	1,115

자료: Statista

억 원까지 성장할 것으로 예상된다.

　빠르게 성장하는 오디오 콘텐츠 시장에서 스포티파이가 오디오 콘텐츠 시장의 융합 트렌드를 주도하며 음악, 팟캐스트, 오디오북, 소셜 오디오 등의 서비스 간 경계를 허물고 있다. 특히 스포티파이 오디오 스트리밍 플랫폼 전략의 중심에는 팟캐스트가 있다. 인문, 교육, 예술 등 다양한 주제의 음성 콘텐츠가 스포티파이 팟캐스트에 담기고 있다. 스포티파이의 팟캐스트 확장 전략은 적극적인 인수합병을 통해 이루어진다. 스포티파이는 2021년 12월 17일 호주 팟캐스트 기술 플랫폼인 후슈카(whooshkaa), 2020년 11월 11일에는 팟캐스트 광고 플랫폼 메가폰(MegaPhone)을 인수했다. 이외에도 스포츠 미디어 기업 더 링거(The linger), 팟캐스트 미리보기 클립 제작 스타트업 팟즈(Podz)를 인수하며 청취자들이 더욱 편리하고 쉽게 취향에 맞는 팟캐스트 콘텐츠를 발견할 수 있는 플랫폼을 구축했다.

음악 업계 전문가들이나 유명 아티스트가 참여하는 오리지널 팟캐스트 콘텐츠는 스포티파이의 최대 강점이다. Music+Talk 기능을 사용하면 팟캐스트에 음악을 넣을 수도 있다. 각 에피소드에 새로운 노래 및 스토리와 관련된 곡을 삽입해 음악이 있는 팟캐스트가 가능해진 것이다. 개별 팟캐스트 주요 이용자들의 데이터를 기반으로 취향에 맞는 음악을 삽입하는 서비스가 가능해지면서 스포티파이 팟캐스트를 이용하는 경험이 더욱 다채로워지고 있다. 아마존의 음성인식 인공지능 스피커 알렉사, 구글의 인공지능 스피커 네스트 등을 사용하면 음성만으로 취향에 맞는 스포티파이 팟캐스트 콘텐츠를 즐길 수 있어 재미에 편리함까지 더해진다.

스포티파이의 팟캐스트는 어떠한 형태의 제약도 없다. 스포티파이의 알고리즘은 이용자의 취향에 맞는 팟캐스트 콘텐츠를 추천해주어 기존

TV나 라디오 방송과는 차별화된 즐거움을 선사한다. 기존의 미디어 콘텐츠가 고객의 취향과는 상관없는 일방적인 소통에 불과했다면, 스포티파이의 팟캐스트는 철저히 이용자 취향을 반영하는 쌍방향적인 소통을 지향한다. 팟캐스트 안에 비디오 스토리텔링을 포함하고, 여론조사, Q&A와 같은 실시간 소통을 가능하게 만드는 Video Podcast & Real Time Interactive 기능은 크리에이터와 청취자들의 더욱 밀도 있는 관계 형성을 가능하게 한다. 다양성을 목표로 신생 팟캐스트를 지원하는 Spotify SoundUp 프로그램은 모든 이용자 취향에 맞는 팟캐스트 콘텐츠 제작 환경을 구축한다. 스포티파이 팟캐스트 플랫폼에서는 어떤 이용자의 취향도 배제되지 않는다.

비대면화된 만남과 커뮤니케이션이 일상이 되면서 실시간 음성 채팅 시장이 중요한 오디오 콘텐츠로 성장하고 있다. 라이브 오디오 시장이다. 스포티파이는 라이브 오디오 앱인 락커룸의 개발사 베티랩스를 인수하며 라이브 오디오 시장을 장악하기 위한 움직임에 나서고 있다. 락커룸은 스포츠 전문가와 팬들이 경기가 끝난 후 관련 대화를 나누는 앱이다.

스포티파이는 클럽하우스와 유사한 음성 기반 소셜 플랫폼인 그린룸도 운영한다. 이용자들은 다양한 주제를 다루는 방에 참여해 실시간으로 대화를 나눌 수 있다. 팟캐스트를 제공하는 크리에이터들도 그린룸을 이용해 팬들과 직접 소통할 수 있다. 스포티파이와 연계된 오디오북 서비스는 그린룸의 주제를 더욱 다채롭게 만든다. 오디오북 콘텐츠를 소비하고 관련 대화를 그린룸에서 실시간으로 나눌 수 있는 것이다. 스포티파이는 오디오북 구독 서비스인 스토리텔(Storytel) 사용자가 계정을 스포티파이에 연결해 스포티파이 플랫폼에서 오디오북을 듣는 걸 허용한 데 이어, 2021년 12월 12일에는 디지털 오디오북 서비스 및 유통 회사인 파인드어웨이(Findaway) 인수 계획을 발표했다. 스포티파이가 단순히 서비스 제공 영역과 콘텐츠 라인업을 확대하는 것이 아닌 오디오 서비스 간의 시너지를 추구하며 스포티파이의 오디오 스트리밍 플랫폼 구축을 가속화하는 모습이다.

스포티파이는 이렇게 구축한 오디오 스트리밍 플랫폼을 기반으로 동영상 사업을 포함한 오리지널 콘텐츠 제작에 더욱 박차를 가할 것으로 보인다. 자율주행차 시대가 도래하면 자동차 안에서 동영상 콘텐츠 소비가 늘어날 전망이기 때문이다. 기존에는 도로 위 다양한 상황에 집중해야 하는 운전자에게 오디오 콘텐츠가 안전성과 즐거움을 동시에 담보할 수 있는 유일한 콘텐츠였다면, 앞으로는 오디오 콘텐츠와 함께 영상 콘텐츠를 자동차 안에서 즐길 수 있게 되는 것이다.

스포티파이는 2020년 9월 〈포드 v 페라리〉 등을 제작한 영화사 처넌 엔터테인먼트(Chernin Entertainment)와 오리지널 팟캐스트 기반 동영상 제작을 위한 제휴를 체결했고, 2021년 9월에는 비아컴CBS(ViacomCBS) 산하 OTT 서비스인 파라마운트플러스(Paramount+)에서 오리지널 콘텐츠 제작 담당 수석 부사장으로 일하던 줄리 맥너마라(Julie McNamara)를 미국 스튜디오 및 동영상 사업 담당 최고책임자로 영입했다. 맥너마라를 영입하고 두 달이 지난 11월에는 음악과 함께 3~8초짜리 짧은 비디오를 재생하게 만드는 버티컬 동영상 피드라는 새로운 서비스를 테스트하고 있는 것으로 밝혀졌다. 좋아하는 영상에는 하트를 누를 수 있고, 선곡 정보도 받아볼 수 있다. 향후 해당 서비스가 출시된다면 이용자들이 비디오 영상에 보낸 하트 등이 데이터로 기록되어 비슷한 형식의 노래를 추천해주는 서비스와 연동되는 방식 등이 사용될 것으로 보인다.

이렇게 구축된 스포티파이의 원 소스 멀티 유즈(one source multi use) 전략은 수익 창출로 이어진다. 다양한 오디오 및 비디오 콘텐츠 소비를 원하는 고객들이 스포티파이 플랫폼에 락인되는 기간이 길어지면 더욱 방대한 고객 데이터가 쌓인다. 스포티파이의 초맞춤화 전략이 강화되고 유료 구독자가 증가하면 광고에 기반한 스포티파이 수익모델에 긍정적인 영향을 준다. 스포티파이 플랫폼에 비용을 지불하고 자사의 상품과 서비스를 노출하고 싶어 하는 광고주가 증가하기 때문이다. 스포티파이는 팟캐스트를 스트리밍으로 전환하면서 음악 스트리밍 서비스의 수익모델을 팟캐스트에도 그대로 적용하고 있다. 스포티파이는 스트리밍 팟캐스트를 통해 구축한 광고 생태계인 Spotify Audience Network를 오디오북, 비디오클립 등 다양한 동영상 콘텐츠와 연계해 향후 성장 가능성이 높다고 평가되는 디지털 오디오 광고 시장을 선점할 계획이다. 스포티파이가 스트리밍 서비스에 광고를 삽입하는 도구로 사용하고 있는 Streaming Ad Insertion(SAI)를 활용하면 광고주들은 스포티파이의 온·오프라인 광고를 동시에 구입하고, 팟캐스트를 제작하는 크리에이터들에게 더 많은 광고를 제공할 수 있다. 스포티파이의 광고 단순화 도구인 Spotify Ad Studio는 광고주들에게 실시간 광고 성과에 대한 데이터 공유까지 해준다.

PART 2

6대 파괴적 물결,
파괴할 것인가?
파괴될 것인가?

초가속 경제, 피할 수 없는 물결

초가속 경제, 어제의 '혁신'은 오늘의 '옛것'이 된다. 기업이 아니라 소비자가 초가속 경제의 주인으로 거듭나고 있다. 그들은 기업과 정부가 정해놓은 방식에 수긍하는 것이 아니라 소비의 '표준'을 재정립하면서 비즈니스 생태계의 변화를 이끌고 있다. 소비자는 데이터를 사용할 수 있도록 허용하는 대신 그에 맞는 적절하고 효율적인 생산과 분배 방식을 요구한다. 이러한 변화를 받아들인 국가와 기업은 폭발적으로 성장해 글로벌 비즈니스 시장을 집어삼키고 있고, 반대로 새로운 디지털 경제에 대한 막연한 두려움으로 변화를 수용하지 않은 기업과 국가는 도태되고 있다.

이제는 노키아가 아니라 애플의 시대이며, 블록버스터가 아니라 넷플릭스의 시대다. 심지어 초가속 시대를 최전선에서 이끄는 아마존의 창업자 겸 최고경영자인 제프 베이조스(Jeff Bezos)마저 "오늘날 기업의 수명은 고작 30년에 불과하다. 아마존 역시 언젠가 망한다."라고 이야기한다. 전 세계에서 가장 빠르게 변화를 수용하며 디지털 경제의 리더로 거듭난 아마존의 수장마저 이러한 이야기를 하는 와중에 변화 자체를 거부하는 기업과 국가가 앞으로 다가올 초가속 시대에서 생존할 수 있을까? 이미 세계에서 가장 성공적인 업적을 이룬 기업들은 모두 디지털 문명을 받아들였다. 이제 가만히 있는 것은 '안정'이 아니라 '도태'되는 것이다.

아날로그에서 디지털 경제로의 전환은 6가지 방향으로 전개된다. 이

6대 파괴적 물결

	아날로그 경제		디지털 경제
비대면화	대면 서비스		비대면 서비스
탈경계화	산업 간 경계 뚜렷	Digital Transformation	산업 간 경계 모호
초맞춤화	맞춤 서비스의 한계		극도의 맞춤 서비스
서비스화	제품 중심		서비스 중심
실시간화	지체·경과된 대응		실시간 커뮤니케이션
초실감화	판매 후 경험		경험 후 판매

른바 6대 파괴적 물결(Six Destructive Waves)이다. 비대면화(Untact), 탈경계화(Borderless), 초맞춤화(Hyper-Customization), 서비스화(Servitization), 실시간화(Real Time), 초실감화(User Experience, UX)가 그것이다. 단, 디지털 트랜스포메이션으로 질서를 바꾼 파괴적 사례들을 살펴보면, 이 6가지 물결이 독립적이지만은 않다. 한두 가지가 더 두드러지게 나타나고 중심이 될 수는 있으나 다른 물결을 배제하지는 않는다. 6대 파괴적 물결을 모르고 디지털 경제를 살아갈 수는 없다. 먼 미래를 위한 선택의 문제가 아니다. 당장 내일의 생존이 걸린 문제다. 6대 파괴적 물결을 외면한 기업의 상품과 서비스는 한순간에 낡고 재미없는 것으로 전락한다. 두려움으로 변화를 머뭇거리는 순간 이미 늦었다. 소비자들은 언제든 돌아설 준비가 되어 있다. 규모의 경제가 아닌 속도의 경제가 다가온다.

비대면화

단 이틀이면 인공지능 로봇이 스스로 학습해 전문 요리사의 손맛을 재현한다. 모든 맛은 분자 단위로 수치화된다. 전문 레스토랑과 다름이 없다. 가까운 미래에 레스토랑을 방문하면 사람이 아니라 로봇 요리사들이 즐비하게 배치된 모습을 볼 수 있을지도 모르겠다. 국내의 스타트업 비욘드허니컴이 CES 2022에서 선보인 인공지능 로봇 조리사의 이야기다. 같은 행사에서 일본 기업 요카이익스프레스는 우동, 라면, 덮밥 등 10여 가지 요리를 빠르게 조리해 내놓는 자판기를 선보였다. 냉동 상태로 보관하던 재료를 자판기가 빠르게 조리해 내보낸다. 종업원과 요리사가 없어도 자판기를 놓을 수 있는 모든 공간이 식당이 된다. 비욘드허니컴의 인공지능 조리사와 요카이익스프레스의 요리 자판기는 음식을 즐기는 모든 과정에서 사람과 사람의 접촉이 점차 줄어들 수 있음을 보

비욘드허니컴의 AI 로봇 조리사
자료: 헤럴드경제

요카이익스프레스의 자판기
자료: 헤럴드경제

여준다. 비대면화(Untact)다. 'Untact'란 접촉을 의미하는 'Contact'에 반대를 의미하는 'Un'이 결합한 단어로, 모든 사회·경제 활동에서 사람과 사람의 만남이 비대면 기술로 대체되는 현상을 의미한다.

비대면화로 소비 과정에서도 사람을 만날 일이 점점 줄어들 것이다. 물건을 사기 위해 더 이상 쇼핑센터나 백화점을 방문하지 않는다. 대신에 잠들기 전 침대에 누워 스마트폰으로 물건을 구매하면 다음 날 아침 문 앞에 택배가 도착한다. 신선식품도 예외는 아니다. 기업들은 앞다투어 새벽배송이라는 이름을 내걸고 빠른 배송을 약속한다. 라스트마일 배송 기술이 발전하면서 택배기사를 대면할 필요도 없어진다. 소비의 디지털화는 생필품에 국한되지 않는다. 자동차를 구매하기 전 시승을 원한다면 집 앞까지 자동차를 배송해주는 시대다. 자동차 구매도 비대면화된 형태로 진행된다. BMW는 향후 전면적인 온라인 판매를 목표로 온라인 판매 횟수를 점차 확대할 계획이다. 어떤 형태의 물건을 구매하든, 사람을 만날 필요가 없어지는 것이다.

택시를 타지만 노선과 결제에 대해 기사와 이야기하지 않는다. 자율주행 기술을 적용한 로보택시가 기사가 없어도 이용자들을 목적지까지 데려다주는 모습이 가까운 시일 내에 상용화될 것이다. 생체인식 기술을 활용하면 혼자서도 택시의 문을 열 수 있다. 집을 알아볼 때도 집주인이나 공인중개사를 만날 필요가 없다. 가상현실 기술의 발달로 집을 직접 찾아가서 사람의 설명을 듣지 않아도 집안 곳곳을 원격으로 실감나게 확인해볼 수 있다. 메타버스 기술과 디지털 트윈이 발전하면서 더욱 실감나는 집 투어가 가능해질 것이다. 자산관리사가 없어도 스마트폰만 있다면 재산, 투자성향, 투자목표 등을 파악해 얼굴도 모르는 누군가가 적절히 투자해준다.

비대면화는 일터에서도 일상이 되었다. 코로나19 이전에는 일하기 위해서 반드시 사무실로 출근해야 한다고 생각했다. 직접 사람을 만나 대화하고 일을 처리해야만 정상적으로 일이 진행될 것이라 믿었다. 이러한 믿음이 무너지기까지는 긴 시간이 필요하지 않았다. 코로나19가 앞당긴 비대면화 시대는 우리가 일하는 방식을 근본적으로 변화시키고 있다. 시간과 장소의 제약 없이 유연하게 근무하는 '스마트워크(smart work)'가 일하는 방식의 표준이 되었다. 코로나19 이후에도 디지털 HR 플랫폼과 가상현실 기술의 발전으로 정상 출퇴근과 재택근무가 혼합된 하이브리드(hybrid) 근무가 보편화되면서 사람과 직접적인 접촉 없이

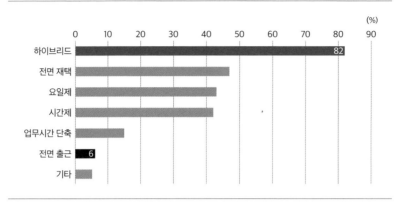

코로나19 이후의 근무 체제

(%)

하이브리드 **82**
전면 재택
요일제
시간제
업무시간 단축
전면 출근 **6**
기타

자료: Gartner

일하게 될 것이다. 시장조사업체 가트너(Gartner)가 미국의 주요 기업 경영진들을 상대로 한 설문조사에 따르면, 기업 임원 80% 이상이 일부 시간이라도 재택근무를 허용하는 하이브리드 근무 체제를 코로나19가 끝난 이후에도 도입할 것이라고 답했다.

해외에 비해서 스마트워크 도입에 소극적이던 한국 기업들 역시 코로나19 이후 대다수가 재택근무를 시작했다. SKT는 2020년 4월 6일부터 팀별·지역별 자율적 재택근무를 시행했으며, 넷마블 역시 2020년 4월 20일부터 주 3일 출근, 주 2일 재택근무 체제를 시작했다. 코로나19로 어쩔 수 없이 도입한 재택근무지만 조직 구성원들의 만족도가 높아 국내 기업들도 코로나19 이후의 일상을 준비하기 위해 하이브리드 근무체제 도입을 서두를 것으로 보인다. 이를 위해 대인 접촉이 필요한 회의, 세미나, 사내 교육 등의 활동에 비대면화된 업무방식이 도입되고 있다. 팀즈, 슬랙 등의 협업 프로그램과 줌 등의 화상회의 솔루션이 대표적인 예다. 마이크로소프트, 메타를 중심으로 가상세계에서도 업무를 위한 협업 도구가 개발되고 있어 사람을 직접 대면하고 일하는 방식은 점차 낡은 것이 될 것으로 보인다.

비대면화 특성을 가장 잘 보여주는 곳 중 하나가 금융 산업이다. 전통적으로 본인 인증이 무엇보다 중요해 대면 업무 형태로 지속되리라 예상했던 금융업에서 오히려 비대면화가 빠르게 진행되고 있다. 은행권은 물론이고 증권사와 같은 전통적인 금융 투자업계는 2022년의 핵심 키워드로 하나 같이 '디지털 전환'을 꼽는다. 은행, 보험, 증권, 카드 등 산업별로 진행되고 있는 비대면 금융 플랫폼 구축 움직임이 금융권의 비대면화 흐름을 정확히 반영한다. 은행들은 챗봇과 로보어드바이저 도입 등을 통해 비대면 금융 서비스를 확대하고 있다. 보험의 경우 디지털 보험 플랫폼을 구축해 수요자 중심의 보험상품 비교 및 추천을 제공하고 있다. 증권계에서는 비대면 증권계좌 개설과 블록체인 기반 인증 플랫

주요 유형별 비대면 금융 플랫폼

구분	주요 사례
은행	은행권 오픈 플랫폼(Open API), 인터넷 전문은행 챗봇, 로보어드바이저 등
보험	보험상품 비교 플랫폼, 보험상품 추천 플랫폼, 보험판매 유통 플랫폼, 크라우드 보험 플랫폼 등
증권	비대면 증권계좌 개설 플랫폼, 블록체인 기반 인증 플랫폼 등
카드	비접촉식 결제, 간편결제 앱, 모바일 POS, 클라우드 기반 결제, 가상화폐, 구매단계 통합 등

자료: 삼정KPMG 연구원

폼을 구축하고 있으며, 카드 산업의 경우 다양한 간편결제 플랫폼들이 확대되고 있다.

로봇이 나를 대신해 투자해준다

로보어드바이저란 로봇(robot)과 투자전문가(advisor)의 합성어로, 알고리즘을 활용해 고객의 정보(재정상황, 투자성향)를 분석하고, 그 결과를 바탕으로 재무 자문을 제공하는 서비스를 말한다. 자산관리 서비스가 사람과 사람 사이에 이뤄지지 않고 사람과 로봇이 만나 이뤄지는 현실을 그대로 보여주는 말이다. 로보어드바이저는 인공지능이 웹 또는 모바일 플랫폼을 기반으로 자산관리를 제공하기 때문에 시간과 장소에 상관없이 고객이 편한 곳에서 가입하거나 투자 상담이 가능하다는 장점이 있다.

로보어드바이저가 빠르게 성장하고 있는 이유는 핀테크 기술의 급속한 발전과 디지털 채널을 통한 비대면 투자 니즈가 증가하면서 기존의 투자 지형이 변화하고 있기 때문이다. 과거 고액자산가에 한정되어 있던 투자에 대한 수요가 밀레니얼 세대를 중심으로 확대되면서 디지털 기반 자산관리 서비스인 웰스테크(wealth+technology)가 중요한 투자 방식으로 부상하고 있다. 2020년 말 웰스테크를 활용한 자산관리 규모는 약 9874억 달러 수준이며, 5년 후인 2024년에는 약 2조 5000억 달러까지 크게 성장할 것으로 전망된다.[1]

---

1   금융투자협회(2020), "디지털 자산관리(웰스테크)의 글로벌 트렌드 및 사례조사"

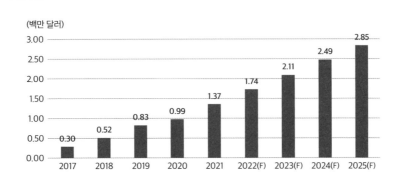

세계 로보어드바이저 운영 자산 현황 및 전망

(백만 달러)

연도	값
2017	0.30
2018	0.52
2019	0.83
2020	0.99
2021	1.37
2022(F)	1.74
2023(F)	2.11
2024(F)	2.49
2025(F)	2.85

자료: Statista

로보어드바이저는 미국을 중심으로 급격하게 성장하며 자산관리의 대중화를 이끌고 있다. 미국 노동부가 2011년부터 컴퓨터 소프트웨어를 이용한 투자자문사도 퇴직연금 수탁자 범위에 포함하면서 로보어드바이저 도입 초기에 주로 자산관리에 한정되어 있던 시장의 범위가 퇴직연금 관리시장으로 확대되는 계기가 마련되었다. 규제 완화로 로보어드바이저 시장의 규모가 급격하게 확대되면서 골드만삭스와 뱅가드, 찰스슈왑 등의 미국 대형 금융사들이 빠른 속도로 로보어드바이저 시장에 진출했다. 2025년 세계 로보어드바이저 시장 규모는 2조 8454억 달러까지 급격히 성장할 것으로 예상된다.

국내에서도 로보어드바이저 시장은 빠르게 성장하고 있다. 국내에서 처음으로 로보어드바이저 테스트베드(testbed)가 실시된 것은 2016년 9월이다. 이후 순수 로보어드바이저 기술 회사는 물론이고 다수의

국내 로보어드바이저 서비스 가입자 수

(단위: 명)

	2018년	2019년	2020년	2021년
증권사	6,023	6,928	6,384	1,107
자산운용사	17	2,036	21,662	56,220
투자자문사	1,002	4,928	63,216	138,103
은행	50,828	121,404	187,400	227,282
합계	57,870	135,296	278,662	422,712

자료: 로보어드바이저 테스트베드 사무국
주: 매년 12월 기준으로 작성

국내 로보어드바이저 운영 자산 현황 및 전망

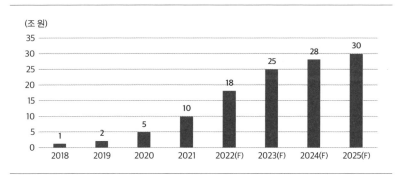

자료: Statista

은행, 자산운용사, 투자자문사 등이 로보어드바이저를 도입하면서 꾸준히 성장하고 있다. 2018년 12월 기준 5만 7870명가량이던 국내 로보어드바이저 서비스 가입자는 2021년 12월 기준 42만 명을 돌파했으며, 시장 규모 또한 2025년에는 30조 원에 이를 것으로 전망된다. 그야말로 폭풍 성장 중인 것이다.

한국에서 로보어드바이저 서비스를 리드하고 있는 기업은 파운트 (Fount)다. 파운트의 운용자산총액(AUM)은 8000억이 넘는데, 이는 국내 로보어드바이저 업체 중 가장 많은 금액이다. 파운트는 '모든 사람들의 경제적 자유 실현'이라는 기업 목표를 세우고 이를 위한 해결책으로 로보어드바이저를 제시하고 있다. 파운트는 디지털 플랫폼을 기반으로 자산관리를 자동화하고 고객에게 맞춘 전문성 있는 서비스를 합리적인 수수료에 제공하는 것을 비즈니스 모델로 내세운다. 파운트는 펀드를 비롯해 국내외 상장펀드(ETF)에 투자할 수 있는 서비스를 제공하고 있으며, 국내 로보어드바이저 기업으로는 최초로 보험과 연금상품에 로보어드바이저 기술을 접목하고 있다. 즉, "내 자산을 어떻게 관리하지?"라는 질문에 가장 좋은 답이 되는 종합 비대면 투자 솔루션을 제시하고 있는 것이다.

파운트의 분산ID 기반의 로보어드바이저 기술은 금융결제원의 혁신 금융 서비스로 지정되어 신원 증명을 간소화했다. 파운트에 따르면, 분산ID 기술은 서비스 가입을 위한 비대면 계좌 개설을 가능하게 만들어 가입 절차의 50%, 가입 시간의 75%를 감소시킨 것으로 알려졌다. 파운트는 블록체인 기반 디지털 신원증명을 도입해 해킹이 불가능하도록 만들어 보안 수준도 높였다. 투자는 하지만 사람은 없다.

은행 점포가 사라진다

로봇이 사람을 대신해 투자해주니 은행을 방문할 일이 현저히 줄어든

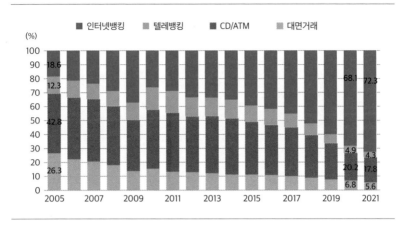

입출금 및 자금이체 거래의 전달채널별 업무처리 비중

자료: 한국은행(국내 인터넷뱅킹서비스 이용 현황)
주: 다른 연도는 4분기 일별 건수 합계 기준이며 2021년은 3분기 기준임.

다. 최근 한 달 사이에 은행을 몇 번이나 방문했는지 떠올려보면 기억이 나지 않는다. 많은 이들이 최근 은행에 직접 방문한 기억이 거의 없을 것이다. 2021년 3분기 기준 입출금 거래의 업무 처리 비중에서 대면거래가 차지하는 비중은 5.6%에 불과하다. 이는 2005년 4분기 기준 26.3%와 비교하면 상당히 감소한 수준이다. 반면, 인터넷뱅킹을 통한 입출금 거래는 2021년 3분기 72.3%로 전체 입출금 거래에서 절대적인 비중을 차지한다. 2005년 4분기 기준 인터넷뱅킹의 비중이 18.6%였다는 점에서 볼 때 은행 서비스가 비대면 형태로 빠르게 전환되고 있음을 보여준다.

로보어드바이저와 챗봇 등이 등장하며 모바일뱅킹 서비스는 물론 종합 디지털 금융 플랫폼이 구축되고 있으니 은행을 방문할 일은 더욱 줄

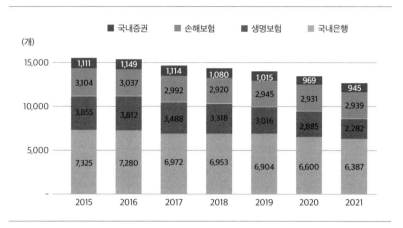

주요 금융사 영업점포 현황

■ 국내증권　　■ 손해보험　　■ 생명보험　　■ 국내은행

(개)

	2015	2016	2017	2018	2019	2020	2021
국내증권	1,111	1,149	1,114	1,080	1,015	969	945
손해보험	3,104	3,037	2,992	2,920	2,945	2,931	2,939
생명보험	3,855	3,812	3,488	3,318	3,016	2,885	2,282
국내은행	7,325	7,280	6,972	6,953	6,904	6,600	6,387

자료: 금융감독원, 금융통계시스템
주: 다른 연도는 4분기 기준이며 2021년은 3분기 기준임.

어들 것으로 예상된다. 인터넷 전문은행의 등장은 은행 업무의 비대면화를 더욱 빠르게 일상에 자리 잡게 만들고 있다. 일상과 업무로 바쁜 시간을 쪼개 은행을 방문해 창구 직원을 직접 만나거나 ATM으로 업무를 보던 모습이 머나먼 과거의 일이 되는 것이다. 이에 금융사들은 영업점포와 지점을 줄이고 있다. 은행뿐만 아니라 생명보험이나 손해보험 영업점들도 뚜렷하게 감소하는 추세이다. 금융산업의 '자산 경량화' 트렌드가 시작되고 있다.

효율적인 금융 서비스의 시대

인터넷 전문은행의 등장은 금융 산업 변화의 서막을 알렸다. 스마트폰과 인터넷에 익숙한 젊은 세대를 중심으로 더욱 간편하고 효율적인 금융 서비스에 대한 수요가 증가하면서 인터넷 전문은행에 대한 필요성이 제기된 것이다. 인터넷 전문은행은 물리적인 점포를 운영하지 않거나 극소수의 영업점을 보유한 상태에서 은행 고유 업무의 상당 부분을 인터넷 등의 전자매체를 통해 운영하는 은행을 지칭한다. 전통 은행들이 은행 창구를 줄이고 인터넷뱅킹을 통한 서비스를 확대하고 있긴 하지만 이는 인터넷 전문은행과 차이가 있다. 전통 은행이 제공하는 인터넷뱅킹은 변화하는 금융 환경에 대응하기 위한 채널 다각화가 목표라면 인터넷 전문은행은 은행 업무의 완전한 비대면화 자체에 목적을 둔다. 특히 스마트폰을 이용한 모바일뱅킹이 인터넷 전문은행의 주된 비즈니스 모델이다.

케이뱅크와 카카오뱅크가 인터넷 전문은행 시대를 열었고, 2021년 7월에는 토스뱅크가 등장했다. 인터넷 전문은행은 과거 전통 은행이 제공하던 적금, 대출, 송금, 결제 등의 금융 서비스를 동일하게 제공한다. 다만, 비대면 서비스를 제공하는 만큼 점포 운영이나 인력 관리에서 비용을 줄일 수 있어 경쟁력 있는 서비스 제공이 가능하다. 특히 그동안 은행들이 수행하지 못했던 중금리 시장에 진출해 간편 심사 소액대출, 소상공인 소액대출 등의 서비스를 제공하면서 금융 산업의 새로운 강자로 부상했다.

대면 은행 서비스에 익숙한 이용자들의 상당수가 인터넷 전문은행으로 이동하고 있지만, 처음부터 인터넷 전문은행에 익숙한 밀레니얼 세대와 Z세대가 반대로 대면 은행 서비스로 이동할 것을 기대하기는 어렵다. 2017년 인터넷 전문은행이 처음 문을 연 뒤로 모바일뱅킹 등록 고객은 가파르게 늘어 2021년 상반기 기준 1억 4580만 명(은행별 중복계좌 포함)에 달한다. 이처럼 모바일뱅킹을 이용하는 소비자가 늘어나면서 이용 건수와 이용 금액 역시 꾸준히 증가하고 있다. 그 결과 2021년 상반기 기준 모바일뱅킹(일평균) 이용 건수는 1405만 건, 이용 금액은 12조 5891억 원에 달한다.

인터넷 전문은행은 비대면화를 무기로 은행의 업무는 물론이고, 보험, 증권 등 다양한 금융 서비스를 하나의 플랫폼에 구축하고 있다. 2021년 6월 카카오손해보험은 빅테크 기업으로는 처음으로 예비인가를 받으며 보험업에 진출했다. 이로써 카카오는 은행과 증권, 보험 등 모든 금융업을 망라하는 사실상 금융그룹으로 재탄생했다. 카카오손해보험은 디지털 보험사로 운영된다. 카카오톡을 통해 보험상품에 간편하게 가입할 수 있고 보험료가 청구된다. 보험금 지급은 전부 인공지능을 활용해 비대면으로 심사되며 보험상품에 대한 상담과 설명 서비스 역시 카카오톡으로 이루어진다. 이제는 보험상품에 가입하기 위해 사람을 만날 이유가 없어진 것이다.

해외의 경우 2020년부터 화상통화를 활용한 비대면 방식의 보험모집 방식에 주목하고 있다. 일본은 감독규정을 정비하고, 홍콩의 경우는 규제샌드박스를 통해 화상통화 보험모집 방식을 시범운영 중이다. 일본의 손보재팬, 매뉴라이프(Manulife) 등은 줌, 마이크로소프트 팀즈 등을 활용해 고객이 영업 직원과 대면하지 않고 보험상담 및 청약을 할 수 있는 서비스를 제공하고 있으며, 홍콩의 AIA도 2020년 6월 가상 대면 영

모바일뱅킹 서비스 등록 고객 수 추이 및 증감률

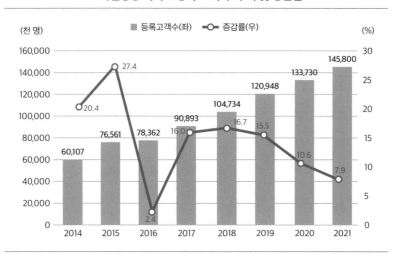

자료: 한국은행
주 1: 18개 국내은행, 우체국예금 등록 고객 기준
주 2: 2021년은 상반기 기준의 통계이며, 증감률은 전기 대비 증감률임.

모바일뱅킹 서비스 이용실적

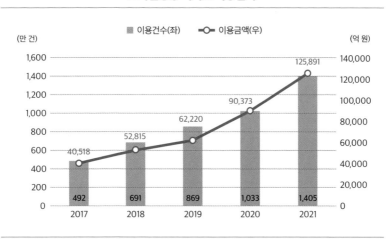

자료: 한국은행
주 1: 조회·자금이체·대출신청비스를 포함해 일평균을 기준으로 작성됨.
주 2: 2021년은 상반기 기준의 통계이며, 증감률은 전기 대비 증감률임.

업 플랫폼을 구축했다.

메타버스는 어떠한가? 최근 메타버스 산업은 가상화폐와 가상자산을 중심으로 하는 가상경제 플랫폼을 만들고 있다. 가상경제는 현실경제와 마찬가지로 가상의 화폐와 자산을 통해 구성되며 현실경제와 연결된다. 제페토(Zepeto), 로블록스(Roblox), 디센트럴랜드(Decentraland) 등의 온라인 가상경제 플랫폼은 이미 세계적으로 유행하고 있으며 엄청난 부가가치를 만들어내고 있다. 금융 서비스의 비대면화를 넘어 경제시스템 자체가 비대면화되고 있는 것이다.

라스트마일 배송, 무인화 추세가 시작되다

라스트마일 배송이란 상품을 개인 소비자에게 전달하는 배송의 최종 구간을 의미한다. 비대면화 시대, 온라인 쇼핑이 주된 물품 구매의 방식으로 자리 잡으면서 온라인 소매업체와 물류 서비스 공급업체들은 배송지점에서 소비자의 문 앞까지의 전 과정을 라스트마일 배송의 개념으로 확장시키고 있다. 과거에는 온라인 쇼핑에서 구매한 물건을 택배 기사들이 직접 집 앞까지 배송해주었지만, 이 과정마저 무인 배송으로 전환되고 있다. 쇼핑의 시작부터 끝까지의 모든 과정이 비대면화로 이루어지고 있다고 봐도 무방하다.

드론, 무인 택배함을 갖춘 자율주행차, 소형로봇 등이 라스트마일 배송에 사용된다. 자동차 회사 포드와 애질리티 로보틱스(Agility Robotics)는 자율주행차와 두 발 로봇 디짓(Digit)을 이용한 배송 콘셉트를 발표하

포드와 애질리티 로보틱스의 무인 배송
자료: Today's Motor Vehicles

아마존의 스카우트
자료: Newcalf

고 상용화를 위한 적극적인 개발에 나서고 있다. 아마존의 무인 자율주행 배달 로봇 스카우트는 자율주행 기술이 적용돼 물류창고에서 스스로 고객의 물품을 가지고 배송지까지 이동한다. 알리바바, 아마존, 월마트 등 글로벌 물류 업체들은 드론 배송을 상용화하기 위한 테스트를 진행하고 있다.

라이브 커머스, 새로운 대면 시대의 등장

대면에서 비대면으로의 전환이 이미 일어났다면, 물리적으로는 만나지 않더라도 디지털 기술을 기반으로 '연결(On)'을 더한 온택트(Ontact, On+Contact)로 또 한번 전환이 이루어질 것이다. 즉, 온라인 환경하에서도 교류하고 연대하며 협력하는 다른 의미의 대면 시대가 오는 것이다. 언택트에서 온택트로 전환된 대표적인 사례는 유통 산업에서 찾아볼 수

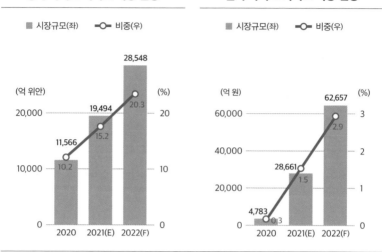

중국 라이브 커머스 시장 전망

■ 시장규모(좌) ─○─ 비중(우)

한국 라이브 커머스 시장 전망

■ 시장규모(좌) ─○─ 비중(우)

자료: 한국경제산업연구원, 통계청, iResearch
주 1: 온라인 쇼핑에서 라이브 커머스가 차지하는 비중
주 2: 도소매 판매액 실적·전망치와 온라인 쇼핑 실적·전망치를 추산하고, 업계에서 추정한 라이브 커머스 비중을 반영해 한국 라이브 커머스 시장규모를 전망함.

있다. 이커머스(e-commerce)에서 라이브 커머스(live commerce)로의 전환이다. 라이브 커머스는 라이브 스트리밍(live streaming)과 전자상거래(e-commerce)의 합성어다. 오프라인 매장에서 점원과 소비자가 대화하듯, 온라인 환경에서 '실시간 동영상'을 보며 '양방향'으로 '소통'하며 쇼핑하는 방식이다. 라이브 커머스 방송을 보면서 소비자들이 궁금한 사항들을 채팅창을 이용해 추가로 질문하고 다른 소비자들과도 의견을 교환할 수 있다.

중국은 라이브 커머스 시장이 급성장하는 대표적인 국가다. 타오바오 라이브, 티엔마오 라이브 등과 같은 전자상거래형 라이브 커머스뿐만 아니라, 도우인 라이브나 콰이쇼우 라이브 등과 같은 SNS형 라이브 커머스가 중국 라이브 커머스 시장을 이끌고 있다. 한국의 라이브 커머스 시장은 온라인 쇼핑에서 차지하는 비중이 2020년 0.3% 수준에 머물 렀지만, 2022년에는 2.9%로 성장할 것으로 전망된다. 초기에는 패션, 화장품, 식품을 중심으로 거래가 이루어졌지만, 최근에는 가전, 가구, 각종 생활 서비스에 이르기까지 확대되고 있다. CJ온스타일의 셀러라이브 와 카카오커머스의 카카오쇼핑라이브, 네이버의 쇼핑라이브가 대표적 인 예다.

오프라인 매장에서 직원을 보기가 힘들어지고 있다

라이브 커머스를 필두로 온라인 쇼핑과 무인 배송이 빠르게 확대되고 있는 가운데, 여전히 오프라인 매장을 방문해 쇼핑하는 것을 선호하는 사람도 있다. 매장에 방문해 직원의 설명을 듣고 물건을 직접 보고 구매 하는 것이 더 믿음이 가는 경우다. 그런데 이제는 오프라인 매장에서도 직원을 만나보기 어렵다. 오프라인 매장에서 물건을 구매하고 결제하는 과정마저 급격히 비대면화되고 있기 때문이다.

　무인계산대(kiosk, 키오스크)를 이용한 주문이 일반화되고 있다. 은행 과 공항에서나 볼 수 있었던 키오스크가 백화점, 대형 프랜차이즈, 골목 상권에까지 파고들었다. 삼성전자, 현대커머셜, CJ올리브네트웍스 등 의 기업들도 키오스크 사업에 진출할 정도다. KG이니시스는 서울 종로 구에 위치한 사찰인 조계사에 비대면 기부가 가능한 키오스크 보시함을

KG이니시스의 키오스크 보시함
자료: KG이니시스

알리바바의 안면인식 결제 시스템
자료: CNBC

설치하기도 했다. KFC코리아는 2017년 처음으로 국내 매장에 키오스크를 도입한 이후, 현재 모든 일반매장에 키오스크를 도입했다. 베이징에 문을 연 KFC의 스마트레스토랑에서는 안면인식 기술을 이용해 고객의 얼굴을 인식해 성별, 연령, 표정 등에 따라 음식을 추천해주는 서비스도 시작했다. 중국은 알리페이, 위챗페이 등을 중심으로 전 세계에서 가장 빠르게 성장하고 있는 비대면 결제 시장이다. 더욱이 중국에서는 알리바바의 스마일 투 페이(Smile to Pay)와 같은 안면인식 결제 시스템도 적극적으로 활용되고 있는 만큼 키오스크의 고도화가 급격하게 이루어질 것으로 예상된다. 국내에서는 투썸플레이스가 카페 프랜차이즈 최초로 안면인식 결제를 도입했다.

스마트 계약

계약서를 주고받는 모습이 변하고 있다. 법인 간 거래를 마무리하기 위해서는 많은 시간과 비용이 든다. 계약 장소가 필요했으며 서명을 주고 받기 위해 먼 거리를 이동해야만 했기 때문이다. 이 모든 것이 서면 계약서 위에 서명 한번 하겠다고 필요한 과정이었다. 너무나 비효율적인 모습이다. 조금 더 우리의 일상과 밀접한 이야기를 생각해보면 이러한 현실이 더욱 와닿는다. 직장에서 매년 회사와 근로자가 서로 경계하며 연봉을 협상하고 서명하는 근로계약서가 대표적이다. 때로는 임대인과 임차인이 부동산계약서를 놓고 언성을 높이는 일도 생기곤 한다.

블록체인을 이용한 스마트 계약(smart contracts)은 계약 이행 및 검증 과정을 네트워크로 자동화한다. 사람의 간섭이 없어도 계약실행 조건이 자동으로 블록체인 플랫폼에 저장된다. 그 결과, 추가 비용 없이 복잡한 사업상의 계약을 안전하게 처리할 수 있게 되었다. 계약 당사자 간 얼굴 붉히며 계약 내용과 조건에 대해 다툴 필요가 없는 것이다. 금융, 지적재산권, 부동산, 헬스케어 등 스마트 계약의 적용 분야는 무궁무진하다.

기업 업무에 최적화된 스마트 계약 플랫폼 회사 글로싸인은 서명하거나 도장을 찍을 필요 없이 클릭만으로 효력을 발휘하는 전자계약 서비스를 제공한다. 문자, 카카오톡, 이메일 등으로 상대에게 전자계약서를 보내면 상대방은 계약서를 읽고 서명하면 된다. 이를 통해 즉시 계약이 체결된다. 카카오, 이베이, 삼성SDS 등 1만 개가 넘는 기업들이 글로싸인의 전자계약 서비스를 이용하고 있다. 2021년 12월 16일 부동산 매물 광고 플랫폼 다방은 부동산 전자계약 서비스 다방싸인을 출시했다. 사용자들은 복잡한 절차 없이 간편 본인인증만으로 계약서에 바로 서명

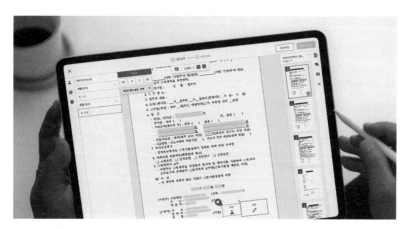

글로싸인의 전자계약서 예시

자료: 글로싸인

할 수 있으며, 계약 단계마다 카카오톡 알림톡을 받아볼 수 있다. 부동산

을 구매하는 과정에서 사람을 대면할 일이 사라지고 있다.

탈경계화

탈경계화(Borderless)는 산업 간 경계가 무너져 기존의 산업 구분이 무의미해지고 업종 사이의 융합이 빈번해지는 경향을 말한다. 한 분야만 잘해서는 살아남을 수 없는 시대다. 디지털 플랫폼과 데이터가 기업의 중요한 비즈니스 수단으로 부상하면서 고객이 원하는 다양한 서비스를 하나의 플랫폼에서 끊임없이 제공하는 것이 중요해지고 있다. 나이키가 신발 회사인지, 의류 회사인지, 헬스케어 회사인지 도무지 알 수 없는 지경에 이르렀다. 구글은 IT 회사일까, 아니면 자동차 회사일까? 아마존은 금융 업체이기도 하며, 자동차 업체기도 하다. 인공지능, 스마트 헬스케어 등 아마존이 진출하지 않은 분야를 찾기 어려울 정도다.

탈경계화는 더욱 가파르게 진행될 것이다. 스포츠 의류 업체 나이키, 언더아머 등은 단순히 스포츠 제품을 만드는 것에서 나아가 헬스케어와 빅데이터를 결합하고 있다. 가상현실 전용 상품을 출시하기도 한다. 편의점은 인터넷 전문은행과 만나 무인은행으로 진화하면서 금융 서비스업에 진출할 것이다. IT 기술이 디지털 경제의 핵심이 되면서 첨단기술을 보유한 빅테크 기업들이 다양한 분야에 진출할 것이다. 네이버와 카카오는 예금·송금과 같은 기본적인 금융 서비스는 물론, 증권·보험업까지 사업 영역을 넓히고 있다.

　전통 은행들도 급변하는 경영 환경에 적극적으로 대응하고 있다. 147년의 역사를 자랑하는 세계적인 투자은행 골드만삭스는 저성장의 장기화에 대비하기 위해 향후 발전 가능성이 높은 신성장 분야에 과감히 투자하고 있다. IT 전문인력을 확충하며 IT 기업으로의 변화를 시도하고 있는 것이다. 골드만삭스의 전 최고경영자 로이드 블랭크파인(Lloyd Blankfein)이 골드만삭스를 금융 기업이 아닌 IT 기업으로 소개했을 정도다. 골드만삭스가 고용하고 있는 36,600여 명의 정규직 중에서 약 27%가 IT 관련 엔지니어와 프로그래머다. 이는 대표적인 IT 기업 중 하나인 메타나 트위터보다 더 많은 수준이다. 골드만삭스는 금융 회사인가? 아니면 IT 회사인가?

산업 간 경계가 무의미해지다

오늘의 가전 업체는 내일의 자동차 회사가 되고, 오늘의 자동차 회사는 내일의 로봇을 만든다. 한국의 LG와 일본의 소니 같은 가전제품 회사들이 전기차나 관련 기술을 대거 선보이고 있다. 반대로 자동차 회사인 현대자동차와 일본 도요타는 차가 아닌 로봇 기술을 선보이면서 산업 간 경계가 빠르게 허물어지고 있음을 보여준다. LG전자의 자율주행 콘셉트카 옴니팟은 인공지능을 기반으로 운행된다. 인공지능 기술이 적용된 비서와 메타버스로 구현한 초실감화 콘텐츠들이 모두 옴니팟 안에서 구현 가능하다. 집 안에 설치된 LG전자의 TV나 에어컨과 같은 가전제품은 옴니팟과 자동으로 연동된다. LG전자의 주력 기술인 올레드 디스플레이가 적용되어 자동차에서도 집과 동일한 환경에서 영화나 드라마를 시청할 수 있다. 미니 냉장고, 옷 냄새를 잡아주는 스타일러도 자동차 안에 배치되어 하나의 움직이는 집을 구현했다. 일본 가전업체 소니는 전기차 세단 비전 S-1과 SUV 비전 S-2를 출시하고 전기차 시장 진출을 공식 선언했다. 동남아시아의 삼성전자로 불리는 베트남의 빈 그룹도 5종류의 전기차를 공개했고, 애플은 오는 2025년에 애플카를 선보일 예정이다. 운전대와 페달은 없다. 아이폰이나 아이패드 같은 모바일 기기를 이용하면 차량의 모든 기능을 조정할 수 있는 전면 자율주행차의 형태로 출시될 것으로 기대되고 있다.

현대자동차는 '메타 모빌리티'와 'MoT(Mobility of Things) 생태계'라는 새로운 개념을 제시한다. 현대자동차가 개발한 로봇 모베드는 어떤 사물에라도 부착하면 이동수단으로 변한다. 조이스틱 하나로 360도 회전이 가능하고 사람을 태우거나 짐을 실을 수도 있다. 라스트마일 배송을 위한 획기적인 기술로 평가받는다. 현대자동차의 로봇 개 스팟은 고온이나 혹한 같은 극한 상황에서도 이동이나 작업을 지속할 수 있다. 일본의 토요타는 바퀴가 6개 달린 화물 운송용 로봇 전기차를 공개했고,

LG전자의 자율주행차 옴니팟
자료 : LG전자

현대자동차의 로봇 개 스팟
자료 : 매일일보

두산은 '협동로봇'이라는 개념을 제시하고 있다.

핀테크에서 테크핀으로

우리는 그동안 보통 핀테크라는 말을 많이 사용해왔다. 핀테크란 finance와 technology를 결합한 말이다. 즉, 금융사가 IT 기술과 모바일 플랫폼을 적극적으로 활용해 금융 서비스를 제공한다는 개념이다. 우리은행의 온라인 개인자산관리 서비스인 우리-로보 알파가 대표적인 예다. 우리은행은 로보어드바이저 알고리즘과 챗봇을 활용해 고객들이 은행 창구를 방문하지 않고도 모바일 플랫폼을 통해 개인 자산을 관리할 수 있도록 했다. 이것이 금융 서비스에 기술이 결합된 핀테크다.

테크핀은 technology와 finance를 결합한 말로써 서비스를 제공하는 주체가 금융사가 아니라는 의미다. 빅테크 기업들이 자사 플랫폼(포

국내외 IT 기업의 금융 산업 진출 사례

구분	내용	사례 기업
송금	인터넷 플랫폼으로 송금 의뢰자와 수탁자를 직접 연결해 송금 수수료를 대폭 낮추고 송금 시간도 단축	구글, 아지모, 카카오
지급 결제	은행계좌나 신용카드 외 IT를 활용한 다양한 결제방식으로 간편한 지급결제 서비스 제공	아마존, 이베이, 구글, 카카오, 알리바바, 텐센트, 페이스북
자산 관리	온라인으로 투자 절차를 수행해 자금운용 수수료를 낮추고 온라인 분석 시스템으로 고객에게 최적화된 포트폴리오를 구성	알리바바, 바이두, 텐센트
대출 중개	P2P 기반으로 대출자와 차입자를 직접 중개하고 자체적으로 신용평가를 해줌으로써 대출 취급 비용을 절감	조파, 펀딩서클, 렌딩클럽, 레이트세터

자료: 우리금융경영연구소

털사이트, 온라인 쇼핑몰, SNS)으로부터 얻은 막대한 데이터를 활용하는 동시에 간편결제, 보험 등 금융 서비스를 대폭 확대하고 있는 것이다. 카카오는 2014년 카카오페이를 시작으로 카카오페이증권, 카카오뱅크 등 금융업에 적극적으로 진출하고 있다. 그뿐만 아니라 기존 은행이 제공하지 못했던 다양하고 재미있는 서비스를 제공해 소비자를 선점하고 있다. 카카오페이로 결제하고 남은 금액은 미리 지정한 펀드에 투자할 수도 있으며, 다양한 적금상품을 소개하고 고객이 상품에 가입하면 카카오프렌즈 관련 상품을 제공하는 등 기존 은행 서비스에서는 볼 수 없었던 신선한 서비스를 제공하는 방식이다. 네이버는 네이버통장과 네이버페이를 연계해 쇼핑·예약 서비스를 이용하면 포인트 형태의 적립금을 제공하기도 한다. 이제는 금융사와 비금융사가 함께 경쟁하는 새로운 양상이 펼쳐지고 있는 것이다. 산업 간 경계가 허물어지는 탈경계화의 모습을 금융 산업 패러다임의 변화를 통해 명확하게 확인할 수 있다.

플랫폼 정복자 구글

구글어스(Google Earth)는 세계 전역의 위성사진을 수집해 실시간으로 변화하는 현실세계의 모습을 그대로 반영한다. 현실세계의 모습, 정보, 구조 등을 그대로 가져가서 복사하듯이 만들어낸 메타버스의 한 종류인 거울세계(mirror world)다. 메타버스 세상에서 AR 웨어러블 장비가 필수가 되면서 구글은 새로운 AR 글래스를 올해 안에 공개할 예정이다. 구글의 스타라인은 3차원으로 실물처럼 생생하게 영상 대화를 할 수 있는 기술이다. 검색 엔진으로 시작한 구글의 사업 영역이 메타버스마저 넘보고 있다. 이미 전 세계 사람들의 일상생활 거의 모든 영역에 구글의 서비스가 자리 잡고 있다. 구글이 제공하는 서비스만 해도 250개가 넘는다.

구글의 미래 플랫폼 구축도 한창이다. 검색 엔진으로 유명한 구글의 자회사인 웨이모는 전 세계에서 가장 혁신적으로 자율주행 기술을 연구하고 있다. 구글의 딥마인드가 개발한 인공지능 바둑 프로그램 알파고와 바둑 기사 이세돌의 대결은 구글 인공지능의 발전이 얼마나 빠르게 이루어지고 있는지 보여주었다. 구글은 자율주행, 인공지능 외에도 미래 플랫폼 구축을 위한 다양한 계열사를 보유하고 있다. 드론을 연구하는 윙(Wing), 도시가 직면한 주요 문제들에 대한 솔루션을 개발하는 사이드워크 랩스(Sidewalk Labs), 스마트홈 기술을 개발하는 네스트(Nest), 헬스케어 서비스 업체 베릴리(Verily), 암과 노화 치료제를 개발하는 캘리코(Calico)는 모두 구글의 계열사다. 구글은 안드로이드 스마트폰 앱에서 AR 기능을 개발할 수 있는 개발자 플랫폼인 AR코어(ArCore)를 출시하며 메타버스가 가져올 가상현실 플랫폼의 시대에도 대비하고 있다.

구글의 시작은 1998년 자체 개발한 검색 알고리즘인 페이지랭크(PageRank)를 적용한 검색 서비스다. 이는 인터넷 검색의 표준을 정립했고 전 세계의 사람들이 구글의 검색 서비스를 사용했다. 이를 통해 구글은 방대한 데이터를 수집했다. 동시에 인공지능 기술을 활용해 분석한 데이터를 새로운 비즈니스의 기반으로 삼았다. 구글은 더 나아가 검색어를 기반으로 광고 서비스를 제공하는 애드센스(AdSense)를 만들어 검색 엔진의 수익성을 높였다. PC에서 모바일로 인터넷 플랫폼 전환이 이루어지던 시기 구글은 모바일 서비스에도 적극적으로 진출했다. 구글은 먼저 모바일 운영체제 안드로이드를 개발해 모바일 플랫폼을 구축했다. 안드로이드는 오픈소스 소프트웨어로 개발자들이 다양한 모바일 앱을 개발할 수 있는 수단이 되었다. 구글은 안드로이드 스마트폰을 직접 출시하기도 했다. 구글 픽셀(Google Pixel) 시리즈가 대표적인 예다. 2006년 10월에는 동영상 공유 사이트인 유튜브를 인수하며 동영상 플랫폼을 구축했다. 전 세계에서 유튜브의 월간 실사용자 수는 2021년 기준 20억 명이 넘는다.[2]

---

2   Statista(2021), "Youtube, Statistics & Facts"

당신의 검색이 네이버 플랫폼을 춤추게 한다

네이버가 이커머스, 금융, 클라우드, 스마트콘텐츠, 메신저 등 다양한 분야에 적극적으로 진출하며 산업 간 경계를 무의미하게 만들고 있다. 네이버는 현재 가장 뜨거운 이슈인 메타버스 영역에도 진출해 큰 성과를 거두었다. 검색 포털 회사로 시작한 네이버가 만든 3D 아바타 플랫폼 게임 제페토의 글로벌 누적 가입자는 2억 5000만 명에 달한다. 전 세계에서 매월 1억 6500만 명이 사용하는 네이버 라인과 네이버 밴드가 현실세계의 사람들을 이어주는 역할을 한다면 제페토는 가상현실 속에서 사람들을 하나로 이어주고 있다. 네이버가 소셜 네트워크 서비스의 지형을 새롭게 바꾸고 있는 것이다. 구찌 등 유명 패션 브랜드와 협업해 제페토 내 가상세계인 오픈월드에서 출시하는 다양한 의류 상품이나 라인의 캐릭터 상품인 라인프렌즈는 고객의 네이버 사용 경험을 더욱 다채롭게 만든다.

　네이버는 라인게임즈라는 이름으로 게임 개발과 퍼블리싱 사업에 나서고 있다. 게임과 함께 네이버TV, 라인웹툰, 네이버 웹소설, 브이라이브 등으로 이어지는 네이버의 콘텐츠 사업이 본격적으로 하나의 플랫폼으로 묶이기 시작했다. 네이버는 2021년 5월 13일 유료 구독 프리미엄 콘텐츠 플랫폼을 베타 오픈 형식으로 선보였다. 창작자들은 해당 플랫폼을 통해 자신이 만든 콘텐츠를 유료로 판매할 수 있다. 이용자들은 월 구독료를 지불하고 이를 이용하는 방식이다. 네이버는 플랫폼을 통해 수집된 데이터를 분석해 이용자에게는 초맞춤화된 콘텐츠를 제공하고 창작자에게는 더 좋은 비즈니스 모델을 위한 조언을 해주는 역할만 한다. 초가속 시대에 전형적으로 볼 수 있는 플랫폼 기업의 모습이다. 이 기적 승자인 것이다. 뉴스, 경제, 쇼핑, 문화, 디자인 등 거의 모든 주제가 프리미엄 콘텐츠 플랫폼에서 다루어질 예정이다.

네이버는 쇼핑 플랫폼도 구축하고 있다. 네이버쇼핑, 스마트스토어, 네이버 쇼핑라이브가 대표적인 예다. 온라인 쇼핑 플랫폼의 특성상 간편한 결제 시스템 역시 필수적이다. 네이버가 금융 서비스를 제공하지 않을 이유가 없는 것이다. 네이버파이낸셜은 간편결제 시스템인 네이버페이를 출시해 가격 검색과 결제, 그리고 이커머스를 연동할 수 있는 플랫폼을 만들어냈다. 네이버라는 하나의 검색 포털에서 끊임없는 (seamless) 고객의 쇼핑 경험이 만들어진다. 2019년 1분기 3조 5000억 원이던 네이버페이의 거래액은 2021년 4분기 10조 9000억까지 증가 했다.[3]

네이버는 미래에셋캐피탈과 협력해 스마트스토어 입점 사업자에게 좋은 조건으로 대출을 해준다. 이커머스 사업자의 필수보험인 배상책임 보험 등을 위주로 보험상품 판매도 본격화하고 있다. 국내 굴지의 금융 회사들이 네이버의 금융업 진출을 견제할 정도다. 플랫폼을 보유한 네 이버의 금융권 공습이 시작되었고 플랫폼 기반이 부족한 기존 금융 회 사들이 큰 위기감을 느끼고 있다. 탈경계화 시대에 영원한 강자는 없다.

네이버의 디지털 기술은 네이버 플랫폼의 경쟁력을 더욱 강화한다.

---

3   FORTUNE KOREA(2021), "금융판 뒤흔드는 네이버·카카오의 정반대 전략"

네이버 클로바는 네이버에서 개발한 인공지능 플랫폼이다. 음악 추천, 번역, 검색 기능, 챗봇 등 소비자의 데이터에 기반한 인공지능 기술을 연구한다. 네이버의 클라우드 플랫폼인 네이버 MYBOX 역시 인공지능 플랫폼과 연계되어 네이버가 미래의 디지털 경제 시대를 준비할 수 있도록 하는 토대가 되고 있다.

구글과 마찬가지로 네이버 플랫폼의 기반은 검색 엔진과 데이터에 있다. 네이버는 1999년 6월 검색 포털 네이버와 함께 같은 해 9월 어린이 전용 포털 쥬니어네이버 서비스를 시작하며 성장했다. 2010년 1월 1일부터 2021년 6월 6일까지를 기준으로 네이버의 국내 검색 점유율은 74.70%로 구글의 15.88%를 압도했다.[4] 전 세계적으로 구글이 검색 포털 분야를 장악하는 가운데에서도 네이버는 국내에서 굳건한 점유율 1위를 유지했고, 이는 네이버가 사업 다각화 전략을 이어가며 콘텐츠 플랫폼을 구축할 수 있는 기반이 되었다. 세상의 모든 정보와 서비스의 유통채널이 온라인으로 대체되고 있는 오늘날, 검색 시장을 장악하는 기업이 미래 온라인 시장을 주도할 것이다. 우리가 일상적으로 네이버에 접속해서 하는 검색들이 네이버의 미래를 책임진다.

한국판 아마존을 꿈꾸는 쿠팡

쿠팡은 더 이상 단순한 전자상거래 기업이 아니다. 물류를 내재화한 전

4　Internet Trend, http://www.internettrend.co.kr/trendForward.tsp. (검색일: 2021. 6. 8.)

자상거래 기업으로서 와우 멤버십 충성 고객을 꾸준히 늘려온 쿠팡이 본격적으로 산업 간 경계를 무너뜨리며 디지털 플랫폼 구축에 나서고 있다. 쿠팡은 싱가포르 기반의 동영상 스트리밍 서비스 훅(Hooq)을 인수하며, OTT 사업에 진출했다. 이를 기반으로 쿠팡은 동영상 스트리밍 서비스 쿠팡플레이를 선보이고 쿠팡의 와우 멤버십과 연계한 서비스를 제공하고 있다. 쿠팡의 와우 멤버십 서비스에 가입한 회원이라면 추가 비용 없이 월 4,990원의 멤버십 비용으로 쿠팡플레이의 무제한 스트리밍 서비스를 이용할 수 있다. 쿠팡의 로켓배송을 정기적으로 이용하는 충성 고객 기반을 이용해 OTT 사업의 규모를 키우는 전략이다.

쿠팡의 배달앱 쿠팡이츠는 코로나19 사태로 배달앱이 급성장하면서 주목받았다. 쿠팡이츠는 서울, 경기 등 수도권을 넘어 부산 등지로 서비스 범위를 넓히고 있다. 이외에도 쿠팡은 특허청에 '쿠릉' 상표권을 출원해 중고차 시장 진출 움직임을 보이고 있으며, 화물자동차 운송사업자 자격을 재신청하고 쿠팡로지스틱스로 택배사업에 진출했다.

쿠팡은 2010년 8월 10일 설립된 전자상거래 웹사이트다. 약 10년 뒤, 2021년 3월 11일 미국의 뉴욕증권거래소(NYSE)에 상장되었으며, 당시 시가총액이 잠시나마 979억 7000만 달러(약 111조 원)까지 치솟아 사람들을 놀라게 했다. 당시 뉴욕증권거래소 쿠팡의 가치가 사람들의 예상보다 높게 평가된 이유는 쿠팡이 단순히 전자상거래 웹사이트에 머무는 것이 아니라 빠른 속도로 사업 다각화에 나서면서 미래 가치가 주목되었기 때문이다.

일본의 쿠팡, 라쿠텐

일본의 전자상거래 기업 라쿠텐 역시 활발한 인수합병을 통해 사업을 다각화했다. 현재 라쿠텐은 여행, 미용, 메신저를 넘어 은행, 신용카드, 보험 같은 금융업에도 진출해 성과를 내고 있다. 라쿠텐의 창업자인 미키타니 히로시는 이러한 라쿠텐의 사업 다각화를 라쿠텐 생태계라고 표현하고 있다. 다양한 생물들이 거대한 자연 속에서 공생하며 균형과 성장을 이루듯이, 라쿠텐 역시 다양한 사업의 융·복합을 통해 성장을 이루었기 때문이다.

라쿠텐은 2001년 아오조라 카드를 인수한 뒤 라쿠텐카드를, 2008년에는 인터넷 전문은행인 e뱅크를 인수해 라쿠텐뱅크를 설립했다. 쿠팡과 마찬가지로 라쿠텐 역시 금융 서비스를 성공적으로 추진하기 위해 라쿠텐이치바라는 전자상거래 플랫폼을 적극적으로 활용했다. 라쿠텐은 라쿠텐이치바에서 사용할 수 있는 포인트 적립 제도 라쿠텐슈퍼포인트를 이용해 라쿠텐뱅크에서 발급한 체크카드나 신용카드를 이용하면 라쿠텐슈퍼포인트가 적립되는 시스템을 구축했다. 라쿠텐이치바를 자주 사용하는 우수 고객에게는 좋은 조건으로 라쿠텐뱅크의 신용 대출 서비스를 이용할 수 있는 혜택도 주어진다.

라쿠텐은 히타치가 운영하던 여행의창이란 인터넷 호텔 예약 서비스를 인수한 뒤 이를 바탕으로 라쿠텐여행이라는 여행 플랫폼 서비스를 선보였다. 여기서는 '플랫폼'이라는 단어에 주목해야 한다. 일반적으로 일본의 인터넷 호텔 예약 서비스 업체들은 여행사의 상품을 그대로 가져와 중계해주는 정도에 머물러 있었다. 즉, 여행 서비스를 이용하는 고객들은 자신의 니즈와 상관없이 여행사가 사전에 선정해놓은 호텔을 이용해야만 했다. 그러나 라쿠텐여행은 숙박을 제공하는 판매자들과 직접적인 협력을 통해 고객들이 원하는 다양한 숙박 형태(호텔, 료칸, 비즈니스호텔 등)를 직접 선택할 수 있게 했다. 라쿠텐여행이라는 여행 플랫폼에 다양한 판매자와 이용자가 모일 수 있는 생태계가 구축된 것이다. 이외에도 라쿠텐은 온라인 미용실 정보 서비스인 라쿠텐뷰티를 성공시켰으며, 2014년에는 이스라엘 기업이 개발한 바이버(Viber)라는 메신저 서비스와 미국의 온라인 포인트 적립 회사인 이베이츠(Ebates)를 인수했다. 바이버에서는 인공지능을 활용한 상담 기능을 선보이기도 했다.

중국의 디지털 경제 리더 알리바바

중국의 디지털 기업들이 빠르게 성장하고 있다. 인공지능과 빅데이터를 포함한 각종 디지털 기술을 게임, 여행, 전자상거래 등의 산업에 융합시키며 새로운 비즈니스 모델을 탄생시키고 있다. 그 결과 중국 디지털 기업의 서비스는 중국을 넘어 동남아시아, 인도 등의 신흥시장으로 진출하는 등 전 세계로 빠르게 확산하고 있다. 특히 알리바바는 산업 간 경계를 허물어뜨리며 중국을 넘어 세계의 디지털 경제 리더로 성장하고 있는 대표적인 사례다. 전자상거래 기업으로 시작한 알리바바가 보유한 금융 계열사 앤트파이낸셜의 머니마켓펀드(MMF) 상품인 위어바오가 운용하는 자산의 규모가 세계에서 가장 오래된 금융 기업 JP모건의

알리바바 사업영역

이름	내용	구분
타오바오	중국에서 알리바바가 운영하는 오픈마켓 서비스로 알리페이를 비롯한 간편결제 시스템과 빠른 배송 서비스를 바탕으로 중국 내 최대의 전자상거래 쇼핑몰로 자리잡았다.	전자상거래
알리바바 닷컴	알리바바가 운영하는 글로벌 온라인 기업 간 거래(B2B) 플랫폼으로 200개 이상 국가와 지역에서 사용하는 글로벌 무역 플랫폼이다.	
알리페이	알리바바가 운영하는 전자상거래 플랫폼을 포함해 중국 내 거의 모든 곳에서 사용 가능한 간편결제 서비스다. 직불카드와 체크카드 등을 등록한 스마트폰을 알리페이 리더기에 스캔하면 단 몇 초 만에 결제가 이루어진다.	간편결제 시스템
위어바오	인터넷 쇼핑몰 거래 계정에 남은 여유자금을 운용해 수익을 창출하는 머니마켓펀드(MMF) 상품이다.	인터넷 금융
디디추싱	알리바바 그룹이 만든 택시 예약 앱으로 초기의 이름은 '콰이디다처'였다. 2015년 2월 '디디다처'와 합병하며 '디디추싱'이라는 이름으로 바꾸었다. 이용자에게 가장 가까운 곳에 있는 택시와 개인 자가용 차량을 배차해주는 차량 공유 서비스다.	O2O
어러마	알리바바가 후원하는 중국의 음식 배달 앱이다.	
알리바바 클라우드	알리바바는 디지털 트랜스포메이션 시대에 가장 큰 경쟁력이 데이터에 있다는 판단하에 2009년부터 클라우드 컴퓨팅에 막대한 투자를 진행했다. 초기에는 알리바바의 다른 인터넷 비즈니스 데이터 관리를 위해 주로 사용되었으며 2016년부터는 전 세계로 사업을 확장하고 있다.	클라우드
알리OS	알리OS는 알리바바의 인공지능 기술을 활용해 자체 개발한 IoT 운영체제다. 알리OS는 인공지능 스피커를 포함한 스마트홈 시스템 구축을 위해 사용되고 있다. 또한 알리바바는 2018년 자동차용 반도체 업체인 NXP와 제휴하는 등 알리OS를 IoT 사업을 넘어 자율주행 인포테인먼트 시스템에도 장착하기 위한 행보를 지속해나가고 있다.	자율주행 IoT
터취그룹	알리바바가 2018년 6월 중국의 농업 기업인 터취그룹과 협력해 본격적으로 농축산업에 진출하겠다고 밝혔다. 현재 알리바바는 돼지 사육이나 사과 과수원 등에서 인공지능, 클라우드, 스마트센서 등의 기술을 적극적으로 활용하고 있다.	농업·축산업

MMF를 한때 뛰어넘은 사례는 금융 업계에 큰 충격을 주기도 했다.

"신유통 전략." 알리바바의 탈경계화 움직임을 대표하는 단어다. 신유통 전략은 알리바바의 최고경영자 마윈이 강조하면서 주목받았다. 신유통 전략이란 인공지능, 빅데이터, 사물인터넷 등 알리바바가 보유한 첨단기술을 활용해 알리바바가 구축한 디지털 플랫폼을 슈퍼마켓, 백화점, 쇼핑센터 등의 오프라인 유통 기업과 통합하는 전략을 의미한다. 알리바바가 2020년 10월 중국 최대 유통 기업인 가오신유통의 지배지분을 인수한 것도 신유통 전략의 대표적인 사례다.

온·오프라인을 통합하며 다양한 산업에서 놀라운 성장세를 기록하고 있는 알리바바 전략의 핵심은 데이터다. 알리바바는 인공지능과 클라우드 사업은 물론 알리페이와 위어바오로 대표되는 금융 사업을 통해 방대한 데이터를 구축한다. 알리바바의 택시 예약 앱인 디디추싱과 음식 배달 서비스 어러마도 알리바바 데이터 경쟁력의 한 축이다. 이렇게 수집된 데이터는 인공지능 기술을 기반으로 철저히 분석·활용되고 있으며, 알리바바가 탈경계화의 시대에 엄청난 성장세를 기록하고 있는 근본적인 이유다. 농업, 축산업 등 알리바바 탈경계화의 흐름은 분야를 가리지 않고 빠르게 진행되고 있다.

메신저 서비스로 시작된 고객 기반이
텐센트 탈경계화의 원동력

텐센트는 알리바바와 더불어 중국의 디지털 경제를 이끄는 리더다. 텐센트는 PC 기반의 QQ와 모바일 기반의 위챗으로 시작된 메신저 서비스에서 게임, 핀테크, 클라우드, 인공지능, 헬스케어 등으로 사업 영역을 확장하고 있다. 텐센트 클라우드는 가상공간 구축을 위한 솔루션을 제공한다. IP 버츄얼 휴먼(IP Virtual Human)은 음성인식과 아바타 생성 기술을 활용해 미디어, 교육, 전시 등 다양한 산업 분야에서 지능형 엔터테인먼트의 도입을 촉진한다. 텐센트의 클라우드 컴퓨팅, 가상화, 3D 모델링 등의 기술이 적용된 클라우드 디지털 트윈(Cloud Digital Twin)은 몰입도 높은 사용자 경험을 구현한다. 증강현실 광고(AR Advertisement Placement)를 활용하면 시청자의 경험에 부정적 영향을 주지 않으면서도 증강현실 광고를 동영상이나 라이브 스트리밍에 직접 배치할 수 있다.

약 12억 명의 고객을 보유하고 있는 중국판 카카오톡 위챗은 텐센트 탈경계화의 기반이다. 위챗을 바탕으로 형성된 고객 기반은 텐센트가 새로운 사업을 추진할 수 있는 기틀이 되었다. 텐센트는 위챗페이를 출시하며 간편결제 서비스를 시작했고, 이후에는 위챗페이에 리차이퉁이라는 이름으로 자산관리 서비스를 추가했다. 2019년 4월 8일에는 중국 광둥성 선전시에서 위챗 사용자를 대상으로 의료건강 서비스를 제공하며 헬스케어 분야 역시 텐센트의 사업 영역이 될 수 있음을 보여주었다. 위챗페이의 고객 기반은 텐센트 은행이라고 불리는 중국 최초의 인터넷 전문은행 위뱅크의 설립으로까지 이어졌다. 그야말로 산업 간 경계를 넘나드는 탈경계화의 모범적 기업이라고 할만하다.

텐센트는 자체적으로 설립한 AI랩과 로보틱스X를 통해 로봇, 자율주행 OS, 음성비서, 인공지능 개발에 박차를 가하고 있다. 텐센트는 AI 랩에서 축적된 기술을 바탕으로 광학문자판독장치(OCR) 등을 포함한 100여 가지의 AI 인터페이스를 제공하는 인공지능 개방 플랫폼 AI.QQ. COM을 통해 인공지능 생태계 전쟁에 대비하고 있다. 이렇게 개발된 기술들은 온·오프라인을 통합하는 물류와 유통을 혁신하기 위한 서비스로 이어진다. 텐센트는 스마트유통 전략본부를 필두로 영휘마트, 월마트 등의 오프라인 유통 업체와 협력하고 있다. 고객이 위챗페이를 통해 온라인으로 식료품을 주문하면 제휴를 맺은 오프라인 매장에서 1시간 이내에 배송해준다.

텐센트는 SNS와 게임으로도 사업을 확장했다. 텐센트는 2003년 SNS 플랫폼인 QQ쇼를 출시했다. 텐센트는 당시 한국에서 유행하던 싸이월드를 벤치마킹해서 QQ쇼를 만들었다. QQ쇼는 가상의 아바타에 실제 의류 브랜드의 옷을 입힐 수 있는 기능을 제공하며 빠르게 성장했고 텐센트에게 높은 수익을 안겨주었다. 같은 해 텐센트는 QQ.COM이라는 포털사이트를 개설하고 게임 개발과 퍼블리싱을 시작했다. 특히, 해외의 게임들을 수입해 유통하면서 게임 부문을 빠르게 성장시켰다. 2007년 넥슨의 던전앤파이터, 2008년 스마일게이트의 크로스파이어 유통을 시작으로 현재는 전 세계에서 가장 인기 있는 게임인 리그오브레전드를 제작한 라이엇게임즈와 핀란드의 유명 게임 회사 슈퍼셀을 인수하며 중국 최대의 게임 기업으로 자리 잡았다. 게임 사업의 지형이 PC에서 모바일로 옮겨가고 있는 현재, 텐센트의 앱 스토어인 마이 앱 (Tencent My App)은 중국 내 안드로이드 마켓 시장점유율 1위를 달성하는 등 텐센트는 게임 앱을 중심으로 하는 모바일 플랫폼의 선두주자 역할을 하고 있다.

메신저 그 이상을 꿈꾸는 카카오

카카오의 본격적인 사업 다각화 전략은 카카오톡을 통해 플랫폼 사업을 시작하는 데 필요한 사용자 기반을 확보한 후에 이루어졌다. 카카오는 2012년과 2015년에 각각 이모티콘과 보이스톡, 페이스톡을 출시하며 카카오톡의 커뮤니케이션 영역을 확장했고 이후에는 콘텐츠와 이커머스, 심지어 금융 서비스까지 카카오톡 안에 편입시켰다. 카카오톡은 첫 출시 이후 얼마 지나지 않아 선물하기 서비스인 카카오기프트와 카카오게임을 선보였다. 카카오에 따르면 2011년 300억 원에 불과했던 카카오톡 선물하기의 거래액은 2020년 기준 3조 원까지 증가했다. 카카오프렌즈의 캐릭터 사업, 카카오페이지의 웹툰과 웹소설 서비스, 음악 플랫폼인 멜론의 인수와 카카오엔터테인먼트 설립 등은 모두 카카오의 콘텐츠 및 이커머스 사업 경쟁력 강화의 일환이었다. 카카오의 사례는 텐센트와 상당히 흡사하다. 텐센트의 과거를 보면 카카오의 미래를 알 수 있다. 카카오는 이미 미래를 현재로 만들고 있다.

택시부터 시작해 바이크, 대리운전, 시외버스, 기차 등을 아우르는 카카오모빌리티의 설립은 서비스형 모빌리티(MaaS)를 카카오의 사업영역으로 만들었다. 2014년에는 공인인증서나 계좌번호가 없어도 송금 및 결제가 가능한 간편결제 서비스 카카오페이를 내놨으며 이후에는 카카

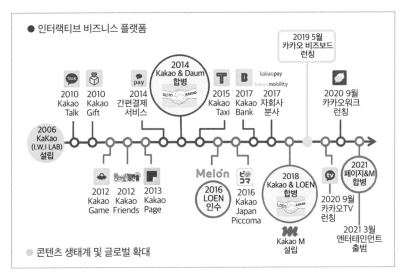

카카오 비즈니스 플랫폼
자료: 카카오

오페이증권, 카카오뱅크 등 금융 서비스에 적극적으로 진출했다. 2021년 6월 11일 디지털 보험사로 운영되는 카카오손해보험이 금융위원회의 예비인가를 받았다. 은행, 증권, 보험을 품은 카카오의 디지털 금융왕국 구상이 완성되어가고 있다. 과연 누가 카카오를 단순한 메신저 서비스 기업이라고 할 수 있을까? 카카오는 이미 전 산업의 영역을 파괴하는 거대 플랫폼 기업으로 성장하고 있다.

초맞춤화

초맞춤화(Hyper-Customization)는 기존의 개인 맞춤화에 빅데이터를 더한 극대화된 맞춤화를 의미한다. 초맞춤화를 통해 한 사람의 기호와 성향을 완벽히 만족시키려는 경향이 확대되고 있다. 실제로 단순 빅데이터 분석을 넘어서 테크 기반의 디지털 솔루션을 활용해 고객의 취향과 감정을 복합적으로 읽어 들인 후 개개인에게 적합한 상품과 서비스를 추천해 주는 타깃 마케팅은 기업의 필수적인 생존전략이 되었다. 이처럼 개인의 취향과 성향이 중요시되는 소비 트렌드가 부상하면서, '포미족', '나나랜드', 'Me(미)코노미' 등 '나'를 중심으로 하는 개인화 성향을 의미하는 단어들이 등장하고 있다. 타인의 시선이나 사회 관습이 아니라 나만의 기준으로 상품과 콘텐츠를 소비하는 경향이 강해지고 있는 것이다.

인공지능 기술을 활용해 재료를 골라주며 소비자들의 번거로움을 해결해주는 온라인 쇼핑몰이 있다. 바로 헝그리루트(HUNGRYROOT)다. 헝그리루트는 AI로 소비자의 식습관을 분석한 뒤 철저히 개개인에게 맞춘 식재료와 요리법을 추천해주어 메뉴를 고민하고 장 보는 시간을 대폭 줄여준다. 소비자들은 가입 후 어떤 음식 알레르기가 있는지, 선호하는 식사량과 식재료는 무엇인지 등 10가지의 질문에 답하면 된다. 헝그리루트는 해당 질문에 대한 답을 바탕으로 소비자의 장바구니에 AI가 추천해주는 재료를 자동으로 채워주고 이에 맞는 구독료를 자동으로 산출한다.

2022년 1월 국내의 스타트업인 누비랩은 인공지능을 활용해 식습관을 관리하고 잔반을 줄이는 AI 푸드 다이어리 기술을 공개했다. 음식이 담긴 식판을 카메라에 가져가면 인공지능 기술이 1초 만에 음식 종류와 중량을 화면에 나타낸다. 정기적으로 식판을 촬영해 데이터가 쌓이면 개인에게 맞게 식습관을 관리하고 잔반도 줄일 수 있을 것으로 기대되는 기술이다. 부족한 영양소도 알 수 있다.

나보다 나를 더 잘 아는 기업들의 등장

빅데이터를 활용해 쇼핑몰 큐레이팅 서비스를 제공하는 지그재그는 관심 있는 카테고리와 스타일, 연령대 등을 선택하면 이에 맞는 쇼핑몰과 제품을 추천해준다. 코로나19의 여파로 거리의 많은 의류 상점들이 문을 닫고 있는 가운데, 스마트 컨슈머의 특징과 초맞춤화 흐름을 빠르게 읽은 지그재그는 대표적인 여성쇼핑몰 플랫폼으로 성장했다. 2021년

3,000여 개의 쇼핑몰에서 고객의 취향을 반영한 제품을 추천하는 지그재그
자료: 지그재그

4월 기준 지그재그의 월 사용자는 340만 명, 앱 다운로드는 3000만 건에 달한다.[5]

풀무원녹즙은 기존에 녹즙을 음용한 고객의 연령, 성별, 라이프스타일 등을 빅데이터에 기반해 분석하고 맞춤 제품을 추천하고 있다. 풀무원녹즙은 더 나아가 헬스케어 데이터 분석 전문 기업 메디에이치와 협력해 개인 건강검진 결과를 기반으로 개인의 생체 나이를 분석한 뒤 맞춤형 녹즙 제품을 추천해준다. G마켓은 멤버십 스마일클럽 회원들에게 과거 구매 내역과 검색 기록에 따른 상품 추천, 회원 개개인 관심사에 맞는 캐시백 혜택과 쿠폰 제공 등의 개인 맞춤화 서비스를 대폭 강화할 예정이다.

이외에도 5개의 고객 등급에 따라 다른 적립률과 개인화된 맞춤 쿠폰 및 메시지를 제공하는 마켓컬리와 고객의 구매 패턴을 분석해 고객들을

---

5   지그재그 공식홈페이지

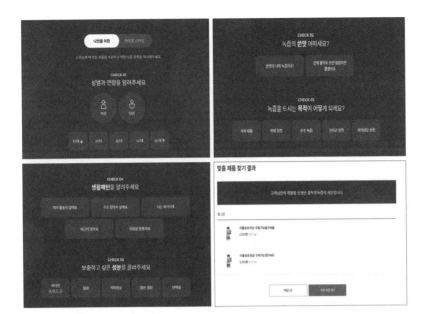

풀무원녹즙이 개인 맞춤형 녹즙을 추천해주는 과정
자료: 풀무원녹즙

유형화한 뒤 맞춤 제품을 추천해주는 GS리테일, 고객 데이터를 통합하고 개인화 체계를 만든 뒤 고객 특성별로 개인화된 프로세스를 통한 자동화된 캠페인을 진행하는 롯데렌탈 등이 초맞춤화의 모범적인 사례다.

나만의 스타일리스트를 만나다

미국의 의류 쇼핑몰 스티치픽스(Stitch Fix)는 인공지능 기술을 통한 회원정보를 바탕으로 고객의 쇼핑 패턴과 기호, 감정 등을 파악한 후 20여 개의 옷을 추천해주는 서비스를 제공한다. 빅데이터를 축적한 뒤 소비

스티치픽스의 데이터 분석 활용

자료 : 스티치픽스

<table>
<tr><td>1. 주문 데이터 입력
고객이 자신의 스타일 정보를 입력하면, 전체 고객 수요, 재고 등을 관리하는 시스템에 반영</td><td>2. 창고 배정 알고리즘
고객 선호도를 기반으로 위치, 재고 현황 등을 고려해 배송할 창고를 배정</td></tr>
<tr><td>7. 제품 배송과 피드백 수집
배송받은 제품 중 고객은 구매할 제품을 선정하고, 반품 이유 및 피드백을 입력</td><td>3. 스타일리스트-고객 매칭 알고리즘
고객과 스타일리스트의 성향을 반영해 둘을 매칭</td></tr>
<tr><td>6. 알고리즘을 통한 배송 경로 선정
이동 거리를 최소화하고 효율성을 높일 수 있는 최적 경로 파악</td><td>5. 알고리즘을 통한 매칭 평가
제공받은 제품 리스트를 기반으로, 고객의 구매 가능성을 평가해 스타일리스트가 제품을 최종 선정</td><td>4. 재고 최적화 알고리즘
고객 주문과 재고 품목 등을 고려해 선택 가능한 제품 리스트를 스타일리스트에게 제공</td></tr>
</table>

스티치픽스의 데이터 분석 활용

자료 : LG경제연구원

자의 구매 패턴과 취향을 정확히 파악하고 적합한 옷을 추천해주는 것이다. 스티치픽스의 최고경영자 카트리나 레이크(Katrina Lak)는 이베이, 아마존 등 기존 쇼핑몰에서 수천 벌의 옷 중 자신이 원하는 스타일을 찾는 데 너무나 많은 시간이 걸리는 문제에서 아이디어를 얻고 인공지능을 기반으로 의류를 추천해주는 스티치픽스를 창업했다고 밝혔다. 기존의 의류 쇼핑몰 비즈니스 모델이 디지털 시대에 스마트 컨슈머로 재정의되고 있는 소비자들의 니즈를 정확히 파악하지 못하고 있다고 생각한 것이다. 일상의 모든 순간에서 쇼핑을 즐기는 스마트 컨슈머들은 스티치픽스에 열광했고, 이는 높은 재구매율로 이어졌다.

아웃도어 브랜드 노스페이스는 IBM의 인공지능 컴퓨터 왓슨을 탑재한 모바일 앱을 출시했다. 노스페이스는 왓슨을 활용해 고객들에게 언제 어디서 사용할 것인지 질문하고 가장 적절한 재킷을 추천해주고 있다. 백화점 이세탄(Isetan) 역시 인공지능 기반의 앱 센시(Sensy)로 패션 아이템을 추천해준다. 패션유통 기업 유니클로는 인공지능 기술이 접목된 신경과학 디지털 스타일리스트 유무드(U Mood) 디스플레이를 통해 소비자 기분에 맞춰 옷을 골라 추천해주고, 다국적 전자상거래 기업 자란도(Zalando)는 인공지능 의류 제작 서비스 프로젝트 뮤제(Project Muse)를 통해 3D 제작 의류를 제공한다.

제품을 경험할 수 없다는 온라인 쇼핑몰의 단점은 이제 변명이 될 수 없다. 빅데이터와 인공지능 같은 IT 기반 기술이 기업과 소비자를 가로막는 기존의 벽을 허물고 있다. 몇 년 전까지만 해도 온라인 쇼핑몰에서 사는 물건은 복불복이라고 이야기했다. 그러나 이제는 온라인 쇼핑몰이 오히려 오프라인 매장에서 구매하는 것보다 더욱 초맞춤화된 쇼핑 경험을 소비자에게 제공하고 있다.

보고 싶은 뉴스만 보세요

하루에도 수많은 뉴스가 쏟아져 나온다. 이제는 뉴스의 정보가 사실인지 거짓인지 구분하기도 힘들 지경이다. 누군가가 어떤 의도를 갖고 교묘히 조작해서 만들어낸 '가짜 뉴스'는 사회적으로 큰 논란이 되기도 했다. 이런 상황에서도 정보의 진위를 파악하고 정확한 사실을 검색하는 일은 이용자의 몫이었다. 정확하고 원하는 정보를 찾기 위해서는 너무 많은 시간이 소요되었고, 사람들은 점점 사회 문제에 대해서 관심을 끊기 시작한다. 피곤하고 불필요한 에너지를 소모하기 때문이다. 인공지능과 머신러닝으로 이러한 문제를 해결한 중국의 뉴스 앱이 있다. 바로 중국 1위 뉴스 앱 진르터우탸오(今日头条)다. 진르터우탸오는 '나를 위한 뉴스를 모아놓았다'는 뜻이다.

진르터우탸오는 인공지능 기술을 기반으로 사용자를 분석하고, 이를 통해 사용자가 관심 가질 뉴스 및 콘텐츠를 예측해 사용자에게 최적화된 정보를 신속하게 제공한다. 축구를 좋아하는 사람에게는 축구 관련 뉴스를 먼저 보여준다. 이용자가 정보를 검색하는 것이 아니라 정보가 스스로 사람을 찾아가는 초맞춤화의 대표적인 사례다. 정보가 차고 넘치는 세상에서 비슷한 정보를 무분별하게 재생산해 이용자에게 피곤함을 주는 것이 아니라 개인에게 유용한 정보를 데이터에 기반해 선별해주는 것이다. 인공지능 큐레이션 서비스로 미디어 업계에 큰 파장을 일으킨 진르터우탸오는 2018년 750억 달러의 기업가치를 인정받고 세계 1위 유니콘기업으로 등극하기도 했다. 이는 당시 우버의 기업가치인

720억 달러를 제친 것으로 세계적으로 큰 화제가 되기도 했다.

네이버와 카카오도 인공지능 뉴스 큐레이션 서비스를 제공하고 있다. 네이버는 2019년 4월부터 모바일 및 PC 뉴스 섹션 모두에서 AiRS(AI Recommender System) 알고리즘 기반 추천기사를 제공하고 있으며, 카카오는 구독 기반의 콘텐츠 큐레이션 플랫폼인 카카오뷰를 2021년 8월부터 도입해 운영하고 있다. 카카오의 콘텐츠 플랫폼을 이용하면 누구나 뉴스 등 콘텐츠를 편집해 발행할 수 있고, 이용자는 자신의 관심사와 취향에 맞는 콘텐츠를 받아볼 수 있게 된다.

초맞춤 금융 서비스

금융 산업에서의 초맞춤화를 보여주는 중요한 사례가 있다. 바로 대안 신용평가 업체 렌도(Lenddo)다. 렌도는 SNS의 친구 정보, 포스팅 정보 등 260억 개의 빅데이터를 분석해 개인신용을 평가한다. 과거 데이터 기반 모델은 주로 내부, 정형 데이터 위주의 금융 정보를 토대로 구축되었다. 렌도는 이와 다르게 SNS 등 외부, 비정형, 비금융 정보를 활용한 모형을 구축하며 여신상품 취급기관에게 가장 중요한 과업 중 하나인 신용위험관리 영역에서 금융의 초맞춤화를 이끌고 있다. 그 결과 더욱 많은 사람이 금융 서비스의 혜택을 받을 수 있게 되었으며, 대출 연체율은 오히려 하락하는 효과가 나타났다. 개인의 데이터에 기반한 초맞춤화 흐름이 금융 서비스의 효율성을 높인 것이다.

카카오뱅크와 케이뱅크도 대안신용평가 모델을 개발하고 있다. 카카오뱅크는 기존 신용평가 데이터에 쇼핑, 카카오택시 등 온라인 활용 데이터와 SNS 활동 내역, 카카오톡을 활용한 고객 선호도 등을 함께 결합해 산출하는 '카카오스코어' 신용평가 모델을 사용한다. 케이뱅크도 기존 신용평가 데이터에 가맹점 데이터, 통신 이력 등을 추가한 고도화된 신용평가모형(CSS)을 도입해 대출 시장에서의 초맞춤화 흐름을 이어나가고 있다.

미국에서 모바일 금융 서비스를 제공하는 모벤(Moven)과 캐나다의 TD뱅크 역시 금융 서비스 초맞춤화의 중요한 사례다. 모벤은 용돈기입장, 가계부를 개인의 상황에 맞게 디지털화된 형태로 제공한다. 원래 개인 금융 서비스를 제공하지 않던 TD뱅크는 미국에 진출하면서 실시간 개인자산관리 플랫폼을 보유한 모벤과 제휴를 맺고, 초맞춤화된 금융 서비스를 시작했다. TD-Moven 제휴를 통해 TD뱅크는 예산 짜기를 싫어하고 자산관리에 투자할 시간이 부족한 소비자들에게 돈을 더 잘 관리할 수 있는 플랫폼을 제공한 것이다. 모벤의 비즈니스 모델은 간단하다. 모벤 앱을 열면, 이번 달 본인이 얼마를 소비했는지, 소비 내역은 어떤지를 쉽게 알 수 있다. 소비 패턴을 정확히 알 수 있으니, 얼마를 저축할 수 있는지도 파악할 수 있다. 이 모든 것을 실시간으로 알려주는 플랫폼이 모벤이다. 모벤을 이용하면 나의 상황에 최적화된 자산관리를 스스로 계획해볼 수 있다.

서비스화

서비스화(Servitization)는 단순한 제품 판매가 아닌 제품과 서비스를 완전히 통합해 더 나은 가치를 창출하려는 경향을 의미한다. 기업들은 단순히 제품을 공급하는 기업에서 서비스 기업으로의 전환을 이미 시작했다. 서비스화의 선두주자 중 하나가 IBM이다. 1914년 토머스 왓슨(Thomas Watson)이 설립한 IBM은 1990년대까지 명실상부한 최고의 컴퓨터 제조 기업이었다. 이후 비즈니스 환경이 IT와 밀접히 결합하는 방향으로 바뀌면서 고객은 문제해결을 위한 기계가 아니라 문제해결을 함께 모색하는 서비스를 필요로 했다. IBM이 서비스화를 준비한 이유다.

IBM은 주력 사업군을 제조업에서 서비스업으로 바꾸기 시작했다. IBM의 전 최고경영자 새뮤얼 팔미사노(Samuel Palmisano)는 "IBM은 더 이상 컴퓨터 회사가 아니다."라고 말하기까지 했다. IBM은 2002년

7월 PwC 컨설팅 회사를 인수한 반면, 12월에는 PC 제조사업을 레노버에 매각했다. 최고의 컴퓨터 제조 기업인 IBM이 PC 제조사업을 매각했다는 사실은 IBM이 서비스화를 얼마나 절박하게 추진했는지 보여준다. 이후 IBM은 소프트웨어 자산관리 업체인 아이소곤 등의 회사를 인수해 소프트웨어와 서비스업에 집중하기 시작했다. 2007년에는 프린터 부문의 분리를 선언하고, SPSS 데이터 솔루션을 인수하는 등 70개 이상의 소프트웨어 및 서비스 기업을 인수합병 했다. 그 결과, 현재 IBM 수익의 약 82%가 소프트웨어와 서비스 부문에서 나오고 있다. 거스를 수 없다면 과감히 버려야 한다. 거스를 수 없는 흐름에 대응하기 위해서 IBM은 과거의 것을 과감히 버리고 토털서비스 제공 기업으로 탈바꿈했다.

아이폰의 감성에
서비스를 입히는 애플

애플의 최고경영자인 팀 쿡은 애플이 최근 6년간 100개의 기업을 인수했다고 말했다.[6] 3~4주에 한 개씩의 회사를 사들인 셈이다. 애플이 인수한 기업들의 분야를 살펴보면 인공지능, 가상현실, 지도, 헬스 부문 등이다. 특히 인공지능 회사가 무려 25개에 달한다. 이유가 무엇일까? 애플은 2019년 3월 25일 '잇츠 쇼 타임(It 's show time)'이란 타이틀의 이벤트

---

6   BBC News(2021), "Apple buys a company every three to four weeks"

에서 신규 아이폰이 아니라 다양한 콘텐츠 서비스를 공개했다. 애플의 이벤트 역사상 신규 아이폰 공개가 진행되지 않은 첫 번째 사례였다. 애플이 얼마나 서비스 부문을 중요하게 생각하고 있는지 알 수 있는 대목이다. 애플은 당시 게임, 신용카드, 동영상 스트리밍, 신문 구독 서비스 등을 대거 공개했다. 애플의 수익 구조는 애플의 서비스화를 명확히 보여준다. 2021년 3분기(애플 자체 기준으로는 4분기) 애플 전체 매출에서 서비스 부문이 차지하는 비중은 19.5%로 두 번째로 큰 비중을 차지했다.[7]

애플은 인공지능, 음성인식, 엔터테인먼트, 헬스케어 등 첨단 서비스 기술을 제품에 접목하는 동시에 모바일 운영체제(OS) 앱스토어를 통해 사용자와 하드웨어 서비스가 연결되는 신규 비즈니스 모델을 구축하고 있다. 전 세계에서 가장 충성도가 높은 애플의 제품(아이폰, 맥, 에어팟, 애플워치 등)에 기반한 서비스를 개발해 사용자에게 편의를 제공하는 동시에 자사 제품에 대한 충성도를 더욱 높이겠다는 전략이다. '내 손 안의 헬스케어'를 표방하는 애플워치, 애플의 하드웨어와 자동으로 동기화되는 아이클라우드(iCloud)와 아이튠즈(iTunes)가 대표적인 예다. 가령, 애플워치는 활동량 측정은 물론 수면 패턴을 분석해 적정 수면 시간을 안내하고 집에 도착하면 손을 씻도록 권장하기까지 한다. 단순한 시계가 아닌 것이다.

애플은 구독형 서비스에도 주목하고 있다. 애플은 먼저 OTT 서비스를 시작했다. 애플은 애플TV 앱을 통해 실시간 전송 TV 서비스를 시작

---

7   Apple(2021), "Apple Reports Fourth Quarter Results"

애플 제품과 연동되는 애플카드
자료: 9to5Mac

했고, 이후 애플TV플러스를 통해 오리지널 콘텐츠를 제작·배급하고 있다. 모든 서비스는 회원제 구독형으로 제공된다. 애플은 잡지와 뉴스 구독 서비스인 애플뉴스플러스도 운영한다. 애플뉴스플러스는 월 9.99달러를 지불하면 300개 잡지 회사와 언론사 기사를 구독할 수 있는 서비스다. 애플은 게임 플랫폼에도 월정액 구독형 서비스 방식을 적용했다. 애플의 월정액 게임 플랫폼 애플아케이드는 매월 일정 금액을 지불하면 아이패드, 맥, 애플TV 등 애플이 제공하는 모든 플랫폼에서 접속해 다양한 게임을 즐길 수 있는 서비스다. 애플의 모바일 결제 서비스인 애플페이와 애플카드는 애플의 하드웨어 플랫폼과 구독형 서비스의 효과를 극대화할 것이다. 가령, 애플카드는 애플 제품을 구매하는 고객에게 무이자 할부 혜택과 캐시백 프로그램(애플페이 결제 2%, 애플 생태계 내 서비스 결제 3%)을 제공해 애플 생태계에 고객을 락인하는 역할을 할 것으로 기대된다. 애플카드 사용자들은 아이폰 소프트웨어를 활용해 스스로 소비 한도를 설정하고 이를 초과하면 경고 메시지를 받을 수 있으며, 은행에 방문하지 않고도 문자 메시지(iMessage)를 통해 서비스 관련 문의 사항을 전달받을 수 있다. 더 나아가 애플의 하드웨어 제품을 구매한 고객에게 대출 등의 은행 서비스도 제공할 것으로 예상된다. 애플이라는 제품에 금융 서비스가 담기는 것이다.

제품에 스마트를 더하다

사람은 소비 활동을 할 때 큰 행복을 느낀다. 그런데 물건을 구매하고 나면 관리하는 일이 보통 힘든 것이 아니다. 언제 부품을 교체해줘야 하는지, 어떤 이유로 제품이 고장이 나는지 등의 관리는 온전히 소비자의 몫이었다. 그러나 이제 제품이 똑똑해지고 있다. 제품이 스스로 판단해 사용자에게 부품 교체 시기를 알려주고 어떤 이유로 고장이 났는지도 알려준다. 퀄리티익스프레스(Quality Express)는 커피머신에 IoT 센서를 장착하고 통신회사와 연계해 커피 및 물의 양, 기계 오작동 등을 알려준다. 써모스, 에잇컵스(8Cups), 지니웨이(Geniway) 등의 기업들은 휴대용 병과 서비스 앱이 연동되어 사용자가 마신 물의 양을 자동으로 측정하고, 하루 권장량의 수분을 섭취할 수 있도록 도와주는 스마트보틀 제품을 출시했다. 나이키, 언더아머, 아디다스 등 글로벌 스포츠 의류 기업들은 웨어러블 기기와 신발, 의류에 센서를 장착해 실시간으로 사용자의 헬스케어 정보를 제공한다. 언더아머는 헬스케어 앱 UA 레코드에 IBM

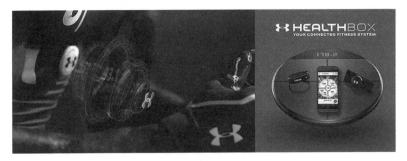

센서가 부착된 언더아머 의류와 스마트 웨어러블 기기
자료: ResearchGate

언더아머 UA 레코드
자료: SGB MEDIA

이 개발한 인공지능 컴퓨터 시스템인 왓슨을 적용해 영양 정보와 운동, 활동, 수면 상태 등을 제공하고 있다.

타이어, 엔진 등 부품 제조 업체들 역시 제품의 데이터를 기반으로 사전 보수 서비스를 제공하는 동시에 관련 신규 비즈니스 모델을 개발하고 있다. 항공기 엔진 시장의 글로벌 리더 GE는 엔진의 유지보수 서비스를 결합한 엔진을 판매한다. GE 엔진에는 수백 개의 센서가 달려 있어 엔진이 출고되는 순간부터 전 세계 비행기의 모든 비행 데이터를 수집할 수 있다. 수집된 데이터는 GE가 고안한 프리딕스 클라우드에서 관리된다. GE는 수집된 데이터를 분석한 뒤 고장에 대비할 수 있도록 사전에 부품의 교체 시기를 알려주는 등 제품과 서비스를 결합한 사업모델을 채택하고 있다. GE의 전 최고경영자 제프리 이멀트(Jeffrey Immelt)는 "GE의 목표는 디지털 회사다."라고 발표하며 GE가 이제는 단순한 제조사가 아님을 선언한 바 있다.

비행, 항공기, 부품에 대한 정보 서비스를 제공하는 보잉의 에지(Edge) 서비스, 트럭에 센서를 부착해 운행 데이터를 분석하고 사전에 유지보수 서비스를 제공하는 트럭회사 만(MAN), 상업용 차량의 연료 사용을 센서를 통해 분석한 후 최적의 연료 효율 방법을 제시하는 미쉐린의 에피퓨얼(EFFIFUEL), 중장비에 부착된 센서를 통해 실시간으로 부품의 마모 정도나 교체 시기를 제공하는 미국의 중장비 회사 캐터필러(Caterpillar) 등의 사례는 모두 서비스화의 모습을 보여준다.

하나의 생활공간이 되어가는 자동차, 소유하지 말고 구독하라

동네마다 음반 가게가 있던 시절이 있다. 테이프가 늘어지도록 음반을 듣고 방 안에는 좋아하는 가수들의 테이프들이 수북이 쌓여 있기도 했다. 이제 음반 가게를 찾아보기 힘들고, 테이프는 손에 없지만, 여전히 음악을 듣고 있다. 음반 가게는 앱으로 바뀌었고, 테이프는 스트리밍으로 바뀌었다. 음반을 '소유'했던 시절에서 음악을 '경험'하는 것으로 바뀌었고, 상품을 '구매'하던 행위는 서비스를 '구독'하는 행위로 바뀌었다. 즉, 소유경제에서 구독경제로의 전환이 일어난 것이다.

자동차를 예로 들어보면 이해가 쉽다. 제조업 하면 가장 먼저 떠오르는 분야가 자동차 산업이다. 공장에서 수많은 부품이 조립되어 하나의 완성차가 만들어진다. 소비자는 이렇게 완성된 제품을 소비하고 소유한다. 우리가 그동안 알던 자동차라는 제품을 이용하는 방식이고 이것이 소유경제다. 우버의 등장은 승차 공유 서비스의 시작을 알렸다. 자동차라는 제품을 구매해 소유하는 것이 아니라 일정 비용을 지불하고 이동 수단 서비스를 이용하는 새로운 비즈니스 모델이 등장한 것이다. 우버의 공유경제는 여전히 누군가가 소유하고 있는 자동차를 여러 소비자가 특정한 조건하에 차용한다는 점에서 소유가 완전히 사라진 것은 아니다. 그러나 자동차라는 제품이 서비스화된 것은 분명한 사실이다. 우버를 비롯해 디디(Didi), 그랩(Grab), 버드(Bird) 등 수많은 글로벌 스마트 모빌리티 기업이 등장했다. GM과 포드의 시가총액을 다 더해도 우버 하나의 가치를 넘어서지 못하는 시대가 되었다. 오랫동안 자동차라는 제품을 판매하던 전통 제조 업체들의 가치를 합해도 2009년 설립되어 새로운 패러다임을 제시한 우버를 따라가지 못하고 있는 것이다. 전통적 자동차 제조 업체들이 발 빠르게 자동차의 서비스화를 위해 움직이고 있는 이유다. GM의 차량용 에어비앤비 메이븐(Maven), BMW의 자동차 공유 플랫폼 드라이브나우(Drive Now), 메르세데스 벤츠의 자동차 공유 서비스 크루브(Croove)는 이미 자동차 산업의 서비스화가 시작

글로벌 스마트 모빌리티 기업

구분	우버	디디	그랩	버드	라임
로고	Uber	DiDi	Grab	BIRD	Lime
설립 연도(년)	2009	2012	2012	2017	2017
기업 가치(원)	120조	80조	11조	3.3조	2조
직원 수(명)	2만	3만	1.6만	-	-

자료: 카카오모빌리티 추정치

되었음을 보여준다.

우버가 승차 공유 서비스의 시작을 알렸다면 윔(Whim)을 운영하는 핀란드의 마스 글로벌(MaaS Global)은 이동수단의 서비스화와 구독경제를 융합했다. 자동차의 구독경제가 시작된 것이다. 윔은 이용 가능한 모든 이동 수단 정보를 통합해 이용자들이 필요에 따라 목적지까지 갈 수 있도록 서비스를 제공하는 시스템인 마스(MaaS)를 제공하는 앱이다. MaaS는 Mobility As A Service의 약자로, 서비스로의 운송체계를 의미한다. 윔은 고객들이 자신의 수요에 맞는 요금제를 선택한 뒤 일정 기간 동안 이용 횟수에 상관없이 다양한 이동 수단을 자유롭게 사용하는 시스템을 제공한다. 윔은 Whim Urban, Whim Weekend, Whim Unlimited, Whim to Go 등의 다양한 요금제를 제공해 이동 수단의 서비스화를 이끌고 있다.

윔의 등장은 자동차를 이용하는 방식에서 소유의 과정을 완전히 없앴다. 구독경제는 생산자에게 일정한 비용을 지불하고 자동차를 이용하는 모델이기 때문에 오직 '경험'만 있는 것이다. 소유는 '산 만큼' 대가를 지불하는 것이고, 경험은 '사용한 만큼' 대가를 지불하는 것이다. 특히 디지털 경제에 익숙하고 소유보다는 다양하고 새로운 경험을 중시하는 MZ세대에게 자동차는 소비의 대상이 아니라 경험의 대상이 되어가고 있다.

자율주행차 역시 서비스화의 대표적 사례다. 자율주행차가 두 손과 두 발, 두 눈의 자유를 주기 때문에 달리는 차 안에서도 신문을 읽고 스마트폰으로 검색을 하고 비즈니스 업무를 처리할 수 있게 되었다. 자동차는 하나의 생활공간 플랫폼으로 전환되고 엔터테인먼트, 안전 관리, 헬스케어 등 새로운 서비스가 탑재되는 형태가 계속해서 등장할 것이다. 이제는 자동차를 온전히 경험하기 위해서는 통신사에 가입해야만 하는 시대가 다가오고 있다. MaaS 플랫폼을 제공하는 기업들도 자사 플랫폼에 자율주행차 도입을 시작하고 있는 만큼 자동차의 서비스화는 더욱 가속화될 것으로 전망된다.

시계로 아직도 시간만 확인하십니까?

세계적인 시계 브랜드인 스위스의 스와치(Swatch)가 2020년 회계연도 기준 6000만 달러의 손실을 기록했다.[8] 스위스 시계 제조 업체들의

---

8   REUTERS(2021), "Swatch posts first loss in nearly 40 years as pandemic shutters shops"

2020년 판매 실적이 22% 하락한 가운데, 스와치의 판매 실적이 32%나 감소한 결과다. 이는 스와치 그룹이 손목시계를 발매한 1983년 이래 처음 있는 손실 기록인 것으로 알려졌다. 물론 코로나19의 영향으로 시계 상점들이 오랜 시간 문을 열지 못한 것도 하나의 원인이 될 수 있을 것이다. 그러나 스위스 시계 업체들이 정통을 중시하며 디지털 경제에 발 빠르게 대처하지 못하고 있는 현실을 스와치 그룹의 2020년 실적을 통해서 볼 수 있다는 점에 주목할 필요가 있다. 반면 스마트폰과 연동되는 스마트워치의 등장은 시계라는 제품도 서비스화가 가능하다는 점을 보여주었다. 그리고 소비자들은 더 이상 시계를 통해 시간만 확인하고 싶어 하는 것 같지 않다. 글로벌 스마트워치 시장이 급격히 성장하고 있기 때문이다. 글로벌 스마트워치 시장은 2016년 3700만 달러에서 2025년 2억 5800만 달러까지 성장할 것으로 전망된다.

애플의 애플워치, 삼성의 갤럭시워치 등의 사례는 IT 기업도 시계를 제조할 수 있다는 점을 보여주었다. 애플워치는 시계로 혈압과 심장박동 등을 측정할 수 있으며 스마트폰과 연동해 다양한 앱, 통화, 문자 등을 이용할 수 있어 소비자들에게 큰 호응을 얻고 있다. 일본의 건강 기기 제조사 음론(Omron)의 스마트워치 하트가이드(HeartGuide)는 전용 앱을 사용해 혈압 모니터와 건강 상태를 그래프로 확인할 수 있다. 이렇게 측정된 상태를 바탕으로 의료 전문가와 상담도 가능하다. 삼성의 갤럭시워치는 심박과 가속도 센서를 탑재해 스트레스 민감도를 실시간으로 측정하고 해소할 호흡 가이드를 제시하기도 한다. 수면 정보, 습관, 날씨 등을 분석해 운동 정보 등을 분석해주는 기능도 있다. 스마트워치의 영

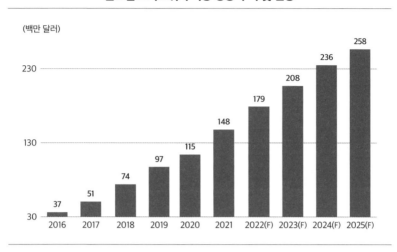

글로벌 스마트워치 시장 성장 추이 및 전망

(백만 달러)

- 2016: 37
- 2017: 51
- 2018: 74
- 2019: 97
- 2020: 115
- 2021: 148
- 2022(F): 179
- 2023(F): 208
- 2024(F): 236
- 2025(F): 258

자료: Statista

역은 건강 관리를 넘어 향후 건강 진단과 건강 예측 서비스도 포함하는 디지털 헬스케어 분야까지 확대될 것으로 예상된다. 2019년 2월 14일 과학기술정보통신부는 '제1차 ICT 규제 샌드박스 심의위원회' 결과를 발표하고, 스마트 웨어러블 기기를 활용한 원격의료, 임상시험 온라인 중개 서비스 등의 서비스를 테스트 대상으로 선정했다.

인공지능을 활용한다면 스마트워치의 확장성은 더욱 무궁무진하다. 애플, 구글, 파슬, 소니, 모토로라, LG전자 등의 기업들이 인공지능과 음성인식 서비스를 탑재한 스마트워치를 출시했다. 특히 스마트워치를 스마트스피커 등 스마트홈 가전제품들과 연계해 원격으로 스마트홈 기기를 모니터링할 수 있게 되면서 시계의 서비스화가 가속화되고 있다. 언제 어디서나 내가 원하는 모든 서비스를 막힘 없이 이용할 수 있는 시대에 단순히 시간만을 확인할 수 있는 시계는 경쟁력을 잃을 것이다.

스마트 주거환경이 일상을 바꾸다

아파트라는 건설 상품의 서비스화가 진행되고 있다. 현대건설의 미세먼지 토탈솔루션인 H클린알파는 아파트 단지 내에 미세먼지 유입을 차단하는 것은 물론 바이러스와 같은 유해 물질까지 없애준다. 입주민이 로비에 들어오는 순간 에어샤워를 통해 옷에 달라붙은 미세먼지를 털어주고, 엘리베이터에서는 천장에 설치된 환기 장치를 통해 살균 시스템이 작동된다. 집 내부는 광플라즈마 살균청정 환기 시스템과 주방 급속 환기 시스템으로 항상 청결하게 유지된다. 감지 시스템으로 수집된 미세먼지 정보는 세대 내 홈네트워크와 연동된 월패드 및 스마트폰 모바일 앱 등을 통해 입주 고객에게 전달된다.

　스마트홈의 핵심 요소인 가전제품 역시 서비스화가 진행되고 있다. 가전 산업이 단순 가전에서 스마트 가전으로 패러다임 전환이 이루어지고 있다. 스마트홈은 유무선 통신 네트워크 기반 주거환경에서 인터넷 기능 등이 포함된 가전제품 및 가정설비가 스스로 정보를 생산하고, 사람의 수요를 파악하거나 예측하는 시스템을 의미한다. 스마트홈 서비스의 핵심은 스마트폰, 태블릿PC, 스마트TV 등 다양한 디지털 단말기 간 동일한 인터페이스를 제공해 가정 내 기기들의 정보를 확인 및 조작할 수 있는 환경을 구현하는 것이다. 이 서비스를 통해 시·공간에 관계없이 가정 내 상태 정보를 확인하고 제어하는 것이 가능해졌다. 민간 표준화

스마트홈 공통 규격 Matter
자료: CES 2022

단체 CSA(Connectivity Standards Alliance)가 '연결성'과 '친환경성'을 강조한 스마트홈 공통 규격 Matter를 공개하면서 서로 다른 인터페이스를 사용하는 스마트홈 기기들의 통합적인 관리 역시 가능해질 전망이다. 글로벌 리서치 기관 마켓츠앤드마켓츠(Markets and Markets)는 이러한 흐름이 지속된다면 2020년 783억 달러의 규모를 형성하고 있는 글로벌 스마트홈 시장이 2025년 1353억 달러까지 성장할 것으로 기대된다고 전망했다.[9]

삼성전자의 스마트싱스(SmartThings)는 소비자에게 끊임없는 가전

---

9 Markets and Markets(2019), "Smart Home Market with COVID-19 Impact Analysis by Product(Lighting Control, Security & Access Control, HVAC Control, Entertainment, Home Healthcare), Software & Services(Proactive, Behavioural), and Region - Global Forecast to 2025"

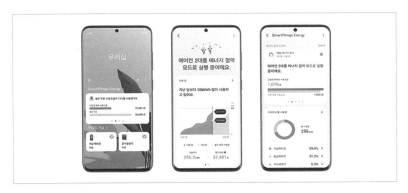

삼성전자의 스마트싱스
자료: 삼성전자

필터 교체 시기를 자동으로 알려주는 LG ThinQ 공기청정기
자료: LG전자

서비스를 제공한다. 스마트폰에서 듣던 음악을 TV로 이어 들을 수 있으며, 세탁이나 건조 종료 알림을 편하게 TV를 보면서 확인할 수 있다. 장을 볼 땐 스마트폰으로 냉장고 속 식재료를 체크하고 집 안팎 공기질과 에어컨의 전기 사용량까지 쉽게 확인할 수 있다. 인공지능을 활용하는 세탁기는 옷감과 색, 오염도에 따라 최적의 세탁 코스를 추천해주고, GPS를 인식하는 에어컨은 사용자가 집 근처에 왔을 때 자동으로 켜져

쾌적한 주거 환경을 제공해준다. LG 역시 자체 개발한 인공지능 기술에 구글, 아마존 등의 음성인식 기술을 적용한 LG ThinQ 가전제품들을 출시하고 있다. 공기청정기는 실시간으로 공기 질을 모니터링하고 자동으로 작동되며, 냉장고는 냉동실 온도 이상이 감지되면 자동으로 알려준다. LG 정수기를 활용한 레시피를 사용자에게 제안해주고 건조기에 의류가 방치되어 있으면 고객에게 알려준다.

가전 기업 외에도 IT 제조 및 서비스 기업이 스마트홈 서비스 구현을 위해 역량을 집중하고 있는 만큼 가전제품의 서비스화는 앞으로 더욱 고도화될 것이다. 구글은 스마트홈의 허브인 구글홈(Google Home)을 판매하고 있다. 아마존은 알렉사와 같은 자체 플랫폼을 확보해 스마트홈 생태계를 선점해나가고 있다. SKT, KT, LG유플러스, 소프트뱅크 등의 통신 서비스 기업들 역시 이미 확보한 고객을 기반으로 한 렌털과 월정액 제품을 출시하고 있다. SKT의 인공지능 음성인식 디바이스 NUGU, 소프트뱅크의 휴머노이드 로봇 페퍼(Pepper)가 대표적인 예다.

과거에 냉장고는 식료품을 신선하게 보관하는 제품에 불과했다. TV는 미디어를 송출하는 도구였으며, 세탁기와 건조기는 옷을 청결하게 유지하기 위한 기계였다. 그러나 이제는 인공지능과 사물인터넷 솔루션이 적용된 가전제품들이 서로 연결되어 소비자에게 다양한 서비스를 제공하고 있다.

실시간화

실시간화(Real Time)는 데이터가 입력과 동시에 어떤 지연도 없이 즉시 처리되는 일련의 작업 방식이 일반화되는 경향을 말한다. 실시간화는 빅데이터, 사물인터넷, 센서 기술들에 의해 주도된다. 병원을 직접 방문해 복잡한 절차의 검진을 받지 않아도 실시간으로 혈압, 심전도 등의 건강 정보를 스마트폰을 이용해 확인할 수 있다. 버섯 농장을 운영하는 농부도 여러 번 농장을 들러 확인할 필요가 없다. 농장의 온도, 습도 등의 운영 조건을 스마트폰을 이용해 24시간 확인할 수 있기 때문이다. 블록체인 기술이 관계된 수많은 사람과 정보를 실시간, 분산적으로 저장해 주기 때문에 A와 B가 체결한 계약 내용을 일일이 C에게 전달해줄 필요가 없는 시대가 되었다.

실시간화의 대표적인 예는 스마트공장이다. 지난 2011년 하노버 산

스마트공장 개념도
자료 : 스마트공장 사업관리시스템

업박람회에서 독일 정부가 발표한 4차 산업혁명 담론의 일환인 '인더스트리 4.0(Industrie 4.0)'은 스마트공장에 대한 전 세계의 관심을 불러일으켰다. 유럽 경제위기 이후, 독일의 빠른 경제 회복 능력은 스마트공장을 중심으로 하는 제조업 혁명 덕분이라는 분석이 나왔기 때문이다.[10] 한국 정부도 '스마트 제조혁신 2025'을 공표하고 계획의 하나로 스마트공장을 3만 개 구축하겠다고 나섰다.

스마트공장은 쉽게 말해 지능형 공장을 말한다. 기존 공장에 빅데이터나 사물인터넷, 인공지능이 더해진 개념이다. 즉, 제조업의 디지털화로써 기존의 단순한 '자동화'와는 구분된다. 자동화가 제조 과정에서 사람의 개입을 최소화해 궁극적으로 무인화 공장을 지향한다면, 스마트

---

10   김주희(2018), "4차 산업혁명과 독일의 담론, 전략 그리고 제도"

공장은 제조 전 과정(기획, 설계, 유통, 판매 등)을 정보통신기술(ICT)로 통합해 인간과 기계의 유기적인 연결을 지향한다. 스마트공장의 기기들이 서로 연결되어, 작은 스마트 기기 하나만 있으면 사람이 기계와 제조의 전 과정을 실시간으로 제어할 수 있게 되는 것이다.

세계에서 가장 진화한 스마트공장, 지멘스 암베르크 공장

지멘스의 암베르크 공장은 세계 최고 경영대학원 중 하나인 프랑스 인시아드(INSEAD)가 뽑은 '유럽 최고의 공장'으로 선정되었다.[11] 지멘스의 암베르크 공장은 1천여 종류의 제품을 연간 1200만 개 생산하지만 100만 개당 불량 수는 약 11.5개(0.00115%)에 불과하다. 이러한 사실을 놓고 보면 지멘스의 암베르크 공장이 유럽 최고의 공장으로 선정된 것은 어쩌면 당연한 일이다.

지멘스의 암베르크 공장이 스마트공장의 대표적인 사례로 꼽히는 이유는 디지털 트윈을 적용해 가상세계와 현실세계의 통합을 이뤄냈기 때문이다. 디지털 트윈은 현실에서 발생할 수 있는 상황을 컴퓨터로 시뮬레이션함으로써 결과를 예측하는 기술이다. 가령, 지멘스의 암베르크 공장에서는 엔지니어링 과정에서 생성된 데이터가 끊임없이 실시간으

---

11   Plantautomation(2007), "Siemens Electronics Manufacturing Plant in Amberg, Germany Wins Best Factory Industry Competition"

지멘스의 스마트공장 제조 과정
자료 : 지멘스

로 생산라인으로 전송되고, 생산라인에서 생성된 정보는 다시 엔지니어링 과정으로 전해진다. 이러한 과정을 통해 제품 개발과 생산 공정의 전 과정이 연결되고 최적화된다.

지멘스는 디지털 트윈 기술을 바탕으로 다른 기업들의 제조업 디지털 전환도 지원하고 있다. 지멘스의 'Siemens Digital Industries Software 제조 솔루션'은 고객이 실제 생산 시스템을 제작하기도 전에 모든 제조 프로세스를 가상으로 설계하고 시뮬레이션할 수 있도록 돕는다. 지멘스의 솔루션을 이용하는 고객들은 엔지니어링과 제조, 생산, 서비스 운영을 통합해 프로세스를 간소화하고 생산의 전 과정을 실시간으로 관리 및 최적화할 수 있게 되는 것이다.

건강도 실시간으로 관리한다

소득수준이 높아지고 삶의 질 향상에 관심이 커지면서 헬스케어 패러다임이 치료 중심에서 4P(Preventive: 예방, Predictive: 예측, Personalized: 개인 맞춤, Participatory: 참여) 중심으로 변화하고 있다. 특히, 다양한 디지털 기술을 활용해 실시간으로 개인의 건강을 관리할 수 있는 스마트 헬스케어 산업에 대한 기대가 포스트 코로나 시대를 맞아 확대되고 있다. 병원에 가는 일이 번거로워 정기적으로 건강을 관리하기 힘들던 시대는 지나가고 원격의료, 챗봇, 인공지능 스피커, 사물인터넷을 활용한 건강 관리 서비스 등 비대면 건강 관리가 가능한 시대가 다가오고 있다.

스마트 헬스케어는 빅데이터, 인공지능, 사물인터넷, 클라우드 등 디지털 기술을 헬스케어 분야에 융합해 개인의 건강 상태를 실시간으로 모니터링하는 서비스를 의미한다. 개인의 실시간 데이터 수집을 위해서는 스마트 웨어러블 기기가 사용된다. 의료용 센서가 삽입된 스마트 기기 혹은 밴드·목걸이형, 부착(패치)형, 인체삽입형 등의 웨어러블 기기를 사용해 혈압, 혈당, 심전도, 체지방 등 개인의 건강관리를 위한 건강 생체 신호를 실시간으로 측정하고 모니터링할 수 있다. 수집된 건강정보, 의료정보 등의 데이터는 플랫폼을 통해 통합적으로 관리되어 빅데이터를 구축하고, 이를 기반으로 인공지능 등을 활용하면 개인 맞춤형 건강 관리가 가능하다.

애플, 아마존, 구글 등 글로벌 IT 기업들이 헬스케어 분야에 진출하며 스마트 헬스케어 생태계를 구축하고 있다. 아마존은 2018년 6월에 온라인 제약 스타트업 필팩(PillPack) 인수를 통해 의료 분야에 진출했다. 아마존은 인공지능 플랫폼인 알렉사를 이용해 감기나 기침을 판별하는 기능에 대한 특허를 신청하는 등 본격적인 '헬스 이니셔티브(Health Initiative)'를 위한 움직임을 보이고 있다.

애플은 웨어러블 기기에 집중하고 있다. 헬스케어 보조 제품으로서 애플워치를 꾸준히 개발해 개인의 심박수와 운동량을 측정하는 등 다양한 기능을 웨어러블 기기에 탑재하고 있다. 애플은 플랫폼의 중요성 역시 인지하고 있다. 의학 연구를 위한 플랫폼인 Apple ResearchKit을 제공해 앱 개발자들이 애플의 스마트 웨어러블 기기를 바탕으로 다양한 헬스케어 앱을 개발할 수 있도록 지원하고 있다. 병원에는 Apple Health Record를 제공해 환자의 의료기록에 대한 접근성을 높이고 있으며, 애플 건강 기록용 API를 공개해 실시간으로 수집되는 건강 기록 데이터를 효과적으로 사용할 수 있는 생태계를 구축하고 있다.

구글의 모회사인 알파벳(Alphabet)은 모바일 건강 모니터링 스타트업인 세노시스 헬스(Senosis Health)를 인수했으며, 연구기관인 베릴리 생명과학(Verily Life Sciences)을 통해 원격진료 기술 등의 다양한 실험을 수행하고 있다.

스마트 헬스케어의 실시간화를 이루는 핵심은 센서가 장착된 기기다. 시계 형태의 웨어러블 기기가 대표적인 스마트 헬스케어 기기다. 삼성전자의 갤럭시워치, 애플의 애플워치, 핏빗의 핏빗Versa, 나이키의 퓨얼밴드 등이 대표적이다. 의류 제조 업체들도 헬스케어 관련 제품 개발에 나서고 있다. 아토스(Athos)는 센서가 부착된 운동복을 개발했다. 아

갤럭시워치
자료 : 삼성전자

핏빗Versa
자료 : CNET

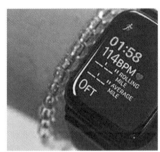

애플워치
자료 : AppleInsider

아토스 스마트 의류
자료: Busted Wallet

언더아머 스마트 운동화
자료 : Hunter and Bligh

토스의 스마트 운동복은 운동 데이터를 실시간으로 측정해 스마트폰으로 전송, 근육사용 정보를 분석해 전체적인 피드백을 제공한다. 언더아머는 센서를 이용해 사용자의 러닝 시간, 속도, 거리 등을 측정해 사용자가 스스로 하루의 운동 시간과 강도를 계획하도록 하는 스마트 운동화를 개발했다.

제품 디자인부터 진열까지 고작 3주, 재고는 최소화

자라(ZARA)는 '애자일 공급망(Agile Supply Chain)' 역량을 바탕으로 전 세계에서 가장 인기 있는 SPA(Specialty Store Retailer of Private label Appaarel) 브랜드로 자리 잡았다. 애자일은 '민첩함'을 의미하는데, 자라는 생산 전 과정에 빅데이터와 알고리즘을 활용해 제품을 디자인하고 매장에 진열하는 과정을 3주 만에 처리하고 재고를 최소화한다. 의류 업계에서 통상적으로 6개월 이상이 걸리는 과정을 3주 만에 처리해 불확실한 고객 수요에 민첩하게 대응하며 비용을 낮추고 있는 것이다.

자라의 애자일 공급망의 핵심은 데이터다. 자라는 초기 제품의 생산을 적게 하는 것으로 유명하다. 자라는 전 세계 매장을 통해 실시간으로 데이터를 수집하고, 이를 생산 과정에 즉각적으로 반영해 신속하게 추가 생산을 한다. 재고가 거의 없는 것이다. 자라는 POS 단말기, 전자상거래 판매, 고객 조사, PDA 기기 등을 통해 데이터를 수집한다. 수집된 데이터는 스페인에 위치한 Arteixo 데이터센터에 실시간으로 수집되고 이를 바탕으로 신제품 개발, 제품 생산, 배송 등 제품 생산의 전 과정이 처리된다.

자라의 RFID 기술을 활용한 재고 관리
자료 : APPAREL RESOURCES

자라는 양질의 데이터를 확보하고 실시간으로 재고를 관리하기 위해서 RFID 기술을 적극적으로 활용한다. RFID(Radio-Frequency Identification)는 무선주파수(Radio Frequency, RF)를 이용해 물건 또는 사람 등의 대상을 식별(Identification)할 수 있도록 해주는 기술을 말한다. 자라는 2007년부터 RFID 기술을 활용한 다양한 실험을 시작한 뒤, 2014년부터 본격적으로 RFID 시스템을 매장에 도입했다. 현재 자라의 모든 제품에는 RFID 태그가 적용되어, 실시간으로 제품이 어디 있는지 파악할 수 있다. 당시 의류업계에서는 직원이 재고를 직접 확인하고 기록하는 경우가 대부분이라 수집된 정보의 신뢰도가 떨어지는 문제가 있었다. 반면 자라는 RFID 시스템을 활용해 실시간으로 제품의 위치 파악 및 추적 관리를 할 수 있는 시스템을 구축해 업무 생산성을 높이고 실시간으로 재고 데이터를 관리하고 있다.

아디다스 역시 스마트공장의 개념을 적용해 생산성을 극대화한 대표적인 사례다. 독일 남부 바이에른주에 위치한 아디다스의 스마트공장은 스피드 공장이라고도 불리는데, 3D 프린터와 로보 기술을 적용해 소비자 맞춤형 생산을 한다. 스마트공장의 생산성 향상은 놀라울 정도다. 기존에는 운동화 한 켤레를 생산하는 데 6주가 걸렸지만, 스마트공장을 도입한 이후에는 5시간으로 줄어들었다. 또 50만 켤레의 운동화를 생산하는 데 소요되는 인력은 과거 600명에서 10명으로 줄어들었다. 신속한 고객 맞춤형 생산이 가능해지면서 아디다스는 스마트공장의 생산성을 30% 증대시켰으며, 노동비용은 18% 감소시킨 것으로 알려졌다.

실시간화, 제조업뿐 아니라 농업에서도

공장에서는 정해진 표준에 맞추어 제품이 만들어진다. 그러나 작물과 가축은 생육된다. 끊임없이 변하는 외부 환경에 민감하다는 이야기다. 온도, 습도, 사료의 양 등 온갖 요소들이 생육 환경에 영향을 준다. 사람이 모든 외부 요소를 관리하는 것은 어려운 일이다. 누가 작물과 가축을 관리하느냐에 따라서 생산량이 천차만별인 이유다. 스마트팜은 외부 환경에 민감한 농축산업의 생산성은 높이고 투입되는 비용은 낮출 수 있는 기술로서, 농업 분야 실시간화의 핵심으로 떠오르고 있다.

스마트팜은 비닐하우스, 축사 등에 정보통신기술을 접목해 실시간으로 생육 환경을 유지·관리하는 농장이다. 스마트 기기를 이용하면 끊임없이 변하는 외부 환경에도 농장을 원격·자동으로 관리할 수 있다. 특히 스마트팜은 작물 생육 정보와 환경에 관한 데이터를 기반으로 최적 생육 환경을 조성하기 때문에 적은 비용을 투입하고도 생산성을 높일 수 있다는 장점이 있다. CES 2022 혁신상을 수상한 국내 스타트업 엔싱의 모듈형 컨테이너 수직농장 큐브는 컨테이너를 활용해 실시간으로 작물

엔싱의 모듈형 컨테이너 수직농장
자료 : 헤럴드경제

그로브테크놀로지스의 타워팜
자료 : 헤럴드경제

의 생육환경을 관리한다. 미국 기업 그로브테크놀로지스가 개발한 타워 팜은 소가 먹을 건초를 실내에서 자동으로 대량 생산할 수 있다.

미국의 에어로팜(Aerofarms)은 스마트팜 분야의 선두주자다. 에어로 팜은 '스마트팜 분야의 애플'이라는 별명이 붙을 정도로 앞선 기술과 데 이터를 활용해 최적화된 농업 환경을 만들고 있다. 에어로팜의 농사 방 식은 기존의 농사 방식보다 95%, 일반 스마트팜 방식보다는 40%가량 적은 양의 물을 사용한다. 작물 생장에 최적화된 LED 자동화 시스템을 적용해 수확량이 일반 스마트팜보다 75%가량 향상되었다. 농작물 생육 에 필요한 요소들을 데이터로 관리하고 실시간으로 수집하기 때문에 가 능한 일이다. 에어로팜이 모니터링하고 분석하는 데이터의 양은 13만 개에 달한다. 이렇게 수집된 데이터는 작물을 관리하는 일은 물론이고, 새로운 스마트팜 기술을 개발하는 데 활용된다.

국내에서도 흥미로운 스마트팜 사업이 시행되고 있다. 바로 메트로 팜이다. 메트로팜은 농업회사법인 팜에이트(Farm8)가 국내 최초로 지하

에어로팜이 운영하는 스마트팜의 모습
자료 : 에어로팜

팜에이트가 운영하는 메트로팜
자료 : 팜에이트

철에 설치한 스마트팜 복합 공간이다. 햇빛이 없는 지하철 역사 안에서
도 정보통신기술을 활용해 식물이 자라는 데 필요한 환경 요소(온도, 습
도, 빛, 이산화탄소 등)를 제공한다. 모든 농작물은 데이터를 기반으로 관리
되어 미세먼지 등 오염 물질이 없는 작물 재배가 가능하다. 심지어 상도
역에 위치한 메트로팜은 사람이 아닌 로봇이 작물을 관리한다. 충정로

역과 답십리역, 을지로3가역점을 포함하는 5곳의 메트로팜에서는 365일 24시간 작물이 시공간의 제약 없이 원격으로 재배되고 있다.

실시간으로 관리되는 도시

스마트시티가 세계적으로 주목받고 있다. 스마트시티는 교통, 환경, 보건, 교육 등의 다양한 영역에서 시민들이 경험하는 문제들을 디지털 기술을 활용해 해결하고, 데이터에 기반해 자원을 효율적으로 운용하는 도시를 말한다. 세계적인 시장조사기관 스태티스타(Statista)는 향후 글로벌 스마트시티 시장 규모가 2019년 6083억 달러에서 2025년 1.12조 달러로 증가할 것으로 전망했다.

　스마트시티 부상의 가장 큰 원인 중 하나는 기후와 환경의 변화다. 도시가 온실가스 배출의 주범으로 지목되면서 친환경 도시에 대한 국제적 관심이 뜨겁다. 실제로 지구 전체 면적에서 도시가 차지하는 비중은 2%에 불과하지만, 지구 온실가스의 70%는 도시에서 만들어지고 있다.[12] 스마트 빌딩이 이러한 도시의 환경 문제를 해결하기 위한 해결책으로 부상하고 있다. 스마트빌딩이란 인공지능과 사물인터넷, 5G 등 정보통신기술을 도입해 빌딩의 운영 자동화와 지능형 공간 관리를 결합한 최적화된 디지털 연결 건축물을 일컫는다. 스마트빌딩은 중앙관제장치, CCTV, 통신망 등 빌딩 내에 있는 기기들을 하나의 네트워크로 연결하

12　UN HABITAT(2011), "Hot Cities: Battle-Ground For Climate Change"

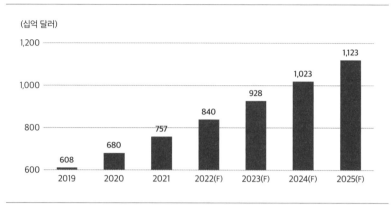

글로벌 스마트시티 시장 규모

(십억 달러)

	2019	2020	2021	2022(F)	2023(F)	2024(F)	2025(F)
	608	680	757	840	928	1,023	1,123

자료 : Statista

는 동시에 실시간으로 빌딩 관련 데이터를 수집·관리한다. 스마트빌딩은 데이터를 바탕으로 냉난방 시스템, 전력 장치, 조명 등을 자동화해 에너지 비용을 크게 절감할 수 있어 도시의 온실가스 배출을 줄일 수 있을 것으로 기대된다.

스위스 경영개발대학원(IMD)의 세계경쟁력센터는 싱가포르의 기술 설계 대학(SUTD)과 파트너십을 맺고 매년 '스마트시티 인덱스(Smart City Index)'를 발표하는데, 해당 발표에서 취리히는 2020년 전 세계에서 세 번째로 스마트한 도시로 선정되었다.[13] 취리히는 '취리히 2035 전략(Strategies Zurich 2035)'을 발표하고 취리히가 당면한 도시 문제들에 대한 해결책을 제시했다. 그 핵심에는 지속가능한 에너지와 스마트시

---

13 IMD·SUTD(2020), "Smart City Index 2020"

티 조성이 있다. 먼저 취리히는 시민들의 전력 사용량을 줄이기 위한 시도를 진행했다. 가장 대표적인 예가 '2000-Watt Society' 프로젝트 다.[14] 이를 위해 취리히가 추진하고 있는 전략은 '스마트 빌딩 관리 시스템(Smart Building Management System)'이다.[15] 취리히에서 사용되는 약 40%의 에너지가 빌딩 관리에 소모되고 있다.[16] 취리히 당국은 지능형 도시관리 시스템을 통해 전력 사용량은 최소화하는 동시에 이산화탄소 배출량을 줄일 수 있어 환경에 긍정적인 영향을 줄 것으로 기대하고 있다.

국내에서는 KT와 삼성전자와 같은 IT 기업들을 중심으로 스마트빌딩 기술 개발이 이루어지고 있다. 삼성전자가 2018년 공개한 인공지능 기반 스마트빌딩 솔루션 b.IoT는 기존 빌딩 관리 시스템과 비교해 최대 25%의 에너지 소비량을 절감할 수 있다. KT 역시 인공지능 스마트빌딩 서비스, 스마트빌딩 BEMS(빌딩 에너지 관리 시스템) 등의 스마트 빌딩 솔루션을 개발해 제공하고 있다.

---

14 이는 취리히 시민이 1년간 평균적으로 사용하는 에너지 소비량을 5,000와트에서 2,000와트로 줄이려는 취지에서 진행되었다. 취리히는 데이터를 활용한 에너지 소비 패턴 분석, 디지털 기술을 활용한 에너지 효율화 등을 추진하고 있다.
15 취리히는 2015부터 도시에 있는 빌딩에 지능형 도시관리 시스템을 구축하기 시작했다. 냉난방 시스템, 전력 장치, 조명 등 빌딩 내 많은 에너지를 사용하는 장치들을 자동화해 효율적으로 건물 시설을 관리할 수 있다.
16 Stadt Zurich Stadtrat(2016), "Strategies Zurich 2035"

초실감화

초실감화(User Experience)는 가상에서의 경험과 현실에서의 경험 간의 경계가 사라지는 경향을 의미한다. 인터넷과 디지털 기술은 가상의 세계를 가져왔고, 메타버스라는 신대륙을 발견하기에 이른다. 메타버스(metaverse)는 'meta(초월)'와 'universe(현실세계)'의 합성어로 가상공간과 현실세계가 융합 및 상호작용하는 3차원의 초현실 세상을 의미한다. 메타버스는 초실감화의 또 다른 말이다. 메타버스는 현실과 분리된 가상의 세계가 아니라, 사실 가상과 현실이 와해된 세상이기 때문이다. 메타버스는 물리적 실재와 가상의 공간이 실감 기술을 통해 상호작용하고 결합해 만들어진 융합 세계인 것이다.

가상현실(Virtual Reality, VR)과 증강현실(Augmented Reality, AR)이 메타버스의 가장 대표적인 기술 기반이고, 이는 혼합현실(Mixed Reality,

세계 XR 시장규모 추이 및 전망

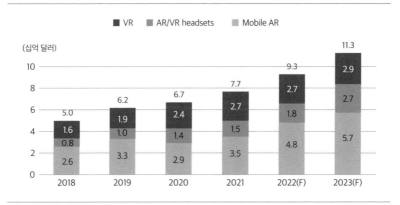

자료 : A Nielsen Company.

MR)로, 그리고 나아가 확장현실(eXtended Reality, XR)로 진보하고 있다. 3D 영상, 홀로그램과 같은 콘텐츠 기술과 빅데이터를 실시간으로 교환할 수 있는 5G 네트워크가 확산하고 있다. 더욱이 메타버스가 게임 산업을 넘어 유통, 교육, 제조, 금융 등 전 산업에 걸쳐 활용되면서 시장이 급성장하고 있다. 세계 메타버스를 이루는 핵심 기술, 소프트웨어 및 하드웨어 시장이 2021년 약 77억 달러에서 2022년 약 93억 달러 규모로 증가할 것으로 전망된다.

프랑스의 3D 모델링 기업 다쏘시스템(Dassault Systems)의 리빙 하트 프로젝트(Living Heart Project)는 이용자와 똑같은 모습의 가상 쌍둥이를 만들어 맞춤형 치료를 제공하는 기술을 개발한다. 카메라 앞에 서면 불과 몇 초 후 실제의 모습을 그대로 본뜬 가상 인간(Virtual Human)이 화면에 나타난다. 가상현실에 구현된 심장과 뇌도 볼 수 있다. 심장

다쏘시스템의 리빙 하트 프로젝트
자료 : Dassault Systems

과 뇌는 물론이고, 발, 피부, 소화관 등 신체 부위별 3D 모델링이 가능해진다면 이를 결합해 완전한 가상 인간도 만들 수 있을 것으로 기대받는다. 겉모습뿐만 아니라 조직과 세포 기능 등도 똑같이 구현되기 때문에 의사는 가상 인간의 심장과 뇌 등을 다양한 조건에서 치료하는 방법을 시뮬레이션할 수 있다. 이미 한국을 포함한 세계 여러 나라 의료기관에서 관련 임상 연구가 진행되고 있다. 현실과 가상의 경계가 무너지는 것이다.

판타웍스는 다양한 안전교육을 현장감 있게 구현하고 있다. 그동안의 교과서적인 교육이 현실성이 떨어져 '교육 따로, 현장 따로'였지만, 가상현실 기술로 구현한 콘텐츠는 책상 앞에 앉아 공장이나 건설 현장에 접속한다. 지게차나 컨베이어벨트를 직접 타고, 조작하면서 다양한 재난위험 상황을 가상으로 경험할 수 있게 하는 것이다. 그 밖에도 화재

사고나 교통사고 등에 대응할 수 있도록 하는 학교 안전교육 콘텐츠를 제공하고 있다.

비즈니스 영역에서도 초실감화가 급속히 진전되고 있다. 소비자들이 가상·증강현실 기술을 이용해 물건을 구매하는 과정에서도 생생한 경험을 느낄 수 있기를 원하고 있기 때문이다. 주로, UX(User Experience)라는 표현을 사용한다. 온라인 쇼핑 환경하에서 소비자들에게 어떻게 하면 제품과 서비스를 미리 경험·체험해보게 할 수 있을까에 대한 고민이다. 폭스바겐은 업계 최초로 초실감화 마케팅을 도입했다. 프리미엄 브랜드 아우디 판매를 촉진하기 위해 비대면화된 환경에서도 소비자가 가상현실 기술을 통해 차량을 경험해보고 구매 여부를 결정할 수 있도록 환경을 마련했다. VR 스토어를 구축하고, VR 기기를 통해 자동차의 세부 사항을 설명해주며, 부가적인 자료들을 VR 세상에서 직접 보여주는 방식으로 마케팅을 진행하고 있다.

이케아는 가구가 실제 배치될 공간과 잘 어울리는지를 확인할 수 있도록 하는 앱을 도입했다. 가구의 질감과 명암을 정밀하게 표현하고, 제품의 크기, 디자인, 기능까지 실제 제품의 비율을 적용해 배치할 수 있다. 나이키 피트(FIT)는 스마트폰 카메라를 발에 대면 수 초 내로 정밀하게 매핑하고 치수를 저장한다. 저장된 데이터는 많은 소비자의 구매 이력 등의 데이터와 결합해 최적의 신발 사이즈를 제안해준다. 워너비(WANNABY)라는 스타트업은 증강현실 기술을 사용해 신발을 미리 신어보거나, 매니큐어를 칠해보고, 반지를 착용해보고 구매를 진행할 수 있는 플랫폼을 개발해 세계적으로 주목받고 있다. '구매 후 경험'에서 '경

판타웍스의 VR 안전교육 콘텐츠
자료 : 판타웍스

폭스바겐의 아우디 VR 스토어
자료 : Audi MediaCenter

IKEA place 증강현실 앱
자료: IKEA

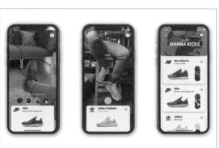

워너비의 증강현실 상품 체험 플랫폼
자료 : TechCrunch

험 후 구매'로 산업의 패러다임이 전환된 것이다.

이제 안경도 써보고 사세요

보통 안경은 온라인이 아니라 오프라인에서 구매한다. 이유는 간단하다. 안경을 직접 써봐야 하기 때문이다. 온라인 쇼핑몰에서는 안경을 써볼 수가 없으니 나의 시력에 맞춘 제품을 구매하는 것이 불가능하다. 일본의 안경 브랜드 진스(Jins)는 온라인 쇼핑몰에서도 안경을 써보고 살 수 있게 만들었다. 진스는 가상·증강현실과 인공지능 및 빅데이터를 결합한 진스브레인(Jins Brain) 서비스를 제공해 소비자들이 얼굴형, 헤어스타일 등에 따라 어울리는 안경을 마음껏 미리 써보고 살 수 있게 했다.

진스브레인은 쇼핑객의 얼굴을 인식할 뿐만 아니라 과거의 쇼핑 패턴과 선호하는 안경 디자인을 파악해 10개의 제품을 추천해준다. 거의 대부분의 쇼핑객은 추천된 제품 중에서 고르기 마련이고, 모든 기업에게 골칫거리인 반품이 확 줄어들었다. 기존 온라인 쇼핑몰에서는 반품률이 높았는데, 이는 써보지 못하고 구매하니 실제로 받아보면 불만족스러울 때가 많았기 때문이다. 그런데 이제는 추천한 안경을 써보고 구매하니 반품률이 획기적으로 줄어든 것이다. 이렇게 진스브레인은 온라인쇼핑 환경하에서 소비자들이 제품과 서비스를 미리 경험·체험해볼 수 있는 초실감화의 모습을 아주 잘 보여준다.

스마트 관광, 더욱 실감 나는
여행 경험을 선사하다

코로나19의 장기화로 우리의 일상이 많이 변했지만, 이제는 어느 정도 코로나19 시대에 적응해나가고 있다. 그러나 여전히 아쉬운 점이 있다. 언제쯤 마음 편하게 여행을 떠날 수 있을지 예측하기가 쉽지 않다는 것이다. 이에 대한 대안으로 스마트 관광이 떠오르고 있다. 관광 산업에 가상·증강현실 기술을 접목하는 시도가 늘어나고 있는 것이다. 언제 어디서나 내가 원하는 장소로 생생하게 떠날 수 있는 스마트 관광이 우리의 일상으로 들어오고 있다.

국내 여행 가상체험을 제공하는 스타트업인 디안트보르트는 제주도 가상현실 체험 플랫폼 '제주투브이알'을 개발했다. 제주투브이알은 제주도의 200여 개 여행지를 360도 영상으로 제공해 제주도를 직접 방문하지 않고도 집, 호텔 등 어디서나 경험할 수 있게 만들었다. KT는 슈퍼 가상현실 플랫폼을 통해 파리, 뉴욕 등의 해외 여행지 110여 편과 국내 여행지 50여 편을 합해 160여 편에 달하는 가상여행 콘텐츠를 제공하고 있다. 홍콩관광위원회가 만든 증강현실 몰입형 멀티미디어 서비스 '시티 인 타임(City in Time)'과 실제 항공기 안에서 이륙부터 기내식, 착륙 등 비행 서비스를 경험하며 파리, 뉴욕, 하와이 등의 도시를 가상현실로 여행할 수 있는 체험 시설을 제공하는 일본의 가상현실 콘텐츠 공급 회사 퍼스트 에어라인, 중동의 대표 여행지인 두바이를 가상현실 기술을 이용해 경험할 수 있는 두바이 360 등 전 세계적으로 가상·증강현실

퍼스트 에어라인의 가상현실 여행 서비스
자료 : Reuters

기술이 접목된 여행 상품들이 출시되면서 스마트 관광이 전 세계적인 트렌드로 부상하고 있다.

가상·증강현실 기술이 접목된 여행은 실감 나는 시간여행 콘텐츠도 제공한다. 현재 국내에서 인천 개항장과 전남, 대구 등을 시작으로 본격적으로 시범운영될 예정인 스마트 관광도시 사업은 스마트 기술을 가미해 여행객에게 생생한 여행 콘텐츠를 제공할 것으로 예상된다. 가령, 국내 최초 제1호 스마트 관광도시 선정지인 인천 개항장에는 한국 최초의 서양식 호텔인 대불호텔과 거리 곳곳에서 증강현실 기술로 재현된 과거 실존 인물들이 마치 해설사처럼 해당 장소와 관련된 이야기를 설명해준다. 과거 실존 인물들이 다양한 미션을 수행한 방문객에게 할인쿠폰 등 보상을 제공하는 등 다채로운 경험을 제공하기도 한다. 제물포 구락부에서는 가상현실 기술을 통해 과거 한순간이 재현되는 드라마 형식의 콘텐츠가 제공될 예정이다. 자유공원 전망대에서는 19세기 당시의 개항장 모습을 360도 파노라마뷰로 감상할 수 있게 될 것이다. 문화재청이 개발한 '내 손 안의 경복궁' 앱은 덕수궁과 경복궁의 콘텐츠를 증강현실을 활용해 관람할 수 있게 만들었다.

화상회의를 뛰어넘는 가상·증강현실 회의

코로나19 시대는 커뮤니케이션 방식에 큰 변화를 가져왔다. 화상회의 및 라이브채팅 등 비대면 커뮤니케이션 방식에 대한 수요가 증가한 것이다. 과거에는 지정된 장소에서 모든 구성원이 모여 얼굴을 맞대고 이야기했다. 가장 일상적인 커뮤니케이션 방식이었다. 그러나 비대면 커뮤니케이션으로의 변화는 여전히 비즈니스 구성원들에게 코로나19 이전의 일상적인 커뮤니케이션 경험을 되돌려주지는 못하고 있다. 서로 다른 장소에서 제한된 방식으로 대화해야 한다는 한계로 인해서 화상회의 및 라이브채팅 등의 비대면 커뮤니케이션 방식이 기존의 대면 커뮤니케이션 방식을 완전히 대체하기는 힘들기 때문이다.

가상현실 기술에 기반한 커뮤니케이션 및 협업 방식이 이러한 한계를 극복하는 대안으로 부상하고 있다. 기존의 개인 중심의 서비스와 달리 가상현실에 구현된 동일한 공간, 정보, 감각을 다수의 원격 사용자들이 공유할 수 있기 때문이다. 즉, 가상과 현실의 경계가 무의미해지면서 가상현실 기술을 활용한 커뮤니케이션이 실제의 일대일 인간 상호작용을 대체하고 있는 것이다.

가상현실 및 증강현실 협업 플랫폼 스타트업 스페이셜(Spatial)은 더욱 진보된 형태의 비대면 업무 환경을 제시한다. 스페이셜은 인공지능을 활용해 이용자 사진을 기반으로 실물과 닮은 아바타를 구현하고 주변의 3차원 공간을 디지털 작업 환경으로 전환하는 솔루션을 제공한다. 아바타는 실제 사람과 유사한 느낌을 만들어내기 위해 표정부터 얼굴 근육의 미세한 움직임까지 고려해 만들어진다. 가상·증강 현실 기반의 3차원 가상 사무실 공간 홀로그래픽 오피스(Holographic Office)가 사용자들이 물리적으로 떨어져 있음에도 불구하고 마치 같은 공간에서 함께 일하고 있다는 느낌을 받을 수 있도록 한다. 서로 연결되어 있다는 느낌을 받기 힘들어 협업에 있어서 한계가 있다는 지적을 받는 기존 화상회의 방식과 텍스트 기반의 협업 툴이 지닌 단점을 보완한 것이다.

스페이셜 홀로그래픽 오피스 솔루션의 핵심은 높은 업무 참여도다. 사용자들은 디지털 작업 환경에서도 실제 업무 환경과 똑같이 포스트잇을 붙이거나 화이트보드에 메모하면서 아이디어 회의를 할 수 있다. 정면에 있는 사람의 말소리는 앞에서, 오른쪽에 앉은 사람의 말소리는 옆에서 들리는 등 실감나는 가상공간 구현은 가상과 현실의 구분을 모호하게 만든다. 가상과 현실의 경계가 와해되는 것이다.

자유로운 분위기의 공간이 구현된 홀로그래픽 오피스는 창의적인 업무 환경을 가능하게 만든다. 인공지능을 활용해 어떠한 3차원 공간도 디지털 작업 환경으로 전환할 수 있기 때문이다. 가령, 커피를 즐길 수 있는 휴식 공간이나 축구 등의 운동을 함께 즐길 수 있는 공간도 가상현실로 구현이 가능하다. 사용자들이 일에 집중하고 싶을 때는 독립된 자신

스페이셜의 홀로그래픽 오피스
자료 : 스페이셜

만의 공간에서 일할 수 있으며, 다른 사람들과의 유대감을 느끼고 싶을 때는 언제든 휴식 공간으로 이동할 수 있다. 홀로그래픽 오피스가 미래에 오프라인 오피스를 대체할 수도 있다는 이야기가 나오는 이유다.

스페이셜의 홀로그래픽 오피스 말고도 다양한 소셜 플랫폼이 주목받고 있다. 콘서트와 같은 라이브 가상 이벤트에 특화된 일본의 소셜 가상현실 클러스터(Cluster)와 가상공간에서 프레젠테이션 환경을 제공하는 원격 협업 플랫폼인 월드비즈(WorldViz)의 비지블(VIZIBLE), 원격 건축 설계 협업 플랫폼인 더 와일드(The Wild) 등이 대표적이다.

PART 3

초가속 시대
액션 플랜

피할 수 없다면 파괴하고
다시 창조하라

"Be Digital." 기업이 생존하기 위해서는 단순히 디지털 시대를 준비하는 것이 아니라(Do Digital), 디지털 조직 그 자체(Be Digital)가 되어야만 한다. 산업 각 영역에서 디지털 대전환이 빠르게 진행되면서 디지털 기술을 접목하지 못한 비즈니스 전략이 더는 유효하지 않게 되었다. 그러나 모든 기업이 디지털 전환에 성공하는 것은 아니다. '어떤 디지털 기술을 도입해야 하는가?'라는 고민에만 머무르면 안 된다. 조직과 생각과 문화는 과거에 머물러 있으면서, '컴퓨터'만 도입한다고 디지털 기업이 될 리 없다.

성공적으로 디지털 시대에 알맞은 조직으로 거듭나기 위해서 기존의 기업들은 고객 관계와 생산 관리부터 협력사와의 소통에 이르기까지 전체 비즈니스 모델을 새롭게 구축해야 한다. 그러지 않으면 소프트웨어 기술로 무장한 신생 디지털 기업들이 기존 사업들을 혁신해 나갈 것이다. 온라인 서점으로 시작해 글로벌 전자상거래 시장을 장악한 아마존의 성장은 그 끝을 가늠할 수 없다. 아마존은 미디어, 엔터테인먼트, 헬스케어, 인공지능, 금융에 이르기까지 사업 영역을 끊임없이 확장하고 있다. 아마존이 못하는 걸 찾아야 살아남는다는 이야기가 있을 정도다.

인터넷의 발달로 콘텐츠를 소비하는 방식이 급변하고 있었음에도 블록버스터(Blockbuster LLC)는 대여점을 방문해 DVD를 빌리던 과거의 방식만을 고집했다. 배부른 사자가 된 것이다. 반면 넷플릭스는 콘텐츠 시장의 변화를 감지하고 2007년 DVD 대여 서비스에서 온라인 스트리밍 서비스로 사업을 전환했다. 그 결과, 넷플릭스는 현재 연간 수조 원의 수익을 창출하는 세계 최대 온라인 스트리밍 서비스 기업으로 성장했지만 블록버스터는 2010년 파산했다.

블록버스터는 디지털 대전환을 외면했고, 넷플릭스는 디지털 대전환에 합류했다. 그 결과 블록버스터는 망했고, 넷플릭스는 세계적인 기업이 되었다. 변화를 주도할 수 없다는 무력감에 움직이지조차 않는다면 기존 기업들은 '생존'을 기대하기 힘들다.

앞서 PART1을 통해서 5개의 디지털 트랜스포머 기업을 살펴보았다. 이들이 대표적인 'Be Digital'의 사례다. 기존 비즈니스 모델에 디지털 기술을 도입하는 가운데, 조직의 생각과 문화 역시 혁신했다. 스타벅스와 나이키는 디지털 플랫폼을 활용해 고객과의 모든 접점에서 고객의 니즈에 신속하게 대응했다. 스타벅스가 커피의 맛과 향에만 집착했다면 지금의 성공이 가능했을까? 스타벅스는 커피의 맛과 향은 기본이고 스타벅스만의 경험(Starbucks Experience)을 고객에게 제공했다. 나이키 역시 나이키만의 고객 경험(Nike Consumer Experience, NCE)으로 '신발'이 아니라 '문화와 열정'을 판다. 누구도 가본 적 없는 해운업계의 페이퍼리스(paperless) 프로세스를 주도하는 머스크, 온라인 쇼핑과 오프라인 인프라의 장점을 융합한 유통 공룡 기업 월마트, 그리고 은행 지점을 없애고 개방형 디지털 플랫폼을 기반으로 소비자의 참여를 극대화한 피도르뱅크 역시 디지털 조직 그 자체가 되기 위한 '창조적 파괴(Creative Destruction)'를 단행했다.

스타벅스는 2009년 디지털화 추진을 전담하는 조직 스타벅스 디지털 벤처스(Starbucks Digital Ventures, SDV)를 신설했다. SDV는 스타벅스의 모든 서비스를 '디지털화'하는 과정에 돌입했다. SDV는 스타벅스와 고객과의 접점을 증대하기 위한 다양한 디지털 프로젝트를 추진했고, 그 결과 모든 커피 유통·판매 시스템을 디지털 공간에 구축하는 동시에 온·오프라인이 통합된 스타벅스만의 끊임없는(seamless) 고객 경험을 창출해냈다. 커피의 맛과 향에만 집착하던 식료품 기업 스타벅스의 기존 비즈니스 모델과 조직 문화가 파괴되는 순간이었다.

이제 고객들은 단순히 커피를 마시러 스타벅스를 이용하는 것이 아니라 스타벅스가 구축한 디지털 플랫폼을 기반으로 제공하는 스타벅스만의 문화를 경험하기 위해 스타벅스 매장을 방문한다. 스타벅스는 더 나아가 금융 서비스마저 연계하고 있다. 디지털 시대에 스타벅스는 더 이상 단순한 커피 회사가 아니다.

스타벅스는 경쟁사들보다 상대적으로 높은 커피 가격을 유지할 수 있을까? 디지털 시대에 상품과 서비스의 가격은 단순히 품질만으로 결정되지 않는다. 스타벅스는 데이터를 바탕으로 고객의 취향에 맞는 커피를 제공한다. 커피를 선택하는 데 있어 실패할 확률이 낮은 것이다. 고객의 입장에서 시간이라는 기회비용이 감소한다. 디지털 시대에 시간은 곧 돈이다. 다른 카페를 방문해 나의 취향에 맞는 커피를 찾기 위해 시간을 허비하고, 주문한 뒤에도 커피의 맛이 만족스럽지 못한 경험을 누구나 해본 적이 있을 것이다. 비록 가격이 저렴하더라도 이런 경험이 있는 카페를 다시 방문할 소비자는 없다. 반면 디지털 시대의 소비자들은 상품 자체의 효용성 그 이상의 가치를 제공하는 기업에게 기꺼이 더 큰 비용을 지불한다. 스타벅스가 상대적으로 비싼 커피 값에도 불구하고 성공한 이유다.

나이키가 본격적으로 디지털 전환을 시작한 것은 2010년이다. 나이키는 2010년 처음으로 독립적인 나이키 디지털 스포츠(Nike Digital Sports) 사업부를 설립했다. 나이키 디지털 스포츠 사업부는 나이키 제품의 판매, 유통, 사용자 경험(User Experience) 등을 포함한 나이키만의 전사적인 디지털 전환을 추진하는 전담 조직이 되었다. 나이키 디지털 스포츠 사업부는 고객들의 빠르게 변하는 니즈를 실시간으로 상품에 반영하기 위해서 익스프레스 레인을 필두로 새로운 생산 시스템을 도입했고, 나이키 제품만을 위한 직판 매장에 집중해 소비자 직접 판매(D2C)를 강화하는 등 기존 나이키의 비즈니스 모델을 철저히 파괴했다. 그리고 이제 소비자들은 나이키의 '상품'이 아니라, 나이키의 '문화' 그리고 운동에 대한 '열정'을 구매한다.

나이키는 또한 퓨얼랩(Fuel Lab)을 통해 스포츠 테크 제품을 생산하는 스타트업과 함께 협업할 수 있는 액셀러레이터(accelerator) 프로그램을 운영했다. 액셀러레이터 프로그램에 참여한 스타트업은 저명한 글로벌 투자자들에게 투자받을 기회를 얻을 수 있고, 나이키와 공동으로 상품과 서비스를 출시할 수도 있었다. 반대로 나이키는 액셀러레이터 프로그램을 활용해 상대적으로 규모가 작기에 유연하고 빠르게 시장의 변화에 따라 변할 수 있는 스타트업의 장점을 흡수할 수 있었다. 이미 기업의 규모가 커져버려 빠르게 변하는 소비자의 니즈를 실시간으로 상품에 반영하는 데 어려움을 겪고 있는 기업들에게 나이키의 액셀러레이터 프로그램은 훌륭한 벤치마크 사례가 될 수 있다. 스스로 빠르게 변할 수 없다면 디지털 시대에 적합한 조직을 갖춘 기업들과도 적극적으로 협력해야 한다.

나이키가 액셀러레이터 프로그램을 통해 협업을 강조했다면 머스크와 월마트는 디지털 기업들을 적극적으로 인수 합병했고, 이를 통해 디지털에 친숙한 문화를 빠르게 정착시켰다. 해운업계는 디지털화에 가장 적응하지 못하는 분야로 지목될 정도로 노동집약적이며 디지털 기술과 거리가 먼 분야다. 월마트 역시 이미 4,700개의 거대 오프라인 매장을 갖고 있었다. 디지털 전담 조직을 만들고 디지털 기술을 도입해 디지털 기업에 필요한 조직 운영 프로세스를 도입하는 일이 쉽지 않았다는 의미다. 가능은 하겠지만 디지털 기업으로의 오랜 전환의 시간을 소비자들은 기다려줄 마음이 없다. 다시 한 번 강조하지만, 디지털 기술을 도입한다고 해서 내일 당장 디지털 기업이 될 리 없다.

디지털 대전환은 소비자의 전환행동(Consumer's Switching Behavior)에도 영향을 주고 있다. 스마트폰으로 언제 어디서든 전 세계의 제품과 서비스를 비교해보고 구매할 수 있는 디지털 시대에 소비자들은 더 이상 특정 기업에 영원한 충성을 맹세하지 않는다. 혁신적인 제품과 서비스가 출시된다면 디지털 시대의 소비자들은 언제든 전환할 준비가 되어 있다. 변하지 않는다면 기존 기업들의 제품과 서비스는 소비자들에게 그저 '불편하고 재미없는 것'에 불과할 것이다. 속도의 경제가 도래하고 있는 이유다.

이럴 때 기업들이 선택할 수 있는 적절한 해결책은 적극적인 디지털 기업 인수 합병이다. 스타벅스와 나이키처럼 미리 디지털 시대를 준비해 전담 조직을 구성하지 못했다면 태생부터 디지털 기술을 활용하는 기업들을 인수 합병해서 기존 조직의 문화와 운영 프로세스에 균열과 변화를 줄 필요가 있다. 이를 통해 디지털 시대에 알맞은 조직과 운영 프로세스를 도입하는 시간을 단축할 수 있다.

물론 인수 합병만 진행하고 조직 전반에 걸친 디지털 전환에는 소극적이라면 이야기는 달라진다. 특히 전통적인 비즈니스 모델에서 효율적으로 조직을 운영했던 경험이 있는 조직일수록 성공적인 디지털 전환에 어려움을 겪는다. 효율적인 조직은 변화를 거부하는 경향이 있기 때문이다. 이미 사업이 잘되고 있기에 변화를 거부하고 결국 시장에서 퇴출당한다.

이미 성공적인 과거 비즈니스 모델을 구축했던 기업들은 아무리 '디지털 기업이 되어야 한다'라는 이야기를 듣더라도 말로만 변화를 요구한다. 이들에게 디지털 기술은 기존 비즈니스 모델의 생산성을 높이기 위해 도입되는 보완적 솔루션에 가깝다. 예컨대, 디지털 기술이 개발된 이래 ERP, SCM, 생산자원계획 등 다양한 솔루션들이 기업 생산성 제고 차원에서 도입되었다.

앞서 보았듯이 월마트의 최고경영자 더그 맥밀런은 월마트의 이커머스 시장 진출이 늦은 이유를 디지털 전환을 절실히 원하지 않았기 때문이라고 밝혔다. 디지털 분야의 중요성을 인식하고 고용과 투자를 늘렸으나 혁신가의 딜레마에 빠져 있었고, 과거의 관성에 이끌려 여전히 오프라인 매장에 의존하는 경향이 있었다고 말했다.

하지만 최근 진행되고 있는 디지털 트랜스포메이션 현상을 살펴보면, 과거의 익숙한 사업 방식에 주력하려는 생각은 다소 위험해 보인다. 어떤 기업이든 변화를 거부한다면 제2의 블록버스터가 될 수 있다. '생존'의 문제가 걸려 있다는 말이다. 디지털화는 예외 없이 모든 사업 영역에 영향을 미치고 있다. 맥킨지 글로벌 연구소는 산업별로 속도의 차이는 존재하겠지만, 디지털 혁신을 앞으로 모든 산업에서 끊임없이 일어날 현상으로 분석했다.[1] '한때의 유행(Fad)'이 아니라는 것이다.

디지털 시대에 소비의 표준을 만드는 것은 기업이 아니라 소비자들이다. 끝없이 소비자의 목소리에 귀 기울이고 소비자들이 원한다면 언제든 기존의 것을 파괴하고 새로운 것을 창조할 수 있는 기업이 되어야

---

1   Manyika, J. et al. (2015), "Digital America: A Tale of the Haves and Have-Mores. McKinsey Global Institute"

한다. 디지털 기술을 기반으로 유연한(agile) 기업 조직을 구축하는 일은 선택이 아니라 필수 과정이 되어버렸다. 현재의 고객이 미래에도 우리 회사의 상품과 서비스를 구매해줄 것이라는 헛된 믿음은 버려도 좋다.

디지털 경제에서 살아남기 위해서는 조직이 운영되는 프로세스를 근본적으로 바꿔야 한다. 디지털 시대 이전의 기업들은 마치 기계와 같은 조직을 만들기 위해서 노력했다. 표준화된 제품을 안정적으로 대량 생산해 소비자들에게 저렴한 가격으로 제공하는 것이 가장 중요했다. 이를 위해 기업들은 중앙에서 전 조직을 사전에 정해진 절차와 규정에 따라 체계적으로 조직화했다. 반증이 불가능한 수학적 명제처럼 어느 정도의 자원이 투입되면 기대되는 품질의 제품이 정해진 양만큼 정확히 산출되는 것이 곧 조직의 경쟁력이었다. 과거 전 세계의 기업들이 효율적이고 체계적인 조직을 만들기 위해서 도요타의 '린 생산방식(Lean Production)'과 포드의 '테일러 시스템(Taylor System)'을 배우기 위해 노력한 이유다.

하지만 요즘처럼 하루가 다르게 변하는 디지털 경영 환경에서 기업들은 그때그때 빠르게 대처할 수 있는 유연한 조직을 만드는 방안을 고민해야 한다. 이를 위해 데브옵스(DevOps) 체계가 해결책으로 떠오르고 있다. 데브옵스는 개발(development)와 운영(operations)의 합성어로, 개발과 운영을 하나로 묶어 그때그때 새로운 제품과 서비스를 실험해보고 빠르게 시장에 출시하는 조직 체계를 의미한다. 데브옵스는 다양한 분야의 멤버들로 팀을 구성해 참신한 아이디어를 신속하게 실험해볼 수 있다는 장점을 갖고 있다.

데브옵스 체계에서 시장 반응이 기대에 미치지 못한다면 팀은 언제든 해산될 수 있다. 그러나 성공적이지 못한 실험의 결과가 데브옵스 구성원들에게 불이익으로 이어지지 않아야 한다. 그렇지 않다면 어떠한 구성원도 새로운 아이디어를 내려고 하지 않을 것이다. 이러면 데브옵스 체계의 의미가 퇴색되고 빠르게 변하는 소비자들의 니즈에 맞는 제품과 서비스를 출시할 수 없게 된다. 속도의 경쟁에서 생존을 담보할 수 없게 된다. 독립적인 데브옵스 체계를 구축할수록 기업들은 더욱 매력적인 제품과 서비스를 고객들에게 빠르게 제공할 수 있다. 데브옵스의 핵심은 언제든 실패할 준비가 되어 있어야 한다는 것이다. 실패조차 소비자들의 피드백을 얻을 수 있는 소중한 기회다. 이렇게 얻은 소비자의 피드백은 다음 개발 과정에 신속하게 반영된다.

특히 과거와 달리 모든 산업에서 소프트웨어의 비중이 높아지고 있는 상황에서 데브옵스 조직은 필수적이다. 소프트웨어는 개발된 이후에도 꾸준히 관리되어야 한다. 제품과 서비스를 출시한 이후에도 소비자의 반응에 기민하게 대응할 수 있는 조직이 구축되어야 한다는 의미다. 이러한 상황에서 개발과 운영이 별도의 조직에서 이루어지는 것은 비효율적이다.

"GE의 목표는 소프트웨어 혹은 디지털 기업"이라는 제프리 이멀트의 선언, 대표적인 중후장대 장비 제조업체 지멘스의 디지털 변신, 더이상 자동차 제조 업체가 아니라 모빌리티 플랫폼 업체를 목표로 하겠다는 도요타의 선언은 소프트웨어가 모든 산업에서 핵심으로 떠올랐음을 보여준다. 실리콘밸리의 대표 벤처 투자가 마크 앤드리슨(Marc

Lowell Andreessen)은 "소프트웨어가 세상을 잡아먹고 있다(Software is Eating the World)."라고 표현했을 정도다.[2]

GE는 2013년 패스트웍스(Fastworks) 팀을 도입했으며, 마이크로소프트, IBM 등 세계적인 글로벌 기업들 역시 빠르게 바뀌는 환경에 따라 유연하게 움직일 수 있는 팀 조직을 구축하기 위해 전반적인 인사관리 시스템을 바꾸고 있다. 해당 기업들은 기능에 따라 분화되어 경직된 조직이 아니라 프로젝트에 따라 그때그때 구성되고 해산되는 조직 체계를 만들고 있다. 일단 팀이 구성되면 팀에 소속되어 있는 구성원들은 개발과 운영을 모두 책임지며, 일이 마무리되면 해당 팀은 즉각 해산되어 다른 팀으로 배치된다. 또한 연간평가 및 상대평가를 폐지하고 절대평가와 팀 동료 간 피드백을 바탕으로 실시간으로 구성원들의 성과를 관리한다(디지털 시대에 변하고 있는 인사관리에 대한 이야기는 뒤에서 더욱 자세하게 다룰 예정이다).

자동차 산업에서 이루어지는 변화들은 디지털 시대의 소프트웨어가 갖는 중요성을 더욱 실감할 수 있게 한다. 과거의 자동차는 제조업과 하드웨어의 상징이었다. 자동차는 수만 개의 부품으로 구성된 동력장치 그 이상도 이하도 아니었다. 그러나 테슬라와 구글이 자동차의 개념을 완전히 바꾸어놓았다. 전기차, 커넥티드카(connected car), 자율주행차 등 차세대 자동차가 등장하면서 자동차 산업에서 전장 부품이 갖는 중요성이 증가하고 있다. 시장조사 업체 스트래티지 애널리틱스(Strategy Analyt-

---

2   The Wall Street Journal(2011), "Why Software Is Eating The World"

ics)는 2020년 자동차 제조원가에서 전장 부품의 비중은 50%를 넘었고, 전기차의 경우 무려 70%를 차지한다고 발표했다. 전기차로 전환 시 기존 자동차를 구성하는 약 3만 개의 부품 중 37%가 사라질 것으로 예상된다. 구체적으로 엔진 관련 부품은 100%, 기존 내연기관용 전장 부품은 70%, 클러치 등 구동 및 전달 부품은 37%가 사라진다. 앞서 테슬라의 사례를 설명하면서 저자가 독자분들께 던진 질문을 다시 상기해볼 필요가 있다. "테슬라는 하드웨어를 파는가? 소프트웨어를 파는가?"

많은 투자자가 아마존이 유통 분야를 지배한 방식과 비슷하게 테슬라가 새로운 자율주행 시장을 지배할 것으로 예상한다. 테슬라는 태양광과 배터리 기술에 투자하면서 관련 생태계를 만들어가고 있다. 전기 트럭과 SUV를 생산하는 리비안, 1,000마력에 한 번 충전으로 800km까지 주행할 수 있는 고급형 전기차 브랜드 루시드에어에 대한 소비자들의 관심 역시 미래 자동차 시장의 새로운 지배자가 전통적인 하드웨어 기반의 자동차 회사가 아닐 수 있음을 보여준다.

머지않아 자동차는 전기로 움직이고, 운전자도 필요 없어질 것이다. 그리고 사람들은 자동차를 소유하는 것이 아니라 필요할 때만 이용하게 될 것이다. 소비자는 자동차라는 제품이 아니라 서비스를 이용하기를 원하게 될 것이다. 기존의 자동차 기업들이 어떻게 하면 자동차의 불량률을 줄일 수 있는 표준화된 공정 시스템을 구축할 수 있을지 고민하는 시간에 테슬라와 구글은 소비자들의 피드백을 끊임없이 수집하며 소프트웨어를 업데이트하고 있다. 테슬라는 이미 미국 전역에 5,000곳 이상의 충전 네트워크를 갖추고 인포테인먼트에 집중하고 있다. 테슬라는

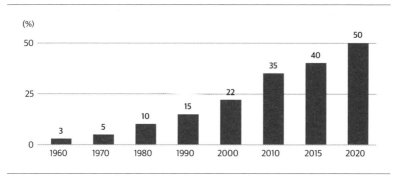

자동차 제조원가 중 전장 부품 비중

(%)

- 1960: 3
- 1970: 5
- 1980: 10
- 1990: 15
- 2000: 22
- 2010: 35
- 2015: 40
- 2020: 50

자료: Strategy Analytics

주: 전장 부품이란 자동차에 들어가는 모든 전기 장치 부품을 의미한다. 자동차의 스마트화가 이루어지면서 자동차에 들어가는 부품들이 전자적 신호를 주고받는 IT 기기로 진화하고 있다. 중앙정보처리장치(CID), 헤드업디스플레이(HUD), 텔레매틱스 등이 대표적인 예이다.

전기차로 전환 시 내연기관 자동차에서 사라지는 부품

구분	내연기관 부품(개)	사라지는 부품(개)	비율(%)
엔진 부품	6,900	6,900	100
전장 부품	3,000	2,100	70
구동 및 전달 부품	5,700	2,100	37
차체 부품	4,500	0	-
현가 및 제동 부품	4,500	0	-
기타	5,400	0	-
합계	30,000	11,000	37

소프트웨어가 자동차를 차별화하는 요소가 될 것이라는 사실을 이미 알고 있었다.

위기의식을 느낀 기존 자동차 회사들도 빠르게 변화를 준비하고 있다. 이미 늦었다고 포기하는 순간 '생존'할 수 없음을 직감적으로 느낀 것이다. 피할 수 없다면 파괴하고 다시 창조해야 한다. 도요타는 자동차 회사에서 이동 서비스를 위한 플랫폼으로 전환하는 계획을 발표하고, 이를 위해 커넥티드컴퍼니(Connected Company)를 설립했다. 도요타는 2017년 초부터 샌프란시스코에서 겟어라운드(Getaround) 서비스를 실험하며 커넥티드 렌터카 생태계를 구축하고 있다. 겟어라운드는 스마트폰으로 도요타의 렌터카를 예약하는 승차 공유 서비스다. 이미 우버와 그랩 등 신생 디지털 기업들이 해당 시장을 장악했음에도 불구하고, '생존'을 위해 도요타는 변화를 시도했다.

독일의 자동차 제조 그룹 다임러는 GE의 패스트웍스와 비슷한 형태의 팀 조직인 스웜조직(Swarm Organization)을 도입했다. 특정 프로젝트에 따라 자율적으로 기업 구성원들이 팀을 구성해 빠르게 시장의 변화에 대응할 수 있는 조직을 구축하기 위한 시도다. 다임러는 특히 자동차의 디지털 기술과 관련된 분야에서 스웜조직을 적극적으로 활용하고 있다.

자동차의 엔진 성능이나 디자인, 안락함으로 차별화되는 현재의 자동차 시장과 달리, 미래의 자동차 시장은 디지털 기술에 따라 승자가 결정될 것이다. 기존 자동차 회사들 역시 이러한 사실을 깨달았고 변화를 시도하고 있다. 비록 늦었지만, 기존 자동차 회사들은 디지털 기술로 무장한 신생 자동차 기업들과 비교해서 광범위한 유통망과 브랜드 인지도, 효율적인 공정 시스템 등에서 우위를 갖는다. 이러한 비교우위를 디지털 기술 및 데브옵스 체계와 함께 적극적으로 활용한다면, 기존 자동차 회사들 역시 미래의 자동차 시장에서 승리할 가능성은 여전히 남아

있다. 분야는 다르지만, 태생부터 오프라인 기업이었던 월마트는 이커
머스 시장에서 이미 디지털 네이티브 기업인 이베이를 추월했다. 기존
기업에게도 여전히 기회는 있다. 모든 분야가 해당된다. 아직도 망설이
는가? 생존을 위해 이제는 변화를 시도해야만 한다. 지금, 이 순간에도
소비자들은 혁신적인 상품과 서비스로 빠르게 전환하고 있다. 국경은
무의미해지고, 시·공간의 제약은 사라진다.

중요한 건 기술이 아니라
'사람'이다

조직이 운영되는 프로세스를 디지털 시대에 적합하게 구축하는 동시에 디지털 기술에 대해서도 고민해야 한다. '컴퓨터'를 도입한다고 디지털 기업이 될 리 없지만, '컴퓨터' 없는 디지털 기업도 불가능하다. 효율적인 디지털 기술의 도입은 전사적인 디지털화를 구축하는 토대다. 클라우드와 블록체인, 인공지능, 로봇공학, 3D 프린팅에 이르기까지 기업 발전의 지렛대로 활용할 수 있는 모든 디지털 기술의 도입을 고민해야 한다. 디지털 기술을 활용해 기존의 비즈니스 모델과 업무 과정을 개선하고, 더 나아가 새로운 수입원을 비즈니스 모델에 추가해야 한다.

어떻게 하면 디지털 기술을 효과적으로 도입할 수 있을까? 답은 '사람'에 있다. 글로벌 컨설팅 기업 맥킨지는 디지털 전환을 시도한 기업 중 70%가 실패를 겪었다고 밝히며, 많은 기업이 사람의 중요성은 간과하고 신기술만 덧붙이는 함정에 빠졌다고 지적한다. 디지털 기술을 실무에 적용해야 하는 사람이 디지털 전환의 필요성에 공감하지 못한다면 새로운 디지털 기술의 도입은 어떠한 의미도 갖지 못한다.

먼저 기업의 주요 의사결정 과정에 참여하는 인력들을 재구성해야한다. 디지털 기술의 중요성을 인식하고, 직원들이 기꺼이 디지털 전환에 동참할 수 있도록 이끌 수 있는 사람들이 주요 의사결정 과정에 참여해야 한다. 마이크로소프트는 2011년부터 클라우드 서비스 애저(Azure)를 맡아 연구한 사티아 나델라를 2014년 최고경영자로 임명했다. 이후 마이크로소프트는 클라우드 시스템을 중심으로 디지털 경제의 리더들을 리드하고 있다. 사티아 나델라는 줄기차게 테크 인텐시티를 강조했다. 테크 인텐시티(Tech Intensity)란 기업에 최신 기술을 도입해 급격히 변하는 시장 환경에 대응할 수 있는 회복 탄력성과 기업의 고유 역량을 키우는 기술의 내재화 과정을 의미한다. 디지털 기술의 중요성을 알아볼 수 있는 사람만이 디지털 기술의 내재화 과정을 추진할 수 있다.

월마트의 한 지점에서 트럭 짐꾼으로 시작해 최고경영자 자리까지 올라간 더그 맥밀런은 오프라인 기업 월마트의 문제점을 누구보다 잘 알고 있었다. 그는 현장에서 일하면서 문서에 기반한 업무 처리의 비효율성을 직접 경험할 수 있었고, 함께 일하던 조직 구성원들이 디지털 전환의 필요성에 공감하지 못하고 있다는 사실을 깨달았다. 이에 그는 최고경영자 자리에 부임하자마자 '디지털 퍼스트'를 주창했고, 월마트의 문제점을 누구보다 잘 알고 있던 경험을 살려 빠르게 디지털 기술을 월마트 조직에 내재화시켰다.

글로벌 패션 기업 버버리 역시 대표적인 디지털 전환의 성공 사례로 거론된다. 그리고 그 중심에는 역시 사람이 있었다. 2000년대 초 글로벌 금융위기와 함께 매출이 급락하면서 버버리는 큰 위기를 겪었다. 디지털 기술을 도입하고 MZ세대를 겨냥한 다양한 마케팅을 시도했지만 모두 실패했다. 그러나 앤절라 애런츠(Angele Ahrents)가 최고경영자로 부임하면서 버버리는 부활의 신호탄을 쏘아 올렸다. 그녀는 지금까지 후방에서 기업 운영을 돕던 IT 조직을 사업 전방의 실행 조직으로 전환하기 위해 IT 업무 전문가 존 더글라스(John Douglas)를 최고기술책임자(Chief Technology officer, CTO)로, 디지털 마케팅 전문가인 크리스토퍼 베일리(Christopher Bailey)를 최고 크리에이티브 책임자(Chief Creative Officer, CCO)로 임명하면서 버버리의 본격적인 디지털 전환을 시작했다. 버버리는 애런츠를 포함한 디지털 인력을 중심으로 생산, 프로세스, 마케팅, 커뮤니케이션 등 비즈니스 모델 전반에 디지털 기술을 접목해 고객의 커뮤니케이션을 빠르게 반영한 상품과 서비스를 제공했다.

기업의 리더를 디지털 인력으로 구성했다면 다음은 조직 구성원이다. 디지털 리더가 아무리 디지털 기술의 중요성을 이야기해도 조직 구성원들이 이에 공감하지 못하고 변화를 원하지 않는다면 성공적인 디지털 전환은 불가능하다.

디지털 시대에 조직 구성원은 두 가지 부류로 나눌 수 있다. 디지털 이미그런트와 디지털 네이티브다. 디지털 이미그런트(digital immigrant)는 디지털 이민자로서 디지털 시대에 태어나지 않아 디지털 기술에 익숙하지 않지만, 진화한 디지털 환경에 맞게 적응하고 있는 세대를 의미한다. 이들은 기본적으로 디지털 기술에 대한 막연한 두려움을 갖고 있다. 그 결과 이들은 기업의 리더가 아무리 디지털 기술의 중요성을 강조해도 실무에서 디지털 기술을 적극적으로 활용하지 않을 가능성이 크다. 따라서 이들이 실무에서 디지털 기술의 필요성을 인식하고 데이터에 기반한 의사결정을 할 수 있도록 데이터 리터러시(data literacy) 교육 프로그램을 적극적으로 마련해야 한다. 데이터 리터러시 교육 프로그램은 디지털이 어려운 것이 아니라 누구라도 할 수 있는 것이라는 인식을 심어주는 내용에 집중해야 한다. 디지털에 익숙한 웹버족(디지털 라이프를 즐기는 정보화된 시니어 계층)이 디지털 기술에 서툰 다른 디지털 이미그런트를 가르치는 방법도 좋은 교육의 방향이 될 수 있다. 이러한 교육을 통해 기존 디지털 이미그런트 인력을 보다 디지털적으로 전환해야 한다.

디지털 네이티브(digital native)는 디지털 원주민으로서 컴퓨터, 인터넷, 휴대전화 등 디지털 기술을 사용하는 환경에서 태어나 평생 디지털 기기를 자유자재로 이용하는 세대를 의미한다. 이들은 이미 모든 업무 영역에서 디지털 역량을 스스로 활용하기 때문에 디지털 기술의 중요성을 강조하는 교육보다는 수평적인 조직 문화를 형성해 자유롭게 의사를 표현하고 이를 통해 혁신이 이루어질 수 있는 환경을 만들어줄 필요가 있다. 기업 전체가 어떠한 방향성을 갖고 디지털 전환에 임하고 있는지 실시간으로 디지털 네이티브에게 공유하고, 현장에서 실무를 담당하는 디지털 네이티브의 의견을 바탕으로 다양한 개선안을 마련해야 한다.

비대면 협업 도구를 적극적으로 사용해 모든 업무를 데이터화하고 실시간으로 공유하는 방법을 마련한다면 디지털 네이티브의 적극적인 참여를 유도할 수 있다. 일일이 내용을 출력하고 업무 상황과 결과를 대면으로 보고하던 과거의 상명하달식 업무 방식을 빠르게 버려야 한다. 사직서도 카카오톡으로 보내는 시대다. 그렇지 않다면 디지털 네이티브들은 기꺼이 수평적이고 효율적인 업무 환경을 제공하는 기업으로 이직할 것이다. 디지털 시대의 일터로서 디지털 네이티브 근로자의 선택을 받지 못한 기업이 디지털 시대를 살아가는 소비자의 마음을 사로잡을 수 있을 리 만무하다.

그렇다면 디지털 네이티브 근로자들의 선택을 받기 위해서는 무엇을 준비해야 하는가? 스마트 워크(smart work) 시대다. 즉, 시간과 장소에 얽매이지 않고, 언제 어디서나 일할 수 있는 시대다. 구성원의 일과 삶의 균형을 찾아주고 효율적인 업무 환경을 구현하는 HR[3] 플랫폼 도입은 기업 경쟁력의 한 요소가 될 것이다. 노동시장의 주축으로 성장할 디지털 네이티브 세대들은 효율적이고 유연한 근무 환경을 적극적으로 요구하고 있다. 혁신적인 HR 플랫폼 도입은 인사부서만의 고민이 아닌 전사적으로 고려할 전략이 될 것으로 보인다.

더욱이 코로나19로 기업들은 재택근무를 시도(해야만)했고, 이를 경험한 디지털 네이티브 인재들은 재택근무 가능 여부를 이직할 조직의

---

3 Human Resource(인적자원)는 기업을 운영하는 데 필요한 여러 가지 요소 중 하나로, 채용부터 교육, 업무 평가, 급여, 배치, 승진 등에 걸친 인사관리를 의미한다. 크게 HRM(Human Resource Management, 인적자원관리)과 HRD(Human Resource Development, 인적자원개발)로 구분된다. HRM은 인력을 충원하고 활용해 조직 성과를 높이는 영역이고, HRD는 구성원의 능력을 강화하는 분야다.

조건으로 고려하기 시작했다. 조직은 디지털 기업이 되어야 하고(Be Digital), HR 플랫폼 도입을 통해 유연한 근로 조건을 구축해야만 하는 환경에 놓였다. 급격히 진행되는 디지털 대전환의 물결은 조직·인사관리의 근본적인 변화를 요구하고 있고, HR 플랫폼을 도입하는 기업과 그렇지 못한 기업의 격차는 벌어지고 있다.

오늘날 디지털 네이티브 세대에게 '공정함'은 매우 중요한 가치다. 디지털 시대를 준비하는 기업이 도입하는 인사관리 체계 역시 '공정함'을 보장할 수 있어야만 디지털 네이티브 세대가 일하고 싶은 회사로 발돋움할 수 있다. HR 플랫폼이 성과에 기반한 공정한 인사관리 체계를 가능하게 만들고 있다.

클라우드 기반의 서비스형 소프트웨어(Software as a Service, SaaS) 솔루션에 교육, 각종 법률과 규제에 따른 대응 등 기술과 서비스가 접목된 HR 플랫폼이 등장하면서 업무 능력에 대한 공정한 평가와 보상이 수월해지고 있다. SaaS는 네트워크를 통한 구독형 소프트웨어 서비스를 의미한다. 과거에 개별적으로 판매되던 소프트웨어를 클라우드에 설치해두고, 사용자는 이를 온라인으로 대여해 쓰는 것이다. 클라우드에 다양한 소프트웨어가 설치되어 통합적으로 관리되고, 사용자가 언제 어디서나 접근할 수 있다는 장점으로 SaaS는 데이터 기반의 체계적인 인사관리 시스템을 위한 필수 요소로 주목받고 있다. 인력 운영 계획부터 성과관리, 인재개발, 보상, 복지, 퇴직에 이르는 모든 인사관리 업무가 하나로 통합되는 것이다.

실질적인 도움을 주기 위해 기업들이 실제로 사용할 수 있는 몇 가지 주요 HR 플랫폼을 소개하고자 한다. 세계 3,200개 이상의 고객사를 확보한 워크데이(Workday)의 HR 솔루션이 전 세계적으로 주목받고 있다. 워크데이의 HR 솔루션은 단일 클라우드 시스템으로 웹, 모바일 기기 어디서든지 최신 버전을 제공해 단일화된 사용자 경험을 제공한다. 특히 직원 데이터를 직원이 스스로 관리해 학습 리소스를 이용하며 미래의 진로를 구축할 수 있다는 점이 강점이다. 직원들은 자신의 경력, 보유기술, 훈련기록 등을 실시간으로 확인할 수 있다. 원한다면 직무이동을 원하는 부서의 멘토에게 조언을 받을 수도 있다.

오라클(Oracle)의 HR 플랫폼은 빅데이터와 소셜 네트워크 서비스에 집중한 솔루션을 제공한다. 직원들이 회사 내부의 HR 시스템보다 링크드인(Linkedin)과 같은 소셜 네트워크 서비스에 더욱 자세한 프로필을 작성한다는 점에 주목하는 것이다. 오라클 HR 앱 내에 소셜 추천 및 소싱 기능을 통합적으로 운영해 빅데이터를 수집하고 이를 바탕으로 최적의 인재 고용 및 의사결정을 도출할 수 있다는 것이 오라클 HR 솔루션의 핵심이다. 광범위한 빅데이터 수집은 명확하고 공정한 보상 체계로 이어지고, 이는 조직 구성원이 일터에서 경험하는 노동에 대한 만족감을 높이는 역할을 한다.

LG CNS의 한국형 HR SaaS 넥스트HR은 국내 환경에 최적화된 솔루션을 제공한다. 넥스트HR은 국내 인사관리에서 중요한 세법, 4대 보험, 연말정산, 근로기준법, 개인정보보호법 등 법령의 변화를 바로 반영해 민첩한 인사관리를 가능하게 한다. 지능형 온라인 교육 플랫폼, 빅데이터, 챗봇, RPA(Robotic Process Automation) 등의 서비스도 넥스트HR과

오라클 HR 솔루션 예시
자료 : 오라클

연계되어 있다. 특히, 인공지능과 빅데이터를 적극적으로 활용해 각 조직 구성원 개인에게 철저히 맞추어진 인사관리가 가능해질 것으로 기대된다.

전 세계에서 혁신적인 HR 플랫폼이 등장하고 있는 상황에서 우리의 이야기가 궁금하다. 한국의 현주소는 어떨까? 디지털 시대에 알맞게 근로 환경과 인사관리 체계가 변하고 있을까? 안타깝게도 글로벌 기준에 비하면 아직 갈 길이 멀다. 한국은 G7 정상회의에 2년 연속 초대받으며, 세계가 인정하는 선진국의 위상을 유지하고 있다. 세계 10위 경제 규모, 세계 9위 교역 규모, 세계 7위 수출 규모 등 한국이 세계에서 높은 위치를 차지하는 기록들은 국민에게 상당한 자부심을 주기에도 충분하다.

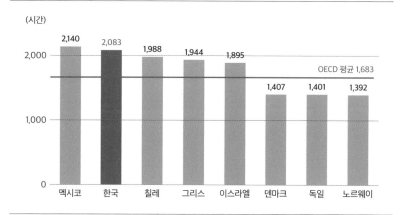

OECD 주요국 연평균 근로시간

(시간)

- 멕시코 2,140
- 한국 2,083
- 칠레 1,988
- 그리스 1,944
- 이스라엘 1,895
- OECD 평균 1,683
- 덴마크 1,407
- 독일 1,401
- 노르웨이 1,392

자료 : OECD(2020)
주 : 근로시간은 2019년 기준

그런데 몇몇 수치심을 주는 기록들이 있다. 그중 하나가 근로시간이다. 한국의 근로자들은 오래 일한다. 2019년을 기준으로 한국의 연평균 근로시간은 2,083시간으로 OECD 국가 중 멕시코에 이어 2위다. OECD 평균(1,683시간)보다 400시간이나 많은 수준이다.

스마트 워크 시대, 국내 기업들도 조직 자체의 전환이 필요하다. 인사관리제도, 조직문화, 구성원의 인식에 이르기까지 총체적인 변화가 단행되어야 한다. 최고경영자를 중심으로 스마트 워크 추진 조직을 구성하고, 기술적 인프라를 구축하며, 사용 매뉴얼을 공유하는 등 모든 구성원이 변화를 수용할 수 있도록 해야 한다. '일하는 시간'이 아니라 '일의 결과'를 중심으로 조직문화도 변화해야 한다. 구성원을 관리하고 통제하는 시대는 갔다. 산출물을 공유하고 상호 피드백이 원활히 이루어지도록 스마트 워크 플랫폼을 구성한 기업들은 구성원을 신뢰하고, 산출물에 기반해 평가하는 인식과 문화가 절대적으로 필요하다. 한국이 여전히 과거의 노동방식에 머물러 있다는 사실은 역설적으로 빠르게 변화를 시작하는 기업은 국내의 훌륭한 디지털 네이티브 인재의 선택을 받을 수 있으며, 그 결과 더 빠른 디지털 전환을 통해 더 많은 기회를 창출할 수 있다는 의미이기도 하다.

온디맨드 경제,
플랫폼을 장악하라

소비자는 단 1초의 불편함도 감수하지 않는다. 플랫폼 기반으로 온디맨드 경제를 준비하는 모든 기업이 명심해야 하는 말이다. 웹3.0 시대에도 온디맨드 경제는 유효하다. 웹3.0은 어떻게 하면 플랫폼을 분산화된 형태로 만들어 사용자에게 이득이 되는 방식으로 전환할 수 있을지를 고민하는 과정이다. 웹2.0 시대에 탄생한 플랫폼을 없애자는 이야기가 아니라 플랫폼을 더 잘 활용하기 위해 새로운 비즈니스 모델을 만들겠다는 의미다. 플랫폼을 장악하지 못한 기업은 웹3.0 시대에 참여조차 할 수 없다. 승리는 고사하고 패배의 기회조차 주어지지 않을 것이다.

온디맨드 경제란 무엇인가? 온디맨드 경제(on-demand)는 플랫폼을 보유한 기업이 수요자의 요구에 즉각 대응해 맞춤화된 제품 및 서비스를 제공하는 것을 말한다. 플랫폼을 보유한 기업이 반드시 상품과 서비스의 공급자일 필요는 없다. 우리 일상에서 쉽게 찾아볼 수 있는 사례로는 에어비앤비와 배달의민족이 있다. 에어비앤비는 실시간으로 임대인과 임차인을 연결해주는 숙박 공유 서비스를, 배달의민족은 실시간으로 식당과 고객을 연결해주는 음식 배달 서비스를 제공한다. 에어비앤비와 배달의민족은 직접 상품과 서비스를 제공하지는 않는다. 온디맨드 경제가 활성화되면서 기업은 수요자와 공급자를 연결하고 원활한 거래가 이루어질 수 있도록 관리하는 역할까지 맡게 되었다. 대신 플랫폼을 제공한 기업은 수요자와 공급자의 데이터를 얻고, 이를 통해 새로운 수익을 창출할 수 있다. 플랫폼 기반 온디맨드 경제의 핵심 메커니즘이다.

웹3.0 시대에 데이터는 기업이 정상적인 생산 활동을 하기 위한 필수 원자재로 더욱 부상할 것이다. 웹2.0 시대에는 수많은 정보가 쏟아졌다면, 웹3.0 시대에서는 상황인식 기반의 초맞춤화 정보 제공이 필수적이다. 데이터의 중요성이 높아지는 것이다. 지능화된 웹을 통해 사용자가 원하는 맞춤화된 정보를 시간과 공간의 제약 없이 제공해줄 수 있어야 한다. 따라서 웹3.0 시대의 기업들은 '데이터'라는 원자재로 생산하는 법을 배워야 한다. 이제는 석유를 통해 생산하던 방식으로는 살아남을 수 없다. 생산을 위한 필수 원자재가 석유에서 데이터로 이동하고 있다. 어떠한 사업 분야도 예외가 될 수는 없다. 석유 없는 제조업을 상상할 수 없듯, 데이터 없는 디지털 기업은 성립할 수 없다. 세계경제포럼(World Economic Forum)에 따르면 향후 10년간 디지털 경제에서 창출될 새로운 가치의 60~70%가 데이터 기반의 디지털 네트워크와 플랫폼에서 발생할 것으로 예측된다.

　석유를 캐기 위해서는 시추선이 필요하다. 웹3.0 시대의 석유인 데이터를 캐기 위해서는 '플랫폼'이 필요하다. 플랫폼(platform)하면 가장 먼저 떠오르는 것이 기차역이다. 플랫폼은 사실 사람들이 기차를 쉽게 타고 내릴 수 있도록 평평하게 만든 장소를 뜻한다. 이러한 플랫폼은 '무대', '놀이터', '그릇' 등의 비유적 의미로 확대 사용되다가 특정 행동이나 일을 하는 '장(場)'을 가리키는 단어가 되었다. 현재 일반적으로 플랫폼은 다양한 상품을 생산하고 소비하는 경제활동에 사용되는 일종의 '토대'로 정의한다. 토대로서의 플랫폼은 제품, 서비스, 자산, 기술, 노하우 등 어떤 형태로든 가능하다. 그리고 플랫폼이 진화하면서 플랫폼에 대한 기업의 의존도가 증대되는 현상을 플랫포마이제이션(platformization)이라고 한다. 특히 웹3.0 시대에는 플랫폼이 대면에서 비대면의 형태로, 중앙화에서 탈중앙화된 방식으로 변하고 있어서 그 파급력은 상상할 수 없을 정도로 크다.

　플랫폼을 쉽게 이해하기 위해서 조금 더 일상과 가까운 예시를 들어보자. 과거 가족들이 다 같이 저녁을 먹기 위해 식재료를 구입하는 플랫폼은 어디였을까? 바로 전통시장이다. '식재료를 구입하는 경제활동'의 토대 즉, 플랫폼은 전통시장이었다. 현재는 전통시장에서 대형마트로, 그리고 대형마트에서 인터넷 쇼핑으로 옮겨가고 있다. 그렇다면 전통시장도 소비의 플랫폼이요, 대형마트도, 그리고 온라인 쇼핑몰도 소비의 플랫폼인 것이다. 여기서 한 가지 주목할 사항은 그 플랫폼이 이동하고 있다는 것이고, 특히 최근에는 온라인 기반 플랫폼으로 급속히 이동하고 있다는 점이다. 전통시장이라는 플랫폼과 온라인 쇼핑몰이라는 플랫폼에 모일 수 있는 소비자 수는 비교조차 할 수 없을 정도로 차이가 난다. 소비의 규모, 빈도가 모두 다르다. 기업들이 플랫폼을 반드시 확보해야 하는 이유다.

그렇다면 어떻게 플랫폼을 장악해야 하는가? 먼저, 플랫폼을 자사 제품과 서비스의 경쟁력을 높여주는 부가적 수단으로 활용하는 데 그쳐서는 안 된다. 기업의 전략부터 운영 프로세스, 조직까지 플랫폼 중심으로 바꾸어야 하며, 플랫폼이 사업을 지탱하는 중심축이라는 생각이 기업 내부에 자리 잡아야 한다. 즉, 앞서 설명한 데브옵스 체계와 '사람'이 중심이 되는 디지털 기술 도입이 선행되지 않는다면 태생부터 플랫폼인 테크 자이언트 기업들과 경쟁에서 이길 수 없다. 조직의 생각과 문화가 먼저 변해야 한다.

지금까지 전통 오프라인 기업들은 대부분 예산 제약, ROI 불확실성 등의 이유로 제3자 타 플랫폼에 의존하는 경향을 보였다. 플랫폼을 부가적 수단으로만 활용한 것이다. 이는 플랫폼의 특성을 간과한 오류였다. 플랫폼의 가장 큰 특징은 네트워크 효과(network effect) 혹은 눈덩이 효과(snowball effect)다. 플랫폼 비즈니스는 다수의 참여자가 공통의 플랫폼을 공유하고 상호작용하는 과정에 의해 가치가 창출된다. 참여자가 늘어날수록 상호작용으로 만들어지는 가치가 극대화되고, 이는 또 다른 참여자를 불러들여 플랫폼의 규모가 조그마한 눈덩이에서 산더미만큼 커지는 선순환 구조가 만들어진다. 이를 위해 플랫폼을 선점한 기업들은 비록 적자가 발생하더라도 초기 유저 임계점(critical mass) 확보를 위해 무료, 저비용의 서비스를 제공한다.

　네트워크 효과로 플랫폼의 지배력과 영향력이 더욱 굳건해지면서 기존 유저가 이탈하지 못하는 락인 현상이 나타나면, 마침내 승자독식 수익 구조가 고착화된다. 승자독식 수익 구조는 플랫폼 참여자들에게 높은 전환비용(switching cost)을 발생시킨다. 높은 전환비용이 발생하는 순간 플랫폼의 유료화, 수익화가 이루어지고 플랫폼에 참여한 기업들의 수익은 감소할 수밖에 없다. 웹3.0 시대의 핵심인 플랫폼 참여자들의 데이터는 고스란히 플랫폼을 제공한 기업에게 돌아간다. 이러한 승자독식 수익 구조가 고착화되면서 웹3.0 논쟁이 등장했다. 페이스북, 유튜브 등 거대 테크 자이언트 기업들이 플랫폼을 제공했지만 실제로 플랫폼 내에서 서비스를 소비하고 생산한 주체는 다름 아닌 이용자였다. 문제는 이에 따라 발생한 수익 대부분이 플랫폼 기업에게 돌아갔다는 점이고, 이를 해결하기 위해서 가상화폐 등을 이용한 보상 체계를 만들어야 한다는 주장이 웹3.0 시대의 핵심이다.

　즉, 기존 거대 테크 기업들이 구축한 플랫폼에 대한 문제의식이 발생하고 있는 것이고, 이는 아직 플랫폼 구축을 시작하지 않은 전통 오프라인 기업들에게 새로운 기회가 될 수 있다는 의미다. 자체 플랫폼을 구축하기 위해서는 많은 시간과 비용이 필요하지만, 데이터가 핵심인 웹3.0 시대 타 플랫폼에 종속되는 방식은 더 이상 유효하지 않다. 타 플랫폼에 종속되지 않기 위해서는 경영진의 의지와 지속적인 투자를 통해 웹3.0 시대에 알맞은 자체 플랫폼 구축을 준비해야 한다.

　둘째, 자체 플랫폼을 구축하기 위해서는 먼저 기존 비즈니스 모델을 적극적으로 활용해야 한다. 기존 비즈니스 모델을 플랫폼 구성의 거점으로 삼고, 이를 바탕으로 고객 중심으로 모든 채널을 통합해 일관된 커뮤니케이션을 제공해야 한다. 온라인 기업은 오프라인 매장을, 오프라인 기업은 온라인 채널을 확대해 고객이 원하면 언제 어디서나 자사의 상품과 서비스를 끊임없이 경험할 수 있게 만들어야 한다. 즉, 상품이 아니라 고객 경험이 중심이 되는 옴니채널의 구축이다.

옴니채널(omni-channel)이란 소비자가 온라인, 오프라인, 모바일 등 다양한 경로를 넘나들며 상품을 검색하고 구매할 수 있도록 유통채널을 통합적으로 운용하는 전략을 의미한다. 옴니채널의 중요성이 부상하면서 기존 오프라인 기업들에게도 많은 기회가 열리고 있다. 온라인 채널은 편리하지만, 고객에게 충분한 경험을 제공하기에는 부족함이 있다. 반면 오프라인 채널은 고객에게 생생한 경험을 제공해줄 수 있고, 온라인 채널의 효용성을 높이는 역할을 할 수도 있다. 따라서 전통 오프라인 기업들은 기존 비즈니스 모델의 핵심이었던 오프라인 유통채널을 거점 삼아 온라인 채널까지 고객 경험의 범위를 확대해야 한다. 이를 통해 오프라인 매장에서는 상품을 경험하고, 구매는 온라인에서 하는 등 온·오프라인을 넘나들며 소비하는 '옴니슈머(Omni-sumer)'를 사로잡아야 한다.

전통 오프라인 유통 기업 중 월마트는 적극적으로 옴니채널을 구성해 새로운 성장 모멘텀을 만들고 있다. 월마트의 오프라인 매장인 스마트 슈퍼센터는 옴니채널의 거점인 동시에 소비자 관련 데이터를 축적하는 수단이 되었다. 오프라인 중심의 모델에서는 현금 혹은 신용카드 결제가 대부분이기에 월마트는 소비자 관련 데이터를 수집하기 힘들었다. 그러나 옴니채널이 구축된 순간 고객들은 온라인으로 주문하고 오프라인 매장을 방문해 픽업해 가는 비대면 결제 시스템을 적극적으로 활용했고, 월마트는 소비자가 언제 어떤 물건을 얼마나 자주 구입하는지 실시간으로 분석할 수 있게 되었다. 소비자의 구매 패턴, 제품 선호도 등이 끊임없이 데이터로 축적되면서 월마트는 이를 분석해 고객에게 철저히 맞추어진 상품과 서비스를 개발하고 있다.

태생부터 플랫폼 기업인 아마존도 단순히 디지털 기술만을 도입하는 것이 아니라 고객의 경험을 함께 융합하는 것이 중요하다는 점을 인지하고, 오프라인 분야에 적극적으로 진출하고 있다. 아마존은 2017년 11월 아마존 프라임 나우 서비스와 오프라인 채널 기반의 식료품 소매 기업인 홀푸드의 배송 서비스를 통합했으며, 이를 바탕으로 홀푸드의 유기농 제품을 주요 도시에 두 시간 안에 배송해주는 서비스를 개시했다. 소비자는 원한다면 언제든 홀푸드에 방문해 식료품의 신선도를 직접 경험하는 동시에 온라인 기업 아마존의 이점인 빠르고 편리한 결제·배송 시스템도 경험할 수 있게 되었다. 아마존의 사례는 온라인 기업이 오프라인 분야에도 적극적으로 진출해 소비자와의 경험을 공유한 긍정적인 사례라고 볼 수 있다. 웹3.0 시대, 더 이상 온라인 채널에 한정된 플랫폼은 비교우위를 선점할 수 없다. 소비자들은 웹2.0 시대의 콘텐츠 생산자에게서 벗어나 적극적으로 플랫폼의 상품과 서비스를 경험하고 이를 공유하는 주체적인 역할을 원하고 있다. 거대 디지털 플랫폼 기업인 아마존 역시 이렇게 변하고 있는데 오프라인 매장에만 집착한다면 기존 기업들이 앞으로 살아남을 가능성은 적을 수밖에 없다.

독자적으로 자체 플랫폼을 구축하는 비즈니스 모델이 시간과 비용의 문제로 힘들다고 판단되면 다른 서드파티 플랫폼과 협력하는 방안도 고려할 수 있다. 협력 전략은 서로가 대등한 입장에서 제휴를 맺거나 공동 사업을 진행하는 전략으로, 지배적인 플랫폼에 종속되는 부작용을 피할 수 있다. 오프라인 기업은 온라인 기업과, 온라인 기업은 오프라인 채널을 보유한 기업과 협력해 공동 플랫폼을 구축한다면 좋은 시너지 효과를 창출할 수 있다.

마지막으로, 플랫폼의 핵심 가치를 창출하고 이를 바탕으로 수익화 모델을 만들어야 한다. 옴니채널을 통해 고객과의 접점을 형성했다면, 이제는 핵심 가치를 창출해 기존 고객을 계속해서 유지하면서도 새로운 고객을 끊임없이 확보해야 한다. 디지털 기술을 활용해 고객 데이터를 끊임없이 분석하고, 이를 바탕으로 고객이 자사 플랫폼에서 원하는 핵심 가치가 무엇인지 파악해 고객의 욕망과 편리함을 충족시켜야 한다. 플랫폼 장악의 궁극적인 목표는 '수익'이다. 수익 없는 비즈니스 모델은 지속가능성을 상실한다. 플랫폼의 대표적인 수익 모델에는 광고, 부가 상품 판매, 수수료, 구독료 등이 있다.

중요한 점은 수익화가 고객보다 중요한 요인으로 인식되는 순간 빠르게 고객 이탈이 발생할 수 있다는 사실이다. 웹3.0 시대에 플랫폼 참여자들은 지나친 수익화에 더욱 민감하게 반응할 것이다. 과거의 폐쇄적이고 수익을 독점하는 형태의 플랫폼은 경쟁력을 상실할 수 있다. 온라인 플랫폼 규제법안 등도 마련되고 있다. 따라서 사용자 효용을

중심에 두면서도, 플랫폼의 네트워크 효과와 눈덩이 효과에 주안점을
두는 수익화 전략을 통해 지속가능한 플랫폼 비즈니스 모델을 구축해
야 한다.

물리적 보안에서
사이버 보안으로

2022년 1월 12일 독일의 한 10대 소년이 테슬라 전기차 25대를 해킹하고 해당 영상을 SNS를 통해 공개하며 큰 충격을 주었다. 이 소년은 열쇠 없이 보안 시스템을 무력화시킨 뒤, 원격으로 시동을 걸고 차량 문과 창문을 강제로 여는 수준의 해킹에 성공했다. 2021년에는 화이트해커 '워터스'란 인물이 테슬라 모델X의 보안을 뚫었다. 차량에 진입해 시동을 걸고 출발하는 데 필요한 시간은 불과 2분 30초였다. 2015년에는 지프차가 대규모 리콜되는 사건이 있었다. 지프 체로키 140만 대가 리콜되었는데, 그 이유는 해킹을 통한 원격조정 가능성 때문이었다. 2016년 독일의 자동차운전협회(ADAC)는 자체 개발한 해킹 장치로 글로벌 자동차 24개 차종을 해킹하며 자동차 업계의 취약한 사이버 보안 대책을 지적하기도 했다.

메타로 사명을 변경한 페이스북은 2021년 4월 5억 3000만 명의 개인 정보가 유출되는 사건을 경험한 바 있다. 페이스북 계정과 이용자의 위치정보, 생년월일, 전화번호, 메일 주소 등의 데이터가 한동안 멕시코 소재 미디어 업체 컬추라 콜렉티바 게시판과 아마존 클라우드 서버에 오픈된 상태였던 것으로 밝혀지며 큰 논란이 되었다. 당시에 페이스북은 개인정보 유출 사실을 사전에 알고 있었음에도 불구하고 어떠한 기본석 내응도 하지 않았다는 사실이 밝혀지면서 거센 비난을 받기도 했다.

사회기반시설을 해킹하고 사회안전망을 교란하는 비상사태도 곳곳에서 발생하고 있다. 2021년 멕시코만에서 미국 동부지역으로 석유를 공급하는 송유관 업체 콜로니얼 파이프라인이 랜섬웨어 공격을 당했다. 디지털 공격을 받게 되면서 연료 공급이 중단되었고, 도시에 상당한 문제를 초래한 바 있다. 도시가 시스템 보안에 취약하면 거대한 문제가 발생할 수 있음을 보여준 사례다.

코로나19 발생 이후 디지털 채널과 플랫폼이 금융시장의 핵심으로 도래하면서 금융 기업을 상대로 하는 사이버 위협이 급증하고 있다. 흩어져 있던 금융정보 통합에 따른 개인 신용정보 위협이 가중되면서 암호화를 통해 금융 시스템을 마비시키고 파일 복구 몸값을 요구하는 신종 사이버 공격도 등장했다. 2020년 10월 금융기관을 대상으로 운영 서비스를 제공하는 아메리칸 뱅크 시스템(American Bank System, ABS)에서 랜섬웨어 공격으로 금융기관 및 고객정보가 유출되었다. 국내에서는 카카오페이와 토스 등 핀테크 기업에서 1000만 원 상당의 부정결제가 발생하기도 했다.

어떤 기업도 사이버 테러 및 해킹으로부터 안전할 수 없다. 모든 플랫폼 기업은 사이버 보안 역량을 갖추어야 한다. 플랫폼은 데이터가 된다. 자연스럽게 기업이 수집하는 데이터가 많아질수록 데이터에 대한 보안과 정보보호에 관한 우려의 목소리가 높아지고 있다. 데이터가 폭증함에 따라 많은 문제가 발생하기 때문에 기업은 데이터를 책임감 있게 활용할 수 있는 데이터 거버넌스(data governance)를 구축해야 한다. 인원 및 차량의 출입을 통제하고, 물품의 반출·입을 감시하고 통제하던 물리적 보안에 그쳐서는 디지털 대전환의 시대에서 생존할 수 없다. 한 번의 고객정보 유출도 심각한 고객 이탈로 이어질 수 있다. 디지털 혁신을 가속화함과 동시에 정교한 사이버 보안 체계를 구축하는 것이 요구되는 시점이다.

최근 사이버 위협이 증가하면서 주요국들은 사이버 리스크에 대응해 사이버 복원력을 제고하기 위한 다양한 규제안을 만들고 있다. 동시에 주요국들은 개인정보 보호나 데이터 프라이버시, 데이터 주권, 데이터 오너십 등 여러 법적 논리를 바탕으로 자국의 데이터 통제권을 강화하고 데이터를 기반으로 디지털 경제에 대한 주도권을 가지기 위해 치열한 다툼을 벌이고도 있다. 디지털 무역장벽에 가로막혀 기업들이 사업을 지속하기 어려운 상황도 빈번하게 발생하고 있다. 사이버 보안 전략을 확립하지 못한 기업은 디지털 경제에 참여조차 할 수 없는 것이다. 디지털 통상을 위한 준비가 필요하다.

미국 바이든 대통령은 정부 출범과 함께 사이버 보안 조직을 신설하는 등 사이버 안보 정책에 대한 강력한 의지와 대응을 보여왔다. 바이든

이 서명한 '국가의 사이버 보안 향상에 관한 행정 명령(Executive Order on Improving the Nation's Cybersecurity)'이 대표적인 예다. 연방정부와 계약하고 있는 소프트웨어 제조사에 대한 새로운 표준을 부과해 정부 기관의 보안 수준을 강화하는 대책이 담겼다. 이후 바이든 행정부는 국가 안보와 개인정보 유출 우려를 이유로 화웨이, 틱톡, 위챗 등 중국 기업에 대한 대규모 제재를 진행한 바 있다.

중국은 2017년 발표한 '사이버보안법'을 통해 사이버 보안 표준체계를 구축하고, 정부의 통제를 강화하고 있다. 중요 정보 핵심 기반시설 관련 개인정보 및 중요한 데이터의 중국 현지 서버 저장이 의무화되었다. 중국은 데이터 보안 규제를 이유로 해외 기업은 물론, 자국 빅테크 기업에 대한 규제도 전방위적으로 확대하고 있다. 2021년 8월 23일 중국 정부는 알리바바가 운영하는 알리 클라우드에서 개인정보 유출 사례를 적발하고, 시정 명령조치를 시행했다. 2022년 3월 1일부터는 알고리즘 서비스를 활용하는 플랫폼에 대한 감시와 모니터링을 확대할 계획이다.

유럽연합(EU)은 2018년 회원국에 동일하게 적용되는 GDPR(General Data Protection Regulation)를 도입해 데이터의 국가 간 이동 및 개인정보의 보호기반을 마련했다. 유럽 역외 기업도 유럽 시민의 개인정보를 수집하려면 감독기구의 규제 심사를 통과하는 등 GDPR를 준수해야만 한다. GDPR 시행 당시 사전에 준비하지 못한 국내 중소기업들이 사업 철수까지 고려하는 등 큰 어려움을 겪기도 했다. 유럽에서는 자동차 제조사에 대한 사이버 보안도 한층 강화되고 있다. 2022년 7월부터는 ECU(Electronic Control Unit, 자동차 전자제어장치)를 장착하는 신차는 자동차 사이버 보안 국제기준 인증을 받아야 한다. 2024년에는 모든 차량으로 대상이 확대될 예정이어서, 인증을 통과하지 못한 자동차 제조사는 유럽 내 신차 판매가 불가능한 상황이 발생할 수도 있다.

사이버 보안에 대한 주요국들의 규제가 강화되면서 기업들이 사이버 보안에 적극 투자하고 있다. 테슬라는 매년 해커톤을 열어 보안상 취약점을 점검하고 있고, 현대자동차는 화이트해커를 채용해 OTA 해킹 방지를 전담하는 팀을 구성했다. 삼성전자는 해킹 방지 기술을 연구하는 사이버 보안 전문 업체 타워섹(TowerSec)을 보유한 하만을 인수함으로써 2017년 자동차 사이버 보안 시장에 본격적으로 뛰어들었다. IBM은 2020년 6월 클라우드 사이버 보안 관리 솔루션 기업인 스파누고를 인수했으며, 이전에는 금융권 이상거래 및 조치 가이드 솔루션을 제공하는 트러스티어(Trusteer), 보안 사고 발생 시 발견 시간을 단축하고 대응 솔루션을 제시하는 리질리언트(Resilient) 등을 포함해 사이버 보안 관련 업체만 20곳 넘게 인수했다. 마이크로소프트는 사이버 위협 분석 및 위험 관리 업체인 리스크아이큐(RiskIQ)를 인수했다. 해당 인수를 통해 마이크로소프트는 자사의 디지털 기술을 사용하는 고객사의 리스크를 통합적으로 관리하고 있다. LG전자도 자동차 전장의 해킹 위협을 방지하기 위해 자동차 사이버 보안을 연구하는 이스라엘의 사이벨럼(Cybellum)을 인수했다.

사이버 보안 시장 규모는 급격히 성장할 것으로 전망된다. 스태티스타(Statista)는 2021년 기준 약 2179억 달러 규모의 사이버 보안 시장이 2026년까지 약 3454억 달러 규모로 성장할 것으로 전망했다.

사이버 보안 관련 대표적인 인수합병 사례

일시	기업명	내용
2016. 11.	삼성전자	해킹 방지 기술을 연구하는 사이버 보안 전문 업체 타워섹을 보유한 하만 인수
2020. 6.	IBM	클라우드 사이버 보안 관리 솔루션 기업인 스파누고 인수
2021. 7.	마이크로소프트	사이버 위협 분석 및 위험 관리 업체인 리스크아이큐 인수
2021 .9.	LG전자	자동차 사이버 보안을 연구하는 이스라엘의 사이벨럼 인수

글로벌 사이버 보안 시장 규모

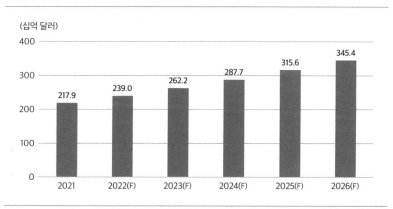

(십억 달러)

자료 : Statista

사이버 보안 전략 수립을 위한 전략적인 조직 운영 방식이 요구되고 있다. 먼저, 사이버 보안 관련 인력에 대한 적극적인 투자가 필요하다. 사이버 보안 기술만 도입해서는 복잡해지고 다변화하는 사이버 위협으로부터 조직과 고객 데이터를 보호하는 데 한계가 있다. 전 조직 구성원이 사이버 보안 강화를 위한 행동지침을 함양하고, 사이버 보안 솔루션 활용 등에 관한 교육도 확대해야 한다.

둘째, 사이버 보안을 특정 팀에게만 전담하는 수준에 머무르면 안 된다. 각 부서가 일상적 업무부터 고도의 의사결정까지 전사적 관점에서 사이버 보안의 중요성을 인식하고 명확한 책임의식을 갖도록 해야 한다. 사이버 리스크를 관리하는 것이 전적으로 IT 부서의 책임이 아니라는 점을 명확히 해야 한다는 의미다. 이를 위해 정보보호 최고책임자(Chief Information Security Officer, CISO)가 다른 부서의 주요 회의에 참가하고, 특히 각 부서의 IT 업무에도 적극적으로 관여하고 점검할 수 있도록 권한을 확대해야 한다. 현재는 금융권, 주요 정부기관 등에서 채택하고 있는 3선 방어체계(Three Lines of Defence)[4] 수준의 계층적 방어체계도 고려할 수 있다.

마지막으로, 주요 보안 사항의 의사회 보고 등을 의무화해 주요 의사결정권자의 보안 관련 책임을 확립할 필요가 있다. 이를 통해 회사의 리스크 현황에 대해 심도 있게 논의하고, 조직의 사이버 복원력에 대해 끊임없이 모니터링해야 한다. 동시에 장기적인 관점에서 조직의 사이버 보안 전략과 계획을 논의하고 수립해야 한다.

---

4   3선 방어체계란 영국의 FSA(Financial Services Authority)가 조직의 리스크 관리와 통제를 위해 고안한 조직모델로, 현대적 은행의 내부 통제 및 리스크 관리에 있어 널리 인용되는 개념이다. 각 부서가 제1방어선이며, 리스크 통제 및 준법부서가 제2방어선, 내부감사부서가 제3방어선으로 내부 통제 방어 임무를 일부 팀에게만 맡기는 것이 아니라 전사적인 관점에서 다루는 방식이다.

'상품'이 아닌
'놀이'를 생산하라

아마존이 플랫폼을 확장하고 '상품'에만 몰두한 결과, 소비자들의 반발이 커지고 있다. 또한 아마존은 지금까지 효율적으로 상품을 생산하기 위해 무노조 경영 원칙을 고수했고 적극적으로 노동조합의 설립을 막았지만 이에 대한 아마존 노동자들의 반발이 수면 위로 떠오르고 있다.

2021년 2월부터 4월까지 미국 아마존에서 일하는 노동자들은 임금 인상, 안전지침과 휴게시간 부족 등 열악한 노동환경 개선을 요구하며 노동조합 설립 찬반투표를 진행했다. 보통 노동조합의 설립은 노동자들의 권리를 보호해주는 효과가 있어 노동자들이 크게 반대할 이유가 없음에도 불구하고 노동자 과반수가 반대해 노조 결성은 무산되었다. 이유는 아마존의 조직적인 방해가 있었기 때문이다. 아마존 사측은 배지, 홍보물, 문자 등 다양한 수단을 활용해 노동조합 반대투표를 독려한 것으로 알려졌다. 이에 11월 29일 미국 노동관계위원회(NLRB)는 사측의 투표방해 행위를 노동법 위반으로 보고 노조 설립에 대한 재투표를 명령했다.

팬데믹 기간 아마존은 매출이 급격히 증가하며 창업 이래 최대 호황을 누렸고, 2020년에만 주가가 76% 상승했다. 문제는 그 과정에서 노동자들이 희생당했다는 점이다. 노동자의 안전과 업무 환경 개선에 노력하지 않는 악덕 기업체 명단인 더티 더즌(Dirty Dozen 2020)에서 아마존은 2018년, 2019년에 이어 불명예 기업으로 명단을 올렸다. 더티 더즌 2020은 아마존의 빠른 배송 시스템을 유지하기 위해 과도한 업무량을 노동자들에게 할당했고, 이에 6명의 노동자가 사망하고 수백 건의 차량 사고가 발생했다며 아마존이 노동자를 착취하고 있다고 주장했다. 해당 보고서는 또한 팬데믹이 확산했음에도 불구하고 아마존은 방역 지침을 제대로 지키지 않았고, 그 결과 아마존 물류창고와 배송시설 74곳에서 코로나19 감염자가 확산됐다고 밝혔다.

일부에서는 아마존이 코로나19 사내 감염 규모를 축소해서 보고하는 등 직원보호와 정보공개에 인색하다고도 비판한다. 노동자 연합 단체인 Strategic Organizing Center는 아마존이 19,816명의 코로나19 감염을 인지했음에도 불구하고 미국 산업안전보건청(OSHA)에 단 27건의 사내 호흡기 질환 사례만을 보고해 코로나19 감염 사례를 축소했다는 의혹을 제기했다. 이러한 이야기들이 전해지면서 2021년 11월 26일 런던을 주축으로 미국, 유럽 등 총 20여 개국에서 노동자와 시민단체들은 동시에 '메이크 아마존페이' 파업을 진행하며 아마존에 노동자 권리를 존중할 것을 요구했다.

향후 아마존은 이러한 문제를 해결하기 위해 노력할 것이다. 이미 아마존 사측은 시간당 임금 1달러 인상안을 발표했고, 업무 환경 개선 방안을 마련할 계획이라고 밝혔다. 아마존의 최고경영자 제프 베이조스는 지구 환경을 위한 막대한 기금 조성에 기여한 점을 인정받아 UN기후변화총회에서 연설을 하는 등 이미지 개선을 위해 노력하고 있다. 그러나 이번에 발생한 일련의 사건을 통해 아마존의 이미지가 실추되었음은 분명하다. 혁신적인 기술과 고객 맞춤형 상품 제공으로 전 세계에서 가장 앞선 디지털 기업으로 칭송받던 아마존 제국이 악덕 기업일 수도 있다는 인식이 소비자에게 퍼지는 계기가 될 수도 있다.

아마존은 왜 이러한 문제에 직면하게 되었을까? '상품'에 지나치게 집착했기 때문이다. 앞선 디지털 기술과 데이터 기반의 플랫폼을 활용해 소비자에게 합리적인 가격에 좋은 상품을 제공하기만 하면 큰 문제가 발생하지 않을 것이라는 안일한 생각이 문제를 키웠다. 아마존은 '수익'에 집중한 나머지 '상품'과 '가격'에만 몰두했고, 그 과정에서 노동자들이 희생당했다. 어떠한 콘텐츠와 놀이를 생산해 소비자들에게 즐거운 경험을 선사할 수 있을지 고민하는 과정이 우선순위에서 밀렸다. 아마존의 최근 이미지 실추 사례를 통해 웹3.0 시대에는 아무리 거대한 디지털 플랫폼 기업도 상품과 가격에만 몰두하는 순간 위기를 겪을 수 있다는 시사점을 얻을 수 있다. 디지털 플랫폼 생태계를 함께 만들어가는 고객들에게 매력적인 가치와 즐거운 놀이의 경험을 제공하지 못한다면 플랫폼 생태계의 지속가능성은 언제든 위기에 처할 수 있다.

특히 ESG가 모든 기업의 가장 큰 화두로 자리 잡을 것으로 예상되는 가운데 노동자들이 부당한 대우를 받으며 만들어진 플랫폼에서 과연 소비자들이 어떤 즐거움과 가치를 느낄 수 있을까? 수익보다 이용자가, 그리고 더 나아가 노동자 등 플랫폼을 함께 구축해나가는 사람이 우선시되지 않는 플랫폼은 웹3.0 시대 플랫폼 경쟁에서 살아남을 수 없다. 상품도 중요하지만, 노동자를 포함해 플랫폼에 참여하는 모든 사람이 함께 가치를 느끼고 즐거운 경험을 만들어갈 수 있는 놀이의 장에 더욱 집중해야 한다.

웹3.0 시대가 도래하면서 전 산업 분야에서 메타버스가 활용될 것이고 놀이의 중요성은 더욱 부각될 것이다. 가상현실 기술과 증강현실 기술로 대표되는 혼합현실은 이러한 놀이의 경험을 더욱 실감나게 만들 것이다. 비록 아바타를 통해 사람들과 상호작용하지만 메타버스 세계관에서 실재감은 매우 중요하다. 웹2.0 시대를 이끌던 기업들이 VR·AR 기기 개발에 심혈을 기울이는 이유이기도 하다. 최근 메타로 사명을 변경한 페이스북의 VR 기기 오큘러스 퀘스트2는 전 세계에서 1000만 대 가까이 팔렸다. 마이크로소프트는 퀄컴과 손잡고 전력 효율은 높이고 무게는 대폭 낮춘 AR 안경을 선보일 계획이고, 애플도 2022년 12대의 카메라와 시선 추적 센서를 탑재한 VR 헤드셋을 선보일 계획이다. 애플은 최근 메타에서 6년간 AR 제품 홍보를 담당하던 임원을 영입하기도 했다. 애플이 아이폰을 통해 웹2.0 시대 모바일 생태계를 점령한 것처럼, 국내외 거대 빅테크 기업들은 AR·VR 기기 개발을 통해 메타버스 참여자들에게 실감 나는 경험과 놀이를 제공하며 메타버스 생태계를 점령하고자 한다.

이러한 흐름은 이미 웹2.0 시대부터 시작되었다. 메타버스의 세계관 중 하나인 라이프로깅의 예를 살펴보면 이해가 빠르다. 페이스북, 인스타그램 같은 소셜미디어는 대표적인 라이프로깅 메타버스다. 소비자들은 페이스북과 인스타그램이 만든 상품을 소비하지 않았다. 인스타그램에서 친구들의 사진을 보고, 유명 인플루언서들이 짧은 영상을 올리는 릴스(Reels) 서비스를 즐겼을 뿐이다. 물론 그 과정에서 사용자들은 광고를 통해 상품에 노출되지만 그들에게 먼저 인식되는 것은 상품이 지닌 본질적인 가치가 아니다. 다른 사람들의 일상을 보고 유명인들과 조금 더 친밀한 관계를 갖는 듯한 즐거움에 시간을 기꺼이 사용하는 것이다.

출퇴근 시간 버스와 지하철에서, 카페에서 공부하다 잠시 쉬는 시간에, 퇴근하고 침대에 누워서 잠깐의 시간 동안 스마트폰으로 그저 즐기며 노는 것이다. 상품과 광고는 부차적으로 소비자들에게 인식될 뿐이지만, 그 효과는 상품 자체에만 집중하는 비즈니스 전략보다 크다. 열심히 하는 사람은 즐기는 사람을 이길 수 없다는 말이 웹3.0 시대에도 통용된다고 볼 수 있다. 사용자들은 열심히 상품을 광고하는 플랫폼이 아닌, 함께 즐기며 놀 수 있는 플랫폼에 열광한다. 즐거움과 열광은 상품의 구매로 자연스럽게 이어진다. 다시 한 번 언급하자면 나이키는 상품의 우수함보다 운동에 대한 '열정'을 광고하고, 소비자들은 그 열정을 구매하기 위해 나이키의 상품을 구매한다. 'Just do it'이라는 단 하나의 문구가 소비자들이 나이키 제품을 구매하게 만든다.

디지털 플랫폼 후발 기업들도 콘텐츠와 놀이에 집중하고 있다. 빅테크 플랫폼 기업과의 기술 차이를 극복하기 위해서는 콘텐츠가 더욱 중요하다는 생각이다. 대표적인 예가 루이비통, 구찌 등의 명품 기업들이다. 과거 명품 기업들은 상품 자체에 집중했다. 역사와 전통, 손으로 제작하는 장인정신, 아무나 가질 수 없다는 상품의 값비싼 가치를 강조하며 시장을 형성해왔다. 웹2.0 시대에도 이커머스가 상품의 가치를 떨어뜨린다며 거부했고 명품 시장은 디지털 전환에 가장 소극적인 분야로 평가되었다. 이랬던 명품 브랜드들이 지금은 메타버스와 NFT를 적극 활용해 상품에 콘텐츠와 놀이를 덧붙이고 있다. 웹2.0 시대에서는 뒤처졌지만 웹3.0 시대에는 적극적으로 나서며 새로운 부가가치를 만들고 있는 것이다.

대표적인 명품 브랜드인 구찌는 구찌 스니커 개라지(Gucci sneaker garage)라는 앱을 출시했다. 사용자는 이 앱을 사용해 구찌의 명품 신발을 12.99달러에 구매하고, 앱을 발 위에 올려놓으면 증강현실이 적용된 가상의 디지털 신발이 신어진다. 구찌의 신발이라는 상품을 구매했지만 신발은 실재하지 않는다. 대신 사용자는 증강현실을 이용해 신발을 신어보는 놀이를 구매한 것이다. 요즘 10대와 20대는 가상현실에서 또 다른 나, 즉 '디지털 미(Me)'를 구현한다. 메타버스에서 활동하는 아바타를 꾸미기 위해 10대와 20대는 자연스럽게 경제활동도 한다. 구찌는 전 세계에서 2억 5000만 명이 사용하고 있는 제페토에 60여 종의 제품을 출시했고, 이용자들을 구찌의 상품을 구매해 아바타를 꾸미는 놀이에 기꺼이 소비한다.

NFT의 등장과 발전은 디지털 세상에서의 놀이에 경제적 가치까지

제페토에 구현된 디지털 미
자료 : 네이버Z

부여하고 있다. NFT의 시초라고 할 수 있는 프로젝트는 크립토펑크 (Cryptopunks)다. 2017년 6월 소프트웨어 기업 라바랩스는 이더리움 기반의 NFT 프로젝트로 가로세로 24픽셀로 이루어진 얼굴 이미지의 아바타 1만 개를 발행했다. 이 프로젝트는 디지털 캐릭터에 가상자산의 개념을 부여한 것이고, NFT 시장 형성의 토대를 만들었다. 현재 크립토펑크 거래 가격은 1000만 달러를 상회하는 것도 있다. 그저 재미있고 신기해서 구매한 얼굴 이미지 아바타의 경제적 가치는 상상을 초월한다.

최초의 NFT 프로젝트가 그랬듯, 캐릭터 또는 아이템은 NFT의 가장 많은 활용 영역이다. 크립토키티(Cryptokitties)는 가장 인지도 높은 NFT 프로젝트 중 하나로, 액시엄 젠(Axiom Zen)에서 개발한 가상의 고양이를 수집하고 기르는 게임의 캐릭터다. 엑시인피니티(Axie Infinity)는 가상의 몬스터를 수집하고 진화시켜 서로 싸움을 붙이는 블록체인 게임의 캐릭터다. 한화로 수억 원에 달하는 가격에도 거래되었다. 'P2E(Play to Earn)'라는 새로운 장르의 게임이 등장한 것이다. 우리가 게임을 하는 이유는 재미있기 때문이다. 그런데 이제는 그 재미가 단순히 행복감으로 끝나는 것이 아니라 경제적 부가가치까지 만들어내고 있다.

웹3.0 시대가 보편화되면 콘텐츠를 생산하는 주체의 구분이 사라질 것이다. 즉, 인터넷상에 콘텐츠를 올리는 서비스 사용자와 이를 이용해 수익을 내던 플랫폼 빅테크 기업 간 구분이 사라지는 것이다. 웹 3.0 시대에는 블록체인이 분산화된 저장 서버를 제공하기 때문에 플랫폼 기업의 서비스가 종료되더라도 서비스의 기반이 되는 블록체인이 사라지지 않는다면 콘텐츠 자체가 사라지지 않는다. NFT의 등장은 창작 콘텐츠 자체를 소유자 외에는 복사나 수정도 불가능하게 만든다. 수익은 온전히 사용자에게 돌아간다.

이러한 상황에서는 플랫폼 생태계에 모인 사용자들에게 어떻게 하면 더 많은 상품을 판매할지 고민하는 기업이 아니라, 어떻게 하면 사용자들이 직접 생산한 콘텐츠를 통해 많은 수익을 창출하고 다른 이용자들이 이를 즐겁게 소비할 수 있을지를 고민하는 플랫폼에 더 많은 사용자가 몰릴 것이다. 더 많은 사용자가 몰리면 플랫폼의 네트워크 효과는 극대화된다. 상품이 아니라 놀이의 장을 제공할지 고민해야 하는 이유다.

메타버스 플랫폼 로블록스는 2021년 3월 미국 증권시장에 상장되면서 많은 관심을 받았다. 하루에만 약 4700만 명이 접속하는 것으로 알려졌다. 로블록스의 인기 비결은 무엇일까? 샌드박스(Sandbox) 형식으로 모든 게임의 참여와 제작을 유저들에게 맡기기 때문이다. 유저들은 로

블록스 내에서 게임을 플레이하는 유저인 동시에 로블록스의 오픈소스 플랫폼을 활용해 다양한 놀이를 제작하는 개발자이기도 하다. 로블록스라는 놀이의 장에서 연결되고 있는 것이다. 유저들은 게임을 개발해 돈을 벌 수도 있다. 로블록스에서 통용되는 화폐인 로벅스(Robux)는 현실 화폐와 교환이 가능하다. 2020년 기준 로블록스 개발자의 평균 수입은 약 1만 달러로 알려졌다. 로블록스는 한발 앞서 웹3.0 시대에 걸맞는 플랫폼의 특징을 잘 살렸고, 그 결과 로블록스 플랫폼 생태계에 더욱 많은 사람이 유입되고 있다.

디지털 리터러시와
데이터 리터러시를 확보하라

개인은 무엇을 준비해야 하는가? 인간과 기계가 직장에서 보내는 시간이 같아질 전망이다.[5] 기술에 의해 노동이 대체되는 속도가 심상치 않다. 전 세계에서 8500만 개의 일자리가 기술에 의해 대체되거나 사라질 것이다. 먼 미래의 이야기가 아니다. 불과 3년 뒤인 2025년에 벌어질 일들이다. 코로나19로 상당한 비율의 기업이 새로운 기술을 도입했다. 빅데이터, 인공지능, 블록체인, 사물인터넷, 클라우드, 가상현실 등의 디지털 기술이 모든 산업 분야에 적용되고 있다.

온라인 플랫폼 비즈니스는 의사, 변호사, 회계사, 세무사 등 전문 영역까지 진출하고 있다. 신산업과 기존 업계의 주도권 싸움이 분야를 가

---

5   WEF(2020), "The Future of Jobs Report"

리지 않고 발생하고 있는 것이다. 많은 사람이 선망하는 전문직 영역도 디지털 전환이라는 거대한 소용돌이 속에서 진입 장벽과 경계가 허물어지고 있다.

대한변호사협회와 로톡 사이의 첨예한 갈등이 대표적인 사례다. 로톡(LawTalk)은 2014년 출시한 온라인 법률 서비스 플랫폼이다. 로톡은 플랫폼에 등록된 변호사를 이용자가 상담을 원하는 지역과 분야별로 매칭해준다. 또한 로톡은 인공지능 기술을 활용해 과거 판결문을 바탕으로 분석한 형량예측결과를 제공한다. 이용자들은 투명하고 간편한 법률 서비스에 열광했다.

그러나 로톡의 성장세에 대한 대한변호사협회의 반응은 이용자들과 상당히 상반된다. 2021년 6월 22일 대한변호사협회는 14개 지방변호사협회와 함께 로톡에 반대한다는 공동 성명을 냈다. 대한변호사협회는 성명에서 "법률 플랫폼은 변호사법이 엄격히 금지해온 사무장 로펌이 온라인 형태로 구현된 것에 불과하다."라고 비판하며 로톡이 불법이라고 주장했다. 대한변호사협회는 2021년 5월 3일 법률 플랫폼에 가입하는 변호사들을 징계하겠다고 내부 규정을 개정했다. 이후 5월 31일에는 임시총회에서 변호사윤리장전 조항을 신설했다. 신설된 조항은 "변호사 또는 법률 사무 소개를 내용으로 하는 애플리케이션(앱) 등 전자적 매체 기반의 영업에 참여하거나 회원으로 가입하는 등 협조하지 않는다." 등의 내용으로 사실상 로톡 등 법률 플랫폼들을 겨냥한 것이다.

이러한 갈등은 변호사뿐 아니라 세무사, 의사, 감정평가사 등 다양한 영역에서 터져 나오고 있다. 의사협회는 미용·의료 정보 플랫폼 강남언

니와 바비톡이 의료법을 위반하고 있다고 경고했다. 2021년 3월에는 한국세무사회가 국내 최대 세무회계 플랫폼 자비스앤빌런즈를 세무사법 위반 혐의로 고발했다. 시세 산정이 어려웠던 빌라(연립다가구)의 시세를 인공지능과 빅데이터를 활용해 자동으로 산정하는 서비스를 제공한 빅밸류 역시 감정평가사협회와 소송전을 벌이고 있다.

디지털 전환은 우리가 일하는 형태마저 변화시키고 있다. 플랫폼 노동이 보편화되고 있는 것이다. 한 직장에서 3년 이상 일하는 사례를 찾아보기 힘들 정도다. 지금까지는 회사가 직접 직원을 채용해서 정식 계약을 맺고 보유한 노동력으로 제품이나 서비스를 제공해왔다면, 디지털 경제에서는 기업이 수요에 따라 초단기 계약 형태로 공급자를 활용해 시장에 대응한다. 이러한 과정에서 플랫폼 일자리와 플랫폼 노동자가 등장하기 시작했다. 디지털 플랫폼으로 서비스를 공급하는 사람은 누군가에게 고용되어 있지 않고 필요할 때 원하는 시간에 원하는 만큼만 일시적으로 고용해 소비자가 원하는 노동을 공급함으로써 수익을 창출한다. 대표적인 예가 바로 승차 공유 업체 우버다. 전 세계 300만 명에 달하는 기사를 직접 고용하는 것이 아니라, '드라이브 파트너'로 계약해 독립 계약자(independent contractor) 형태로 서비스를 제공하고 있다. 국내에서도 크몽, 위시켓, 프리모아 등의 프리랜서 앱이 폭발적으로 성장하며 플랫폼 노동이 일상으로 자리 잡고 있다. 크몽의 거래액은 출시 이후 10배 넘게 증가했다.

이처럼 노동시장의 지형이 급변하는 환경에서 개인은 무엇을 준비해야 하는가? 먼저, 현재 일하고 있는 분야에서 평생 일할 것이라는 믿음은 버려도 좋다. 탈경계화 시대다. 기업뿐만 아니라 개인들도 일하는 분야의 경계가 사라진다. 기술의 급격한 변화에 따라 산업현장에서 필요로 하는 역량은 급격하게 변하는데, 과거의 학교 교육과 직업 훈련에서 배운 내용에 멈춰 있다면 기술격차의 피해자가 될 수 있다. 기술격차란 산업현장에서 필요로 하는 기술과 조직 구성원의 역량에서 발생하는 미스매치 현상을 의미한다. 업스킬링(upskilling)과 리스킬링(reskilling)의 중요성이 높아지는 이유다.

이미 보유한 기술의 수준은 끊임없이 고도화하고, 필요하다면 언제든 새로운 기술을 배울 준비가 되어 있어야 한다. 동시에 현재의 위치와 나아가야 할 방향을 명확히 확인해야만 한다. 빠르게 변하는 산업 지형에서 필요한 인재로 성장하기 위해서는 단순히 열심히 하는 것이 아니라, 빠르면서도 정확한 방향성을 갖고 움직여야 한다. 미래에 필요한 역량과 기술을 파악해야 한다는 의미다. 분야에 따라 세부 사항은 달라질 수 있어도 모든 분야에서 공통으로 요구될 역량과 기술은 비교적 분명하다. 디지털 리터러시와 데이터 리터러시, 협업 역량, 그리고 마지막으로 융합적 사고방식이다.

디지털 전환이 불러온 속도의 경제에서 많은 내용과 지식을 습득하고 기억하는 역량의 중요성은 낮아진다. 대신 디지털 환경에서 이미 존재하는 수많은 지식 중 나와 조직에 필요한 정보를 빠르게 찾아내는 동시에 이를 재창조해 새로운 부가가치를 만들어내는 능력이 중요해진다. 디지털 리터러시(Digital Literacy)다. 스마트폰, 노트북 등 디지털 기기가 보편화되고 메타버스 기술의 발전으로 경험하는 지식의 폭과 넓이가 무한하게 팽창하는 오늘날 누구나 엄청난 양의 정보에 노출된다. 그러나 엄청난 정보의 파도에서 나와 조직에게 필요한 정보를 찾아내는 일은 쉽지 않다.

디지털 리터러시를 개발하기 위해서는 비판적 사고를 통해 질문하는 능력을 키워야 한다. 모든 정보가 온라인 환경에 존재한다고 해도 비판적 사고와 호기심을 갖고 질문하지 않는다면 의미가 없다. 오늘의 '정답'은 내일의 '오답'이 된다. 이미 내가 아는 정보만을 바탕으로 의사결정을 내린다면 결과는 항상 오답에 가까울 수 있다는 것이다. 끊임없이 질문하고, 필요한 정보를 검색해야 한다.

소프트웨어를 다루는 역량도 키워나가야 한다. 과거에는 영어가 반드시 배워야 하는 외국어였다면, 디지털 전환의 시대에서 가장 중요한 언어는 컴퓨터 언어다. 자바(Java), 파이선(Python) 등 컴퓨터 언어로 프로그램을 만드는 코딩의 중요성이 높아진 것이다. 무한한 정보의 홍수 속에서 빠르게 정보를 탐색하기 위해서는 코딩 역량이 필수적이다. 우리나라에서는 이미 2019년부터 초등학교 5~6학년의 코딩 교육을 의무화했다.

그러나 이미 성인이 되어버린 개인은 학교에서 코딩에 대한 어떠한 교육도 받지 못했고, 사교육 시장에서 코딩을 배우기에는 시간과 비용이 많이 드는 것이 현실이다. 이럴 때는 전국 지자체에서 제공하는 무료 디지털 기술 교육을 활용하면 큰 도움이 된다. 전국의 지자체에서는 다양한 프로그램을 통해 디지털 기술에 대한 무료 교육을 제공한다. 서울시가 운영하는 '청년취업사관학교'가 대표적인 예다. 청년취업사관학교는 서울시에서 청년 일자리 미스매칭을 해소하고 디지털 전환의 현장형 인재를 양성하기 위해 조성한 소프트웨어 인재 육성 사관학교다. 온라인 교육과 오프라인 교육을 통해 2, 30대 청년 구직자들에게 인공지능, 핀테크 등 4차 산업 디지털 신기술 분야의 실무 역량 교육을 무료로 제공한다.

디지털 전환이 개인에게 가져다준 또 다른 이점은 교육의 비대면화다. 즉, 전 세계의 전문가로부터 새로운 디지털 기술을 시간과 공간의 제약 없이 배울 수 있게 되었다. 코세라(Coursera), 에덱스(edEX), 유다시티(Udacity) 등이 온라인 공개강좌(Mooc) 시장을 이끌고 있다. 교육부와 국가평생교육진흥원이 지원하는 한국형 온라인 공개강좌(K-Mooc)도 디지털 기술 역량을 키우기 위한 좋은 방안이 될 수 있다.

디지털 리터러시를 통해 필요한 데이터를 찾아내는 능력을 키웠다면, 다음은 데이터 리터러시다. 데이터 리터러시(Data Literacy)란 데이터를 읽고 그 안에 숨어 있는 의미를 정확히 파악할 수 있는 데이터 해독 능력을 의미한다. 필요한 데이터를 아무리 많이 찾았다고 해도, 해당 데이터들이 어떠한 의미를 갖는지 정확히 파악하지 못한다면 디지털 전환의 시대에서 경쟁력 있는 인재로 성장하기 힘들다.

데이터 리터러시를 키우기 위해서는 협업 역량과 융합적 사고가 중요하다. 디지털 전환의 시대에서 경계를 명확하게 구분 짓는 것은 곧 한계를 설정하는 것이다. 같은 데이터를 보아도 모든 사람이 각자 다른 해석을 내놓을 수 있다. 협업을 통해 어떻게 이를 재해석하고 가치 있는 결과를 도출할 수 있는지가 중요하다는 의미다. 지식을 두루 섭렵하는 융합적 사고와 함께 다른 사람의 지식도 존중할 수 있는 개방된 협업 역량은 선택이 아닌 필수가 되었다.

오늘날 협업의 대상은 단순히 인간과 인간 사이에 이루어지는 협력만을 의미하지 않는다. 기술, 로봇, 사물 등 함께 일하는 업무 환경에서 상호작용하는 모든 대상과 협력할 수 있어야 한다. 인공지능을 활용하면 데이터를 분석하는 시간을 줄일 수 있다. 디지털 업무 도구를 활용해 다양한 채널로 이어지는 이해 관계자와 협업해야 한다. 혼자서 고민하지 말고, 사람들과 함께 협력하며 토론할 수 있는 커뮤니케이션 능력은 디지털 전환의 시대에서 더욱 중요해진다. 커뮤니케이션의 대상이 사람에서 사물로, 그리고 로봇으로 확대되었을 뿐이다.

초가속
파괴적 승자들

초판 1쇄 인쇄 2022년 4월 4일 | 초판 1쇄 발행 2022년 4월 18일

지은이 김광석, 설지훈

펴낸이 신광수
CS본부장 강윤구 | 출판개발실장 위귀영 | 출판영업실장 백주현 | 디자인실장 손현지 | 디지털기획실장 김효정
단행본개발파트 권병규, 조문채, 정혜리
출판디자인팀 최진아 | 외주디자인 캠프커뮤니케이션즈 | 저작권 김마이, 이아람
채널영업팀 이용복, 이강원, 김선영, 우광일, 강신구, 정재욱, 박세화, 김종민, 이태영, 전지현
출판영업팀 민현기, 정슬기, 허성배, 정유, 설유상
개발지원파트 홍주희, 이기준, 정은정, 이용준
CS지원팀 강승훈, 봉대중, 이주연, 이형배, 이은비, 전효정, 이우성

펴낸곳 (주)미래엔 | 등록 1950년 11월 1일(제16-67호)
주소 06532 서울시 서초구 신반포로 321
미래엔 고객센터 1800-8890
팩스 (02)541-8249 | 이메일 bookfolio@mirae-n.com
홈페이지 www.mirae-n.com

ISBN 979-11-6841-144-9 (03320)